进口预包装食品标签
不合格案例解析

JINKOU YUBAOZHUANG
SHIPIN BIAOQIAN
BU HEGE ANLI
JIEXI

主 编 郑 璇
副主编 董 洁 潘 芳 梁桂洪

中国海关出版社有限公司
·北京·

图书在版编目（CIP）数据

进口预包装食品标签不合格案例解析 / 郑璇主编 . 北京：中国海关出版社有限公司，2025. -- ISBN 978-7-5175-0881-6

Ⅰ. D923.435

中国国家版本馆 CIP 数据核字第 2025A0G901 号

进口预包装食品标签不合格案例解析

JINKOU YUBAOZHUANG SHIPIN BIAOQIAN BU HEGE ANLI JIEXI

主　　编：郑　璇
责任编辑：刘　婧
责任印制：王怡莎
出版发行：中国海关出版社有限公司
社　　址：北京市朝阳区东四环南路甲 1 号　　邮政编码：100023
编 辑 部：01065194242-7544（电话）
发 行 部：01065194221/4238/4246/5127（电话）
社办书店：01065195616（电话）
https: //weidian.com/? userid=319526934（网址）
印　　刷：北京联兴盛业印刷股份有限公司　　经　　销：新华书店
开　　本：710mm × 1000mm　1/16
印　　张：18.5　　字　　数：322 千字
版　　次：2025 年 3 月第 1 版
印　　次：2025 年 3 月第 1 次印刷
书　　号：ISBN 978-7-5175-0881-6
定　　价：55.00 元

编 委 会

前言

进出口预包装食品标签合规是我国法律法规和标准的强制性规定，也是食品生产经营者、消费者以及食品安全监管方之间沟通有关食品安全质量状况、营养和成分含量、消费和使用方法等重要信息的手段。2019 年 10 月之前，进出口食品安全监管部门对预包装食品标签实行“标签备案”监管制度，在食品首次进口前对标签实施预先审核、备案，对保障进口预包装食品标签合规发挥了积极作用。为进一步提升进出口食品通关效率、促进食品经营者履行食品安全主体责任，海关总署于 2019 年 4 月 22 日发布《关于进出口预包装食品标签检验监督管理有关事宜的公告》（海关总署公告 2019 年第 70 号），决定自 2019 年 10 月 1 日起，取消首次进口预包装食品标签备案要求，把进口预包装食品作为食品检验项目之一，由海关依照食品安全和进出口商品相关法律、行政法规的规定实施检验。该项规定改变了进口食品安全监管部门长达十多年的“批改作业式”的食品标签备案监管模式，标志着进口食品中文标签检验工作进入了全新的阶段。

本书编著者长期从事进口食品标签检验与合规性评估工作，接触并积累了大量的不合格案例。本书以《食品安全国家标准　预包装食品标签通则》（GB 7718—2011）、《食品安全国家标准　预包装食品营养标签通则》（GB 28050—2011）以及《食品安全国家标准　预包装特殊膳食用食品标签》（GB 13432—2013）条款为依据，举例解析了 105 个具有代表性的进口食品标签不合格案例。其中，在“概述”章节中介绍了如何通过进口预包装食品标签检验，发现超范围添加食品添加剂、产品未获准入、不符合食品安全国家标准等不合规情况，以期为读者了解进口食品标签的检验与合规评估提供参考。本书中不合格标签案例部分采用中文标签进行展示，部分采用中外文标签进行展示。另外，本书还对各类食品安全国家标准中有关标签的特殊规定，以及卫生行政部门发布的新资源食品（新原料食品）中与标签标示相关的要求进行梳理，并附上与进口食品标签相关的规范性文件，以便读者查阅。

书中若有疏漏，敬请广大读者、专家和同仁予以批评指正。

编者

2025 年 3 月

目 录

CHAPTER 1

第一章

概　述

第一节 进口预包装食品标签基本概念和法律法规标准要求

一、基本概念

《中华人民共和国食品安全法》(简称《食品安全法》)规定，进口预包装食品都应当有中文标签，其标示应符合我国法律法规和食品安全国家标准的要求。根据《食品安全国家标准　预包装食品标签通则》(GB 7718—2011)，食品标签指的是“食品包装上的文字、图形、符号及一切说明物”。进口预包装食品标签即在进口预包装食品上印制的或加贴的中文标签。

随着食品工业与食品贸易的蓬勃发展，食品标签在食品的生产经营流通中发挥着越来越重要的作用，它是生产经营者、消费者以及食品安全监管者和有关政策制定方之间最直接、有效的沟通方式与手段之一。对于消费者来说，通过食品标签可以掌握食品真实的信息，结合自身的需求，判断食品是否符合自己的消费意愿，避免购买不适合自身营养状况的食品：例如，高血糖患者可以通过标签上的配料表与营养成分表上的信息避免选择高糖高碳水化合物的食品；婴幼儿养育者可以通过标签上的产品名称和类型等信息选择适合特殊医学状况婴幼儿的特殊医学用途配方食品；运动人群可以通过产品的类型，如速度类、耐力类或运动后恢复类等，选择符合自己运动需求的运动营养食品，等等。对于食品生产经营者来说，通过食品标签可以向消费者展现其产品的配方独特性、技术创新性和产地特殊性等，如获得国家地理标志保护的产品、有机食品，或者采用某种新的专利技术的食品，以提高其市场的竞争力。对于食品安全监管者来说，可以依据食品标签，判断产品某些项目是否符合国家法律法规与标准要求：如通过配料表可以初步判定产品是否采用了不合规的原料与食品添加剂；结合食品营养成分表与营养声称判定产品是否存在虚假宣称或欺诈；等等。对于食品安全政策制定方来说，通过明确食品标签标准与相关规定，可以促使公众朝着更加健康的方向消费，如通过规定营养成分表、营养成分含量声称，引导消费者合理健康消费；通过标签的警示语等标示，表达人文关怀，如对于果冻类食品，要求标示老人与孩子谨慎食用的警示用语，或是对于一些婴幼儿、孕妇和哺乳期妇女不宜食用的新食品原料要求标签标注提示用语，等等。小小的标签承载着包括饮食文化、生产技术、知识产权、环境保护、人文关怀及责任追溯等在内的丰富信息，是一个国家或地区法治、经济、科技和文化的浓缩体现。

二、法律法规标准要求

我国已形成以《食品安全法》为核心，以各专项法规与标准为支撑的食品安全法律法规体系。《食品安全法》中设置了独立一节“标签、说明书和广告”，对食品标签的规范标注作出规定，并在“食品进出口”章中明确进口预包装食品应当有中文标签，标签内容不符合国家法律法规与食品安全国家标准的，不允许进口。海关总署颁布的《中华人民共和国进出口食品安全管理办法》（海关总署令第 249 号，简称《进出口食品安全管理办法》）对该项规定作出进一步细化，并明确对未加贴中文标签或中文标签不符合法律法规的进口预包装食品，不按照海关要求实施销毁、退运或者技术处理的，应予以相应处罚。以《食品安全法》为导向，我国相继发布了食品标签技术法规和强制性标准，如《食品安全国家标准　预包装食品标签通则》（GB 7718—2011）、《食品安全国家标准　预包装食品营养标签通则》（GB 28050—2011）、《食品安全国家标准　预包装特殊膳食用食品标签》（GB 13432—2013），以及海关总署、卫生行政部门与农业监管部门发布的关于进口肉类与水产制品、无公害食品、绿色食品、有机食品、转基因食品等标示规范。此外，在大量食品安全国家标准中，详细规定产品具体标签要求：《食品安全国家标准　特殊医学配方食品通则》（GB 29922—2013）中明确标签中应对产品的配方特点与营养学特征进行描述，并标示相关警示用语；《食品安全国家标准　婴幼儿谷类辅助食品》（GB 10769—2010）中规定，标签中营养成分表的标示应增加“100 千焦（100kJ）”含量的标示，并标注冲调注意事项；等等。目前，《食品安全国家标准　预包装食品标签通则》（GB 7718—2011）、《食品安全国家标准　预包装食品营养标签》（GB 28050—2011）以及《食品安全国家标准　预包装特殊膳食用食品标签》（GB 13432—2013）均在修订中，我国食品标签法律法规与标准体系正在逐步健全与完善。

第二节 进口预包装食品标签检验要点

进口预包装食品标签在检验要点上与国内生产食品标签存在一定程度的差异。

在通用标准方面，根据《食品安全国家标准　预包装食品标签通则》（GB 7718—2011），进口预包装食品与国产食品标签标注内容要求大致相同，主要在三方面有差异：一是进口预包装食品应标示原产国国名或地区区名，以及在中国依法登记注册的代理商、进口商或经销者的名称、地址和联系方式，可不标示生产者的名称、地址和联系方式；二是进口预包装食品不用标注产品标准代号和顺序号；三是进口预包装食品不用标注食品生产许可证编号。

在风险关注点方面，有以下几点：国家（地区）之间食品安全法规与标准有较大的差异，导致进口预包装食品可能存在含有我国没有食用习惯的食品原料，或者食品添加剂使用不符合我国标准要求等问题；由于国家（地区）之间双边协议以及动植物源性食品准入问题等，部分食品未在我国准入范围内；部分不法企业为了逃避海关监管伪报食品属性；等等。上述问题在进口食品安全监管中通过对食品标签的检验，尤其对其原文标签的审核可以进行初步判定。例如，海关在一款美国冲调谷物制品的外文配料表中发现了我国不允许添加在该食品类别中的日落黄，继而通过对相关物质进行实验室检测，证实了该产品存在着色剂使用不符合我国标准要求的情况；在一款日本方便面配料表中发现添加了未获得我国准入的牛肉粒；等等。

可见，进口食品标签检验与国产食品标签检验最大的区别在于，进口食品标签检验不局限在格式版面的检验，还承担着对产品准入进行合规筛查的“重任”，应先根据我国法律法规与标准，包括海关的准入要求等，对食品的中外文标签进行准入与合规性分析、评估，必要时辅以现场查验和实验室检验等手段，筛查出不符合我国法律法规与标准要求的产品，再对其标示的格式版面等其他方面进行检验，这也是目前我国海关进口预包装食品标签检验的基本程序与检验要点。

第三节 提高进口预包装食品标签检验准确性和效率的建议

根据近年来海关总署公布的进口食品不合格情况通报，进口预包装食品标签不合格是进口食品不合格的主要原因之一，针对进口预包装食品标签存在的问题，编著者提出以下几点建议。

一是，提升预包装食品生产经营者对食品标签不合格风险的防控意识和能力。

很多进口预包装食品生产经营者对我国相关法律法规与标准不了解、不熟悉，对食品标签及产品是否符合标准以及准入规定不明确，不合格风险防控意识和能力亟待提升。建议有关生产经营者健全质量安全管理体系，加强从业人员，尤其是食品安全管理员对法律法规与标准知识的学习，完善入境前食品标签与产品准入合规评价机制，在入境前对产品进行充分的评估，对于可能有食品安全问题的，多方面听取专业意见，研究处置措施，不断提高识别和防控进口食品安全风险的能力，确保产品合法合规，保障食品安全，实现企业可持续健康长远发展。

二是，加强检验人员业务技能培训。

进口食品标签的检验与合规性评估要求检验人员具备较高的专业能力与综合素质，不但需要对相关法规与标准熟悉掌握，在工艺学与营养学等食品科学专业方面有相当的知识储备，而且由于食品标签问题是职业投诉领域的热点，还需要具备相对严谨的逻辑思维，对法律条款有较强的理解分析与应用能力。建议针对性地加强食品标签检验人员业务技能培训，大力培养高素质专业人才，全面提升进口预包装食品标签质量安全水平。

三是，开发人工智能标签审核系统。

食品标签检验与理化、微生物等实验室检测项目的最大区别在于人工判读依赖程度高，劳动强度大，人为出错概率也相对较高。因此，建议依托现代人工智能技术，实现政府、企业与社会团体合作，探索开发食品标签合规评价人工智能审核系统，建立集食品标签扫描及光学识别、文字翻译、内容合规比对、数据计算、审核评价于一体的数字化工作和服务平台，及时准确地发现问题、研判风险，减少人为失误，提高标签检验的精确度和工作效率。

四是，完善相关法规与标准。

随着现代食品工业与国际贸易的发展，越来越多新形式的食品进入我国市场，如滴剂饮品、胶囊类食品、喷雾型饮品，等等，依据我国现有的法律法规及标准难以对其类别和属性进行明确的界定。此外，由于部分标签标准的条款属于描述性规定，容易因个人理解差异导致主观判定结果不同。例如，《食品安全国家标准　预包装食品标签通则》（GB 7718—2011）中关于界定某种配料是否属于有价值有特性的条款，虽然《食品安全国家标准　预包装食品标签通则》（GB 7718—2011）问答（修订版）中有相关解释，但仍存在无法明确的问题，导致生产经营企业、消费者、职业投诉人以及执法者之间产生了分歧。建议相关部门保持对全球食品工业发展的关注，结合实际需求及时制修订标准，同时尽可能减少由于法律法规与标准条文表述模糊带来的歧义。

CHAPTER 2

第二章

预包装食品标签不合格案例分析

第一节
普通食品标签不合格案例分析

一、基本要求

案例 1

食品名称	牛肉方便面
配　料	面饼：小麦粉、棕榈油、木薯淀粉、食用盐、氯化钾、谷氨酸钠、5’- 呈味核苷酸二钠、酱油（水、大豆、小麦、食用盐）、磷脂、碳酸钠、三聚磷酸钠、柠檬酸、瓜尔胶、维生素 E、β - 胡萝卜素、核黄素、麦芽糊精、香辛料 调味粉包：食用盐、白砂糖、谷氨酸钠、食用香精香料、酵母抽提物、酱油粉（大豆、小麦、食用盐）、芝麻、香菇粉、5’- 呈味核苷酸二钠、焦糖色、氯化钾、香辛料、羧甲基纤维素钠、柠檬酸 干料包：牛肉粒、脱水蔬菜（红萝卜、青菜、玉米）、脱水海带 调味油包：植物油、食用香精香料、米糠油、香辛料
净含量	132 克
进口商	广州 ×× 贸易有限公司
地　址	广州市番禺区 ×× 街 ×× 号
电　话	××××××××
在华注册编号	××××××
生产日期	见包装背面（日 / 月 / 年）
保质期至	见包装背面（日 / 月 / 年）
贮存条件	阴凉干燥处保存
原产国	日本

营养成分表		
项目	每 100 克（g）	NRV%
能量	1922 千焦（kJ）	23%
蛋白质	10.9 克（g）	18%
脂肪	18.0 克（g）	30%
碳水化合物	63.0 克（g）	21%
钠	2151 毫克（mg）	108%

问题分析

通过标签配料表可见产品添加了牛肉粒，该产品未在海关总署准入的范围内，不符合《食品安全国家标准　预包装食品标签通则》（GB 7718—2011）中 3.1 的规定。

根据《进出口食品安全管理办法》，海关依据进出口商品检验相关法律、行政法规的规定，对进口食品实施合格评定。进口食品合格评定活动包括：向中国境内出口食品的境外国家（地区）食品安全管理体系评估和审查、境外生产企业注册、进出口商备案和合格保证、进境动植物检疫审批、随附合格证明检查、单证审核、现场查验、监督抽检、进口和销售记录检查以及各项的组合。未通过海关总署合格评定的食品不允许入境。

该方便面来自日本，配料中添加了牛肉粒。截至 2023 年 11 月，日本生产的肉制品尚未通过海关总署对境外国家（地区）食品安全管理体系评估和审查，所以含肉制品的方便面暂时不允许进口。

案例 2

食品名称	×× 牌蜂王浆
配　料	蜂王浆
净含量	250 克
进口商	广州 ×× 进出口贸易有限公司
地　址	广州市白云区 ×× 街 ×× 号
电　话	××××××××
在华注册编号	××××××
生产日期	见瓶底（日 / 月 / 年）
保质期至	见瓶底（日 / 月 / 年）
贮存条件	阴凉干燥处保存
原产国	泰国

营养成分表		
项目	每 100 克（g）	NRV%
能量	676 千焦（kJ）	8%
蛋白质	13.7 克（g）	23%
脂肪	6.0 克（g）	10%
碳水化合物	13.0 克（g）	4%
钠	98 毫克（mg）	5%

问题分析

通过标签可见产品为来自泰国的蜂王浆，该产品未在海关总署准入的范围内，不符合《食品安全国家标准 预包装食品标签通则》(GB 7718—2011)中3.1的规定。

蜂王浆属于蜂产品，根据《进出口食品安全管理办法》中关于对进口食品实施合格评定的要求，以及海关总署公布的《符合评估审查要求及有传统贸易的国家或地区输华蜂产品名单》，蜂产品应列入该名单内方允许输华。截至2023年11月10日，仅少数国家的蜂王浆通过海关总署评估与审查，包括澳大利亚、新西兰、巴西、意大利、智利、马来西亚、加拿大与德国。泰国的天然蜂蜜被允许进口，但泰国的蜂王浆未在该名单内，未获得海关总署准入，故该产品不允许进口。

案例 3

食品名称	迷迭香
配　料	迷迭香粉
净含量	200 克
进口商	×× 进出口贸易（广州）有限公司
地　址	广州市天河区 ×× 街 ×× 号
电　话	××××××××
在华注册编号	××××××
生产日期	见瓶底（日 / 月 / 年）
保质期至	见瓶底（日 / 月 / 年）
贮存条件	置于阴凉干燥处
原产国	法国

问题分析

通过标签可见产品为来自法国的迷迭香粉，该产品未在海关总署准入的范围内，不符合《食品安全国家标准 预包装食品标签通则》(GB 7718—2011)中3.1的规定。

迷迭香粉属于植物调料粉，根据《进出口食品安全管理办法》中关于对进口食品实施合格评定的要求，以及海关总署公布的《符合评估审查要求及有传统贸易的国家或地区输华食品目录》，迷迭香粉应列入该名单内方允许输华。截至2023年11月，仅美国的迷迭香粉通过评估允许进口。法国的迷迭香粉未在该名单内，未获得海关总署准入，故该产品不允许进口。

案例 4

食品名称	干无花果
配　料	干无花果
净含量	10 千克
进口商	珠海 ×× 进出口贸易有限公司
地　址	珠海市高新区 ×× 街 ×× 号
电　话	××××××××
在华注册编号	××××××
生产日期	×××× 年 ×× 月 ×× 日
保质期至	×××× 年 ×× 月 ×× 日
贮存条件	放置于阴凉干燥处，避免阳光直射
原产国	马来西亚
该产品非直接提供给消费者	

问题分析

通过标签可见产品为来自马来西亚的干无花果，该产品未在海关总署准入的范围内，不符合《食品安全国家标准　预包装食品标签通则》（GB 7718—2011）中 3.1 的规定。

干无花果属于干果，根据《进出口食品安全管理办法》中关于对进口食品实施合格评定的要求，以及海关总署公布的《符合评估审查要求及有传统贸易的国家或地区输华食品目录》干果名单，干无花果应列入该名单内方允许输华。截至 2023 年 11 月，阿富汗、德国、美国、墨西哥、泰国、土耳其、伊朗以及越南的干无花果通过评估允许进口。马来西亚的干无花果未在该名单内，未获得海关总署准入，故该产品不允许进口。

案例 5

食品名称	×× 牌扁桃仁
配　料	扁桃仁
净含量	20 千克
进口商	广东 ×× 进出口贸易有限公司
地　址	广州市南沙区 ×× 街 ×× 号
电　话	××××××××
在华注册编号	××××××

续表

食品名称	×× 牌扁桃仁
生产日期	×××× 年 ×× 月 ×× 日
保质期至	×××× 年 ×× 月 ×× 日
贮存条件	放置于阴凉干燥处，避免阳光直射
原产国	新西兰
该产品未经过炒制，未添加其他调味料。该产品为食品原料，非直接提供给消费者	

问题分析

通过标签可见产品为来自新西兰的未熟制的扁桃仁，该产品未在海关总署准入的范围内，不符合《食品安全国家标准　预包装食品标签通则》（GB 7718—2011）中 3.1 的规定。

未熟制的扁桃仁属于坚果，根据《进出口食品安全管理办法》中关于对进口食品实施合格评定的要求，以及海关总署公布的《符合评估审查要求及有传统贸易的国家或地区输华食品目录》坚果名单，未经过熟制等深加工的坚果应列入该名单内方允许输华。截至 2023 年 11 月，澳大利亚、哈萨克斯坦、吉尔吉斯斯坦、美国、日本、泰国以及西班牙的扁桃仁通过评估允许进口。新西兰的扁桃仁未在该名单内，未获得海关总署准入，故该产品不允许进口。

案例 6

食品名称	糙米
配　料	糙米
净含量	30 千克
进口商	广州 ×× 进出口贸易有限公司
地　址	广州市海珠区 ×× 街 ×× 号
电　话	××××××××
在华注册编号	××××××
生产日期	×××× 年 ×× 月 ×× 日
保质期至	×××× 年 ×× 月 ×× 日
贮存条件	放置于阴凉干燥处
原产国	缅甸
该产品非直接提供给消费者	

问题分析

通过标签可见产品为来自缅甸的糙米，该产品未在海关总署准入的范围内，不符合《食品安全国家标准　预包装食品标签通则》（GB 7718—2011）中 3.1 的规定。

根据《进出口食品安全管理办法》中关于对进口食品实施合格评定的要求，以及海关总署公布的《符合评估审查要求及有传统贸易的国家或地区输华食品目录》粮食加工品名单，糙米应列入该名单内方允许输华。截至 2023 年 11 月，缅甸的精米允许输华，但缅甸的糙米未在该名单内，未获得海关总署准入，故该产品不允许进口。

案例 7

食品名称	×× 牡蛎
配　料	牡蛎
净含量	1500 克
进口商	广州 ×× 进出口贸易有限公司
地　址	广州市天河区 ×× 街 ×× 号
电　话	×××××××××
在华注册编号	××××××
生产日期	见瓶底（日 / 月 / 年）
保质期至	见瓶底（日 / 月 / 年）
贮存条件	阴凉干燥处保存
原产国	柬埔寨
注意事项：不同批次产品品质可能有差异	

问题分析

通过标签可见产品为来自柬埔寨的牡蛎，该产品未在海关总署准入的范围内，不符合《食品安全国家标准　预包装食品标签通则》（GB 7718—2011）中 3.1 的规定。

根据《进出口食品安全管理办法》中关于对进口食品实施合格评定的要求，以及海关总署公布的《符合评估审查要求及有传统贸易的国家或地区输华水产品名单》，牡蛎应列入该名单内方允许输华。截至 2023 年 11 月，我国允许牡蛎进口的国家包括爱尔兰、澳大利亚、朝鲜、法国、韩国、荷兰与加拿大等。柬埔寨牡蛎未在该名单内，未获得海关总署准入，故该产品不允许进口。

案例 8

食品名称	芒果味棒棒糖	種類名称	マンゴー味ロリポップ
配　料	白砂糖、麦芽糖浆、芒果泥、玉米淀粉、柠檬酸、食用香料	原材料名	白砂糖、マルトシロップ、マンゴーペースト、コーンスターチ/クエン酸、香料
净含量	100 克	内容量	100g
进口商	广州 ×× 贸易有限公司	販売者	×× 株式会社　东京都 ××××
地　址	广州市番禺区 ×× 街 ×× 号		
电　话	××××××××	製造所	×× 株式会社　群馬県 ××××
在华注册编号	××××××	賞味期限	包装左下隅の記載
生产日期	见包装（日 / 月 / 年）		
保质期至	见包装（日 / 月 / 年）		
贮存条件	阴凉干燥处保存	保存方法	直射日光を避ける，日陰乾燥所保存
原产国	日本		

营养成分表		
项目	每 100 克（g）	NRV%
能量	1503 千焦（kJ）	18%
蛋白质	0 克（g）	0%
脂肪	0 克（g）	0%
碳水化合物	88.4 克（g）	29%
钠	0 毫克（mg）	0%

栄養成分表示（1 袋 100g）	
エネルギー	359kcal
たんぱく質	0g
脂質	0g
炭水化物	88.4g
食塩相当量	0g

问题分析

鉴于日本福岛核电站放射性物质泄漏对周边地区食品、农产品存在污染的风险，为确保输华食品的安全，原国家质量监督检验检疫总局先后发布《关于进一步加强从日本进口食品农产品检验检疫监管的公告》（国家质量监督检验检疫总局公告 2011 年第 44 号）与《关于调整日本输华食品农产品检验检疫措施的通知》（国质检食函〔2011〕411 号），禁止从日本福岛县、群马县、栃木县、茨城县、宫城县、新潟县、长野县、埼玉县、东京都、千叶县 10 个县（都）进口食品、食用农产品及饲料。

该糖果在日文标签中标注的责任人包括了“販売者”（经销商）与“製造所”（生产厂家），其中生产厂家地址位于日本群马县，属于上述文件中规定的禁止进口的都县之一，故该产品可能属于上述公告中禁止进口的食品，可结合该进口食品的原产地证书进一步判定。

案例 9

食品名称	×× 牌芒果酸奶味饮品	Mango flavored yogurt
配　料	牛奶、白砂糖、保加利亚乳杆菌、嗜热链球菌、果胶、单，双甘油脂肪酸酯、食用香精（芒果味）	Ingredients：milk（80%），sugar，lactobacillus，thermophilus，pectin，E471，edible essence（mango flavor） Net weight：400g（100g×4） Vietnam ××× company Address：××× Road，××× District，Ho Chi Minh City，Vietnam 25/2000 Store and transport in 0℃～4℃ Made in Vietnam
净含量	400 克（100 克 ×4）	
进口商	广州 ×× 进出口贸易有限公司	
地　址	广州市天河区 ×× 街 ×× 号	
电　话	××××××××	
生产日期	见包装顶部（日 / 月 / 年）	
保质期至	见包装顶部（日 / 月 / 年）	
贮存和运输条件	请置于 0℃～4℃中贮藏和运输	在华注册号：××××（风味饮料）
原产国	越南	

营养成分表

项目	每 100 克（g）	NRV%
能量	372 千焦（kJ）	4%
蛋白质	2.8 克（g）	5%
脂肪	2.8 克（g）	5%
碳水化合物	13.0 克（g）	4%
钠	98 毫克（mg）	5%

问题分析

通过标签可见该产品为来自越南 ×× 公司生产的乳制品而非饮料，该公司生产的乳制品未通过海关总署注册，不符合《食品安全国家标准　预包装食品标签通则》（GB 7718—2011）中 3.1 的规定。

根据《食品安全国家标准　发酵乳》（GB 19302—2010），风味发酵乳是指以 80% 以上生牛（羊）乳或乳粉为原料，添加其他原料，经杀菌、发酵后 pH 值降低，发酵前或后添加或不添加食品添加剂、营养强化剂、果蔬、谷物等制成的产品。其蛋白质的含量不低于 2.3g/100g，脂肪的含量不低于 2.5g/100g（全脂产品）。该产品外文标签中标示，产品名称为“yogurt”（酸奶），配料主要为牛奶、白砂糖、发酵菌种以及食品添加剂，其中牛奶添加量为

80%，蛋白质的含量为 2.8g/100g，脂肪的含量为 2.8g/100g，符合 GB 19302—2010 中风味发酵乳的定义及理化指标要求。因此，结合产品外文标签的信息判定该产品应当属于风味发酵乳。

海关总署对进口乳制品采取的监管措施严于进口饮料，根据《进出口食品安全管理办法》《中华人民共和国进口食品境外生产企业注册管理规定》（海关总署令第 248 号）以及相关管理规定，境外乳制品生产企业应由所在国家（地区）主管当局向海关总署推荐注册，入境时需提交输出国家（地区）官方乳制品卫生证书，由海关依照进口乳制品要求进行监管。

该产品的境外生产企业应当由越南主管当局向海关总署推荐注册，注册类别应当为乳制品，产品名称应当与外文标签上品名一致，标示为“×× 牌芒果味风味发酵乳”。

案例 10

食品名称	×× 牌香辣火腿月饼
配　料	香辣火腿肉馅［白砂糖、花生仁、莲子、白芸豆、冬瓜蓉馅料（冬瓜、白砂糖、麦芽糖浆、水、食用植物油、麦芽糖醇）、水、食用植物油、火腿肉粒、香辛料、白酒、食用盐、麦芽糖醇、食用香料、脱氢乙酸钠、呈味核苷酸二钠、碳酸钠］、小麦粉、白砂糖、鸡蛋、食用植物油、水、食品添加剂（碳酸钾、碳酸钠、脱氢乙酸钠、葡萄糖酸 -δ- 内酯、酪蛋白酸钠、柠檬酸）
净含量	145 克
进口商	广州 ×× 贸易有限公司
地　址	广州市白云区 ×× 街 ×× 号
电　话	××××××××
生产日期	见包装背面喷码（日 / 月 / 年）
保质期	60 天
贮存条件	阴凉干燥处保存
原产地	中国香港

本品添加了 5% 从西班牙进口的优质火腿肉

营养成分表		
项目	每 100 克（g）	NRV%
能量	1594 千焦（kJ）	19%
蛋白质	11.8 克（g）	20%
脂肪	12.4 克（g）	21%
碳水化合物	55.0 克（g）	18%
钠	347 毫克（mg）	17%

问题分析

通过标签可见该产品为来自中国香港的月饼，配料中含有西班牙火腿肉，未在海关总署准入范围内，不符合《食品安全国家标准　预包装食品标签通则》（GB 7718—2011）中 3.1 的规定。

根据《质检总局关于发布香港、澳门产含肉、蛋月饼输内地检验检疫要求的公告》（国家质量监督检验检疫总局公告 2017 年第 80 号），准予符合以下要求的香港、澳门生产的月饼以一般贸易方式进口：

一、由经香港、澳门特别行政区政府许可的企业生产；

二、使用的肉（牛肉除外）、蛋原料来自内地并经检验检疫合格；

三、经过中心温度大于 85℃、不少于 30 分钟的热处理工艺；

四、随附香港特别行政区食物环境卫生署、澳门特别行政区民政总署出具的《动物制食品卫生证书》，证书中应注明产品种类、产品原产地、出口产品目的地、健康证明等信息。

该月饼中的火腿肉来自西班牙，不符合上述公告中规定的香港输内地含肉月饼采用的肉应来自内地并经检验检疫合格的要求，故该产品不允许进口。

案例 11

<table>
<tr><th>食品名称</th><th colspan="2">×× 蜜蜂花绿茶（茶包）</th></tr>
<tr><td>配　料</td><td>绿茶、薄荷、食用香精、柠檬草、食用香料</td><td>GREEN TEA WITH MELISSA AND LEMONGRASS</td></tr>
<tr><td>净含量</td><td>40 克</td><td rowspan="9">INGREDIENTS：GREENTEA，MINT，FLAVOURING，LEMONGRASS，MELISSA.

Net weight：40g
Store in dry place
Manufacturer：×××××
TEL：+749××××××××
Made in Russia</td></tr>
<tr><td>进口商</td><td>广州 ×× 国际供应链有限公司</td></tr>
<tr><td>地　址</td><td>广州市天河区 ×× 街 ×× 号</td></tr>
<tr><td>在华注册号</td><td>××××××</td></tr>
<tr><td>电　话</td><td>×××××××××</td></tr>
<tr><td>生产日期</td><td>×××× 年 ×× 月 ×× 日</td></tr>
<tr><td>此日期前最佳</td><td>×××× 年 ×× 月 ×× 日</td></tr>
<tr><td>贮存条件</td><td>放置于阴凉干燥处</td></tr>
<tr><td>原产国</td><td>俄罗斯</td></tr>
<tr><td colspan="3">精选绿茶，加入薄荷、柠檬草和蜜蜂花，调配出独特的口感和香味</td></tr>
</table>

问题分析

通过标签可见产品添加了蜜蜂花，蜜蜂花不属于我国传统可食用原料，不符合《食品安全国家标准　预包装食品标签通则》（GB 7718—2011）中3.1的规定。

《食品安全法》第三十七条规定，利用新的食品原料生产食品，应当向国务院卫生行政部门提交相关产品的安全性评估材料。《新食品原料安全性审查管理办法》（国家卫生和计划生育委员会令第1号）提出，新食品原料指的是在我国无传统食用习惯的以下物品：动物、植物和微生物；从动物、植物和微生物中分离的成分；原有结构发生改变的食品成分；其他新研制的食品原料。

由于国家（地区）之间饮食习惯以及食品资源的差异，部分进口食品的原料在我国并无传统食用习惯，应按相关规定完成并通过安全性评估之后才允许进口。

该产品的产品名称为“蜜蜂花绿茶”，虽然中文配料表未标示添加蜜蜂花，而是将其标示为“食用香料”，但其外文标签配料表中标注添加了“MELISSA”（蜜蜂花），且在中文的产品描述中特别指出产品添加了蜜蜂花。蜜蜂花既不属于《食品安全国家标准　食品添加剂使用标准》（GB 2760—2024）中允许使用的食用香料，也不属于我国允许用于普通食品的可食用花卉，故在通过我国卫生行政部门安全性评估之前，该产品不允许进口。

案例 12

食品名称	××特酿玫瑰啤酒
配　料	水、小麦麦芽、葡萄糖、玫瑰水（水、大马士革玫瑰）、啤酒花
原麦汁浓度	11.8° P
酒精度	6.0 %vol
经销商	广州××贸易有限公司
地　址	广州市白云区××街××号
电　话	××××××××
生产日期	××××年××月××日
保质期	××××年××月××日
贮存条件	常温避光保存，5℃～25℃为佳

续表

食品名称	×× 特酿玫瑰啤酒
原产地	丹麦
净含量	750mL
过量饮酒　有害健康　切勿撞击　防止爆瓶	

问题分析

通过标签可见产品添加了大马士革玫瑰，大马士革玫瑰不属于我国传统可食用原料，不符合《食品安全国家标准　预包装食品标签通则》（GB 7718—2011）中 3.1 的规定。

卫生行政部门在《关于批准 DHA 藻油、棉籽低聚糖等 7 种物品为新资源食品及其他相关规定的公告》（卫生部公告 2010 年第 3 号）中提出，允许玫瑰花（重瓣红玫瑰 Rose rugosa cv. Plena）作为普通食品生产经营；在《国家卫生计生委食品司关于中国苦水玫瑰有关问题的复函》（国卫办食品函〔2016〕39 号）中提出，同意将中国苦水玫瑰作为普通食品进行生产经营，即目前国内允许作为普通食品原料的玫瑰只有重瓣红玫瑰（Rose rugosa cv. Plena）和中国苦水玫瑰（Rosa sertata × Rosa rugosa），大马士革玫瑰（Rose Damascene）不属于我国允许添加于普通食品的原料，故在向我国卫生行政部门申请并通过安全性评估之前，该产品不允许进口。

案例 13

食品名称	×× 泰式辣椒酱（复合调味料）
配　料	大豆油、葱、大蒜、棕榈糖、罗晃子、干辣椒、干虾、虾酱（虾、食用盐）、食用盐
净含量	300 克
进口商	广州 ×× 贸易有限公司
地　址	广州市海珠区 ×× 路 ×× 号
电　话	××××××××
生产日期	见包装底部（日 / 月 / 年）
保质期至	见包装底部（日 / 月 / 年）
贮存条件	请置于阴凉干燥处。开封后请冷藏保存并于 4 周内食完
原产国	泰国
在华注册编号	××××××

续表

营养成分表		
项目	每 100 克	NRV%
能量	2052 千焦	24%
蛋白质	6.2 克	10%
脂肪	37.0 克	62%
碳水化合物	34.0 克	11%
钠	1080 毫克	54%

问题分析

通过标签可见产品添加了棕榈糖，棕榈糖不属于我国传统可食用原料，不符合《食品安全国家标准　预包装食品标签通则》（GB 7718—2011）中 3.1 的规定。

在我国食品生产中，通常使用的糖类物质有食糖、淀粉糖等。根据《食品安全国家标准　食糖》（GB 13104—2014），食糖指以甘蔗、甜菜为原料生产的原糖、白砂糖、绵白糖、赤砂糖、红糖、方糖和冰糖等。根据《食品安全国家标准　淀粉糖》（GB 15203—2014），淀粉糖指以淀粉或淀粉质为原料，经酶法、酸法或酸酶法加工制成的液（固）态产品，包括食用葡萄糖、低聚异麦芽糖、果葡糖浆、麦芽糖、麦芽糊精、葡萄糖浆等。

棕榈糖是取自棕榈树的花蜜，经加工后获得，在东南亚的一些调味品与饮料等食品中常见添加该原料。根据其原料可知，棕榈糖不属于我国标准中规定的食糖或淀粉糖，国内未查询到与棕榈糖相关的食品安全标准，而在卫健委公布的新食品原料等名单中，也未见有关于棕榈糖的公告。因此，在向我国卫生行政部门申请并通过安全性评估之前，该产品不允许进口。

案例 14

食品名称	牛樟芝压片糖果
配　料	牛樟芝、葡萄籽、蔓越莓、葛根、大蒜、沙棘、黑木耳、木糖醇
净含量	300 克
进口商	广州 ×× 贸易有限公司
地　址	广州市白云区 ×× 路 ×× 号

续表

食品名称	牛樟芝压片糖果	
电　话	××××××××	
生产日期	见包装底部（日 / 月 / 年）	
保质期至	见包装底部（日 / 月 / 年）	
贮存条件	请置于阴凉干燥处	
原产地	中国台湾	
在华注册编号	××××××	
营养成分表		
项目	每 100 克	NRV%
能量	1632 千焦	19%
蛋白质	3.1 克	5%
脂肪	1.6 克	3%
碳水化合物	89.4 克	30%
钠	30 毫克	2%

问题分析

通过标签可见产品添加了牛樟芝，根据《国家卫生计生委办公厅关于牛樟菇（牛樟芝）问题的复函》（国卫办食品函〔2017〕259 号），牛樟芝不属于我国卫生行政部门批准的可在我国大陆地区使用的新食品原料，不符合《食品安全国家标准　预包装食品标签通则》（GB 7718—2011）中 3.1 的规定。

牛樟芝（*Antrodia cinnamomea*），又名樟芝、樟菇、牛樟菇、红樟芝、血灵芝，属担子菌门（Basidiomycota）担子菌纲（Homobasidiomy-cates）无褶菌目（Aphyllopho-rales）多孔菌科（Polyporacease）薄孔菌属（*Antrodia*），仅生长在我国台湾地区牛樟树中空的内壁或枯死树干的潮湿表面[①]，在大陆地区没有传统食用习惯，不属于我国卫生行政部门批准的大陆地区可用于普通食品的原料。该压片糖果添加了牛樟芝，不允许进口。

① 杨淑贤，赵青舟，单宇，等．牛樟芝对四氯化碳致大鼠慢性肝损伤的保护作用［J］．现代食品科技，2018，34（2）：1-7.

案例 15

食品名称	枫树汁饮料
配　料	枫树汁
净含量	500 毫升
经销商	上海 ×× 贸易有限公司
地　址	上海市浦东新区 ×× 路 ×× 号
电　话	××××××××
生产日期	见包装顶部（日 / 月 / 年）
保质期至	见包装底部（日 / 月 / 年）
贮存条件	常温处储藏，避免阳光直射
原产地	加拿大
在华注册编号	××××××

营养成分表		
项目	每 100 毫升	NRV%
能量	37 千焦	0%
蛋白质	0 克	0%
脂肪	0 克	0%
碳水化合物	2.2 克	1%
钠	6 毫克	0%

问题分析

通过标签可见产品为单一配料“枫树汁”，枫树汁非我国传统可食用原料，不符合《食品安全国家标准　预包装食品标签通则》（GB 7718—2011）中 3.1 的规定。

枫树汁指的是从枫树中获取的汁液，一般用于提取枫糖浆。在我国，枫糖浆（槭树糖浆）可用于普通食品，但枫树汁无传统食用习惯，枫树汁也未在卫健委公布的新食品原料等名单中，同时未查询到与枫树汁相关的产品标准。在向卫生行政部门申请并通过对枫树汁的安全性评估之前，该产品不允许进口。

案例 16

<table>
<tr><th>食品名称</th><th>巧克力味威化饼</th><th>Chocolate Flavoured Wafers</th></tr>
<tr><td>配 料</td><td>白砂糖、小麦粉、全脂奶粉、可可液块、可可脂、植物油、乳糖、乳清蛋白粉、乳清粉、脱脂乳粉、大豆磷脂、酵母、碳酸氢钠、食用香料、食用盐</td><td rowspan="9">INGREDIENTS：Sugar，Wheat flour，Dried whole milk，Cocoa mass，Cocoa butter，Vegetable fats（palm/Mango kernel），Lactose and proteins from whey（from milk），Whey powder，Skimmed milk powder，lecithin，Yeast，Sodium bicarbonate，Natural vanilla flavouring，Salt
NET WEIGHT：400g

Please keep in a cool and dry place

Made in UK</td></tr>
<tr><td>净含量</td><td>400 克</td></tr>
<tr><td>进口商</td><td>海南 ×× 贸易有限公司</td></tr>
<tr><td>地 址</td><td>海南省海口市 ×× 路 ×× 号</td></tr>
<tr><td>电 话</td><td>××××××××</td></tr>
<tr><td>生产日期</td><td>见包装（日 / 月 / 年）</td></tr>
<tr><td>保质期至</td><td>见包装（日 / 月 / 年）</td></tr>
<tr><td>贮存条件</td><td>请置于阴凉干燥处</td></tr>
<tr><td>原产国</td><td>英国</td></tr>
<tr><td>在华注册编号</td><td colspan="2">××××××</td></tr>
</table>

营养成分表

项目	每 100 克	NRV%
能量	2082 千焦	25%
蛋白质	6.6 克	11%
脂肪	24.3 克	41%
碳水化合物	63.0 克	21%
钠	92 毫克	5%

问题分析

通过外文标签可见产品添加了芒果核仁油，芒果核仁油非我国传统可食用原料，不符合《食品安全国家标准 预包装食品标签通则》（GB 7718—2011）中 3.1 的规定。

通过产品中文标签可见，该产品标示添加了植物油，在其外文标签中对应的配料为“Vegetable fats（palm/Mango kernel）”，即“植物油（棕榈 / 芒果核仁）”。棕榈油在我国已有相关标准［《棕榈油》（GB/T 15680—2009）］，是常用于薯片、饼干等焙烤食品的食用植物油，但未查询到“芒果核仁油”相关食品标准。

在近年来卫健委批准公布的新资源食品（新食品原料）中，植物油脂类包括了番茄籽油、茶叶籽油、御米油、乳木果油等（详见表 2-1），未见有“芒果核仁油”的相关公告。在“芒果核仁油”通过卫生行政部门安全性评估之前，该产品不允许进口。

表 2-1　2009 年 1 月 1 日—2022 年 5 月 14 日批准的新油料（新食品原料）名单①

序号	名称	英文名	批准公告
1	乳木果油	Shea butter	2017 年第 7 号公告
2	番茄籽油	Tomato Seed Oil	2014 年第 15 号公告
3	水飞蓟籽油	Silybum marianum Seed oil	2014 年第 6 号公告
4	磷虾油	Krill oil	2013 年第 16 号公告
5	光皮梾木果油	Swida wilsoniana oil	2013 年第 10 号公告
6	长柄扁桃油	Amygdalus pedunculata oil	2013 年第 10 号公告
7	盐肤木果油	Sumac fruit oil	2013 年第 1 号公告
8	美藤果油	Sacha inchi oil	2013 年第 1 号公告
9	盐地碱蓬籽油	Suaeda salsa seed oil	2013 年第 1 号公告
10	牡丹籽油	Peony seed oil	2011 年第 9 号公告
11	元宝枫籽油	Acer truncatum Bunge seed oil	2011 年第 9 号公告
12	翅果油	Elaeagnus mollis Diels oil	2011 年第 1 号公告
13	御米油（罂粟籽油）	Poppy seed oil	2010 年第 3 号公告
14	DHA 藻油	DHA algal oil	2009 年第 18 号公告
15	茶叶籽油	Tea Camellia seed oil	2009 年第 18 号公告
16	杜仲籽油	Eucommia ulmoides Oliv. seed oil	2009 年第 12 号公告

案例 17

食品名称	芝麻酱糖果	Sweets with sesame sauce
配　料	芝麻酱（芝麻），白砂糖，糖浆（葡萄糖、果糖），可可粉，单,双甘油脂肪酸酯，香兰素，柠檬酸	INGREDIENTS: Tahini (Sesame), Sugar, Glucose/Fructose Syrup, Soapwort juice, Cocoa, Emulsifier, Flavor (Vanillin), Acidity Regulator NET WEIGHT: 400g Store at room temperature, dry and sealed Made in Turkey
净含量	400 克	
进口商	×× 国际贸易有限公司	
地　址	广州市白云区 ×× 路 ×× 号	
电　话	××××××××	
生产日期	见包装（日 / 月 / 年）	
保质期至	见包装（日 / 月 / 年）	
贮存条件	常温、干燥、密封保存	
原产国	土耳其	

① 涂行浩. 芒果核仁油理化特性及其开发利用研究进展. 热带作物学报，2020，41（11）：2353-2363.

续表

食品名称	芝麻酱糖果	Sweets with sesame sauce
在华注册编号	××××××	
营养成分表		
项目	每 100 克	NRV%
能量	2120 千焦	25%
蛋白质	13.8 克	23%
脂肪	33.0 克	55%
碳水化合物	39.1 克	13%
钠	0 毫克	0%

问题分析

通过外文标签可见，产品添加了“Soapwort juice”（肥皂草汁），肥皂草汁非我国传统可食用原料，不符合《食品安全国家标准　预包装食品标签通则》（GB 7718—2011）中 3.1 的规定。

通过外文标签配料表可见，产品添加了“Soapwort juice”（肥皂草汁），但在中文标签配料表中并未对该配料进行标示。该标签存在中外文配料表内容不对应的问题，不符合 GB 7718 中 3.8.2 的要求。此外，未查询到“Soapwort juice”（肥皂草汁）在我国有传统食用习惯的依据，卫健委公布批准的新食品原料等相关公告中也未见该原料。在“Soapwort juice”（肥皂草汁）通过卫生行政部门安全性评估之前，该产品不允许进口。

案例 18

食品名称	蜜桃汁饮品
配　料	水、白砂糖、浓缩桃汁、果糖、乳酸钙、酸度调节剂（330）、增稠剂（440）、维生素 C、烟酸、泛酸、维生素 B_6、叶酸、维生素 B_{12}、着色剂（160a）
原产地	中国香港
生产日期（日 / 月 / 年）	见包装底部
保质期至（日 / 月 / 年）	见包装底部
贮存条件	请置于阴凉干燥处
进口商	广州 ×× 贸易有限公司
地　址	广州市天河区 ×× 路 ×× 号
电　话	××××××××

续表

食品名称	蜜桃汁饮品	
在华注册编号	××××××	
净含量	200 毫升	
营养成分表		
项目	每 100 克（g）	NRV%
能量	**126 千焦（kJ）**	**2%**
蛋白质	**0 克（g）**	**0%**
脂肪	**0 克（g）**	**0%**
碳水化合物	**7.4 克（g）**	**2%**
钠	**7 毫克（mg）**	**0%**
维生素 B_6	0.10 毫克（mg）	7%
维生素 B_{12}	0.10 微克（μg）	4%
维生素 C	30.0 毫克（mg）	30%
烟酸	1.10 毫克（mg）	8%
叶酸	30 微克（μg）	13%
泛酸	0.12 毫克（mg）	2%

问题分析

该产品超范围添加营养强化剂叶酸、泛酸，不符合《食品安全国家标准　预包装食品标签通则》（GB 7718—2011）中 3.1 的规定。

《饮料通则》（GB/T 10789—2015）中规定，果蔬汁（浆）类饮料指以果蔬汁（浆）、浓缩果蔬汁（浆）为原料，添加或不添加其他食品原辅料和（或）食品添加剂，经加工制成的制品，如果蔬汁饮料、果肉（浆）饮料、复合果蔬汁饮料、果蔬汁饮料浓浆、发酵果蔬汁饮料、水果饮料等；风味饮料指以糖（包括食糖和淀粉糖）和（或）甜味剂、酸度调节剂、食用香精等的一种或者多种作为调整风味的主要手段，经加工或发酵制成的液体饮料，如茶味饮料、果味饮料、乳味饮料、咖啡味饮料、风味水饮料、其他风味饮料等。

通过标签配料表可知，该产品既可以是果蔬汁饮料，也可以是风味饮料。在《食品安全国家标准　食品营养强化剂使用标准》（GB 14880—2012）中，这两类饮料可添加的营养强化剂不同，果蔬汁饮料不可添加泛酸，风味饮料不可添加叶酸。而该产品同时添加了泛酸与叶酸，若产品类型确定为果蔬汁饮料，则属于超范围添加泛酸；若确定为风味饮料，则属于超范围添加叶酸。故该产品不符合《食品安全国家标准　食品营养强化剂使用标准》（GB 14880—2012）要求，不允许进口。

案例 19

食品名称	冷冻蟹味棒（鱼糜制品）
配　料	鱼浆（金线鱼、白砂糖、焦磷酸钠、三聚磷酸钠），水，玉米淀粉，磷酸酯双淀粉，葡萄糖浆，起酥油，鸡蛋清，食用盐，白砂糖，味精，大豆分离蛋白，食用香料，着色剂（120）
原产国	泰国
生产日期（日/月/年）	见包装底部
保质期至（日/月/年）	见包装底部
贮存条件	保持冷冻 -18℃以下
食用方法	熟制后食用
进口商	广东 ×× 供应链有限公司
地　址	广东省东莞市 ×× 路 ×× 号
电　话	××××××××
在华注册编号	××××××
净含量	250 克

营养成分表		
项目	每 100 克	NRV%
能量	556 千焦	7%
蛋白质	10.2 克	17%
脂肪	4.5 克	8%
碳水化合物	12.7 克	4%
钠	602 毫克	30%

问题分析

该产品超范围添加着色剂胭脂虫红（IN S120），不符合《食品安全国家标准　预包装食品标签通则》（GB 7718—2011）中 3.1 的规定。

该产品为冷冻鱼糜制品，原产国为泰国，泰国食品添加剂的使用标准与我国存在差异，通过其标签配料表可见，产品添加了“着色剂（120）”，即胭脂虫红。冷冻鱼糜制品在《食品安全国家标准　食品添加剂使用标准》（GB 2760—2014）中的分类号为 09.02.03，在该产品中可以加入的着色剂包括辣椒橙、辣椒红、番茄红等，但不允许添加胭脂虫红。故该产品不符合《食品安全

国家标准　食品添加剂使用标准》（GB 2760—2014）的要求，不允许进口。

案例 20

<table>
<tr><th>食品名称</th><th>××啤酒</th><th>種類名称</th><th>××ビールです</th></tr>
<tr><td>原材料名</td><td>麦芽、啤酒花、大麦、白砂糖、柠檬酸、焦糖色、食用香料</td><td>原材料名</td><td>麦芽、ホップ、大麦、糖類、クエン酸、カラメル色、甘味料（アセスルファムK）、食用香料</td></tr>
<tr><td>原产国</td><td>日本</td><td>内容量</td><td>350g</td></tr>
<tr><td>生产日期（日/月/年）</td><td>见包装</td><td>販売者</td><td>××株式会社　东京都××××</td></tr>
<tr><td>保质期至（日/月/年）</td><td>见包装</td><td>製造所</td><td>××株式会社　愛知県××××</td></tr>
<tr><td>贮存条件</td><td>请置于阴凉干燥处，避免阳光直射</td><td>賞味期限</td><td>包装左下隅の記載</td></tr>
<tr><td>原麦汁浓度</td><td>13.2° P</td><td rowspan="7">保存方法</td><td rowspan="7">直射日光を避ける，日陰乾燥所保存</td></tr>
<tr><td>酒精度</td><td>5.5%vol</td></tr>
<tr><td>进口商</td><td>广州××食品贸易有限公司</td></tr>
<tr><td>地　址</td><td>广州市白云区××路××号</td></tr>
<tr><td>电　话</td><td>××××××××</td></tr>
<tr><td>在华注册编号</td><td>××××××</td></tr>
<tr><td>净含量</td><td>350mL</td></tr>
</table>

问题分析

该产品超范围添加食品添加剂安赛蜜，不符合《食品安全国家标准　预包装食品标签通则》（GB 7718—2011）中 3.1 的规定。

该产品为啤酒，原产国为日本。通过其外文标签配料表可见，产品添加了“甘味料（アセスルファムK）”（安赛蜜），但中文标签配料表未标示安赛蜜，中外文配料表不一致，不符合 GB 7718 中 3.8.2 的要求。另外，日本食品添加剂的使用标准与我国存在差异，根据《食品安全国家标准　食品添加剂使用标准》（GB 2760—2014），安赛蜜不可添加于啤酒中，故该产品属于超范围添加甜味剂，不允许进口。

案例 21

<table>
<tr><th>食品名称</th><th>××黄蛋糕制作用粉</th><th>yellow cake making powder</th></tr>
<tr><td>配 料</td><td>强化漂白面粉（小麦粉、大麦麦芽粉、烟酸、还原铁、维生素 B_1、维生素 B_2、叶酸），白砂糖，玉米糖浆，发酵剂（碳酸氢钠、三聚磷酸钠、磷酸二氢钙），羟丙基淀粉，玉米淀粉，棕榈油，单,双甘油脂肪酸酯，食用盐，黄原胶，纤维素胶，食用香精</td><td rowspan="10">Ingredients: Enrichied Flour Bleached (wheat flour, niacin, iron, thiamin, mononitrate, riboflavin, folic acid), Sygar, Corn Syrup, Leavening (baking soda, sodium aluminum phosphate, calcium dihydrogen phosphate). Contains 2% or less of; Modified Corn Starch, Palm Oil, mono-and diglycerides of fatty acids, Salt, Canthan Gum, Cellulose Gum, Artificial Flavor

Net weight: 432g

DIST.BY GENERAL MILLS SALES, INC.

MINNEAPOLIS, MN 55440 USA

Store in a cool, dry place</td></tr>
<tr><td>原产国</td><td>美国</td></tr>
<tr><td>生产日期（日 / 月 / 年）</td><td>见包装底部</td></tr>
<tr><td>保质期至（日 / 月 / 年）</td><td>见包装底部</td></tr>
<tr><td>贮存条件</td><td>阴凉干燥处保存</td></tr>
<tr><td>进口商</td><td>广东××供应链有限公司</td></tr>
<tr><td>地 址</td><td>广东省东莞市××路××号</td></tr>
<tr><td>电 话</td><td>××××××××</td></tr>
<tr><td>在华注册编号</td><td>××××××</td></tr>
<tr><td>净含量</td><td>432 克</td></tr>
</table>

营养成分表

项目	每 43 克	NRV%
能量	669 千焦	8%
蛋白质	2.0 克	3%
脂肪	1.5 克	3%
碳水化合物	36.0 克	12%
钠	310 毫克	16%

问题分析

该产品违规添加“sodium aluminum phosphate”（磷酸铝钠），不符合《食品安全国家标准 预包装食品标签通则》（GB 7718—2011）中 3.1 的规定。

通过产品外文配料表可见，产品添加了“sodium aluminum phosphate”（磷酸铝钠），磷酸铝钠在美国可以添加于蛋糕预拌粉当中，但在我国，《食品安全国家标准 食品添加剂使用标准》（GB 2760—2014）已删除了磷酸铝钠，禁止在食品中添加磷酸铝钠。

该产品中外文配料表不一致，不符合 GB 7718 中 3.8.2 的要求。同时，违规添加磷酸铝钠，不符合《食品安全国家标准　食品添加剂使用标准》（GB 2760—2014）的规定，故不允许进口。

案例 22

食品名称	××× 水果味玉米片（冲调谷物食品）
配　料	玉米粒、白砂糖、棉花糖、小麦粉、全麦燕麦粉、羟丙基淀粉、植物油、燕麦纤维、食用盐、玉米纤维、食用香料、诱惑红、柠檬黄、亮蓝、日落黄、二丁基羟基甲苯
原产国	美国
生产日期（日 / 月 / 年）	见包装底部
保质期至（日 / 月 / 年）	见包装底部
贮存条件	请置于阴凉干燥处
进口商	深圳 ×× 贸易有限公司
地　址	深圳市南山区 ×× 路 ×× 号
电　话	××××××××
在华注册编号	××××××
净含量	400 克

营养成分表		
项目	每 100 克	NRV%
能量	1666 千焦	20%
蛋白质	7.1 克	12%
脂肪	2.4 克	4%
碳水化合物	85.7 克	29%
钠	452 毫克	23%

问题分析

该产品超范围添加食品添加剂诱惑红、亮蓝与日落黄，不符合《食品安全国家标准　预包装食品标签通则》（GB 7718—2011）中 3.1 的规定。

通过产品标签可知，该产品为水果味的冲调谷物制品，在《食品安全国家标准　食品添加剂使用标准》（GB 2760—2014）中分类为“06.06 即食谷物，包括碾轧燕麦（片）”，日落黄不可用于该分类下的产品，诱惑红与亮蓝可用于“06.06 即食谷物，包括碾轧燕麦（片）”，但仅限于可可玉米片。通过标签配料表可知，产品名称为水果味玉米片，配料表中未见添加可可及相关制品，不属于可可玉米片，因此不可添加诱惑红与亮蓝。该产品超范围添加着色剂，不符合《食品安全国家标准　食品添加剂使用标准》(GB 2760—2014)的规定，故不允许进口。

案例 23

食品名称	××× 橙味能量饮料
配　料	碳酸水（水、二氧化碳），葡萄糖浆、橙汁、酸度调节剂（柠檬酸）、抗氧化剂（抗坏血酸）、防腐剂（山梨酸钾）、稳定剂（阿拉伯胶）、咖啡因、食用香精香料（橙子味）、着色剂（β-胡萝卜素））
原产国	印度尼西亚
生产日期（日/月/年）	见瓶盖
保质期至（日/月/年）	见瓶盖
贮存条件	请置于阴凉干燥处。
进口商	广东 ×× 贸易有限公司
地　址	广东省广州市天河区 ×× 路 ×× 号
电　话	××××××××
在华注册编号	××××××
净含量	300 毫升

营养成分表

项目	每 100 克	NRV%
能量	293 千焦	3%
蛋白质	0 克	0%
脂肪	0 克	0%
碳水化合物	17.5 克	6%
钠	0 毫克	0%

问题分析

该产品超范围添加食品添加剂咖啡因，不符合《食品安全国家标准　预包装食品标签通则》(GB 7718—2011)中 3.1 的规定。

对于普通食品，《食品安全国家标准　食品添加剂使用标准》(GB 2760—2014)规定，咖啡因仅允许加在“14.04.02 可乐型碳酸饮料”当中。该标准的实施指南将可乐型碳酸饮料定义为：以可乐香精或类似可乐果型的香精为主要香气成分的碳酸饮料。

通过产品主要配料可知，该产品可归类为能量饮料或碳酸饮料。

在《饮料通则》(GB/T 10789—2015) 中，能量饮料的定义为：含有一定能量并添加适当营养成分或其他特定成分，能为机体补充能量，或加速能量释放和吸收的制品。能量饮料属于 GB 2760—2014 中“14.0 饮料”分类之下的“14.07 特殊用途饮料”，该类别饮料不可添加咖啡因。如该产品归类为能量饮料，则不可添加咖啡因。

在《饮料通则》(GB/T 10789—2015) 中，碳酸饮料的定义为：以食品原辅料和（或）食品添加剂为基础，经加工制成的，在一定条件下充入一定量二氧化碳气体的液体饮料，如果汁型碳酸饮料、果味型碳酸饮料、可乐型碳酸饮料、其他型碳酸饮料等。通过产品标签配料表可见，该饮料添加了二氧化碳，香型为橙子味，未添加可乐香精或可乐果型的香精，即该产品如归类为碳酸饮料，则应为果味型碳酸饮料，非可乐型碳酸饮料，不允许添加咖啡因。

对于特殊膳食用食品，咖啡因被列为耐力类运动营养食品的建议添加成分，每日用量为 20 ~ 100mg。根据《食品安全国家标准　运动营养食品通则》(GB 24154—2015)，耐力类运动营养食品指的是以维生素 B_1 和维生素 B_2 为特征成分，适用于中长跑、慢跑、快走、自行车运动、游泳、划船、有氧健身操、舞蹈、户外运动等人群使用的运动营养食品。该产品未添加维生素 B_1 和维生素 B_2，显然不属于耐力类运动营养食品。

由此可见，该产品超范围添加咖啡因，不允许进口。

案例 24

食品名称	×× 杂锦水果味糖果	種類名称	ラムネ菓子
配　料	食用葡萄糖（国内制造），麦芽糖浆，浓缩果汁（桃子，葡萄，柠檬），乳酸钙，柠檬酸，阿拉伯胶，食用香料，单，双甘油脂肪酸酯，柠檬黄，酸性红，亮蓝	原材料名	ぶとう糖（国内製造）、水飴、濃縮果汁（モモ、ブドウ、レモン）/ステアリン酸カルシウム、酸味料、増粘剤（アラビアガム）、香料、乳化剤、着色料（黄4、赤106、青1）、（一部にモモを含む）
产品属性	硬质糖果	内容量	80g
原产国	日本		
在华注册编号	××××××		
经销商	佛山 ×× 商贸有限公司		
地　址	佛山市南海区 ×× 街道		

续表

食品名称	××杂锦水果味糖果	種類名称	ラムネ菓子
电　话	××××××××	販売者	仏山××商貿有限公司です
生产日期（年/月/日）	××××年××月××日	製造所	仏山市南海区××街道です
保质期至（年/月/日）	××××年××月××日	賞味期限	××年××月××日です
贮存条件	请置于阴凉干燥处存放，避免阳光直射	保存方法	直射日光、高温多湿を避けて保存してください
净含量	80克		

营养成分表		
项目	每100克（g）	NRV%
能量	1572千焦（kJ）	19%
蛋白质	0克（g）	0%
脂肪	1.0克（g）	2%
碳水化合物	90.3克（g）	30%
钠	0毫克（mg）	0%

栄養成分表示	
エネルギーです	376kcal
タンパク質です	0g
脂肪です	1.0g
炭水化物です	90.3g
食塩相当量	0g

问题分析

该产品超范围添加食品添加剂硬脂酸钙，不符合《食品安全国家标准　预包装食品标签通则》（GB 7718—2011）中3.1的规定。

中文配料表标示产品添加了乳酸钙，日文配料表标示产品添加了“ステアリン酸カルシウム”（硬脂酸钙），中外文配料表不一致，不符合GB 7718—2011中3.8.2条款的要求。

硬脂酸钙在《食品安全国家标准　食品添加剂使用标准》（GB 2760—2014）中，允许作为乳化剂或抗结剂添加于香辛料粉与固体复合调味料中，但不能添加于糖果当中，该产品超范围添加硬脂酸钙，不允许进口。

案例25

食品名称	××番茄字母意面罐头汤
配　料	番茄泥（水，番茄酱），强化营养意大利面（小麦粉、鸡蛋清、烟酸、还原铁、维生素B_1、维生素B_2、叶酸），水，白砂糖，羟丙基淀粉，食用盐，小麦粉，氯化钾，食用香料，柠檬酸，抗坏血酸，芹菜，大蒜油
过敏原提示	本品含有鸡蛋，小麦
原产国	美国

续表

食品名称	×× 番茄字母意面罐头汤
生产日期	×××× 年 ×× 月 ×× 日
保质期至	×××× 年 ×× 月 ×× 日
贮存条件	阴凉干燥处保存，开瓶后请冷藏
进口商	深圳 ×× 商贸有限公司
地　址	深圳市南山区 ×× 路 ×× 号
电　话	××××××××
净含量	305 克（固形物含量：≥ 80 克）
图片仅供参考	

营养成分表		
项目	每 100 克	NRV%
能量	340 千焦	4%
蛋白质	2.5 克	4%
脂肪	0 克	0%
碳水化合物	17.5 克	6%
钠	392 毫克	20%

问题分析

该产品超范围添加食品营养强化剂叶酸，不符合《食品安全国家标准　预包装食品标签通则》（GB 7718—2011）中 3.1 的规定。

该产品是以番茄泥、意大利面、水为原料，添加白砂糖与食用盐等调味料，以及食品添加剂等加工而成的罐头食品。通过标签配料表可见，复合配料“强化营养意大利面”中添加了叶酸，叶酸在我国属于食品营养强化剂范畴，其使用应符合《食品安全国家标准　食品营养强化剂使用标准》（GB 14880—2012）的要求。在该标准中，叶酸可以用于“06.03.01 小麦粉”中，但不能用于“06.03.02 小麦粉制品”中。意大利面属于小麦粉制品，因此不能添加营养强化剂叶酸。该产品的原料超范围添加食品营养强化剂叶酸，不符合《食品安全国家标准　食品营养强化剂使用标准》（GB 14880—2012）的要求，故不允许进口。

案例 26

食品名称	柠檬味甜品（谷类和淀粉类甜品）
配　料	白砂糖、小麦淀粉、植物油（含单，双甘油脂肪酸酯、丙二醇脂肪酸酯）、小麦淀粉、脱脂乳粉、膨松剂（焦磷酸二氢二钠、碳酸氢钠）、大米淀粉、食用盐 0.6%、酸度调节剂（柠檬酸）、乳化剂（单，双甘油脂肪酸酯、聚甘油脂肪酸酯）、食用香料、着色剂（胭脂树橙、姜黄）
原产国	澳大利亚
在华注册编号	××××××
生产日期	××××年××月××日
保质期至	××××年××月××日
贮存条件	请置于阴凉干燥处
进口商	广州××国际贸易有限公司
地　址	广州市番禺区××路××号
电　话	×××××××××
净含量	260 克
图片仅作装饰用途，不代表产品的真实属性	

营养成分表		
项目	每 100 克	NRV%
能量	810 千焦	10%
蛋白质	2.5 克	4%
脂肪	6.6 克	11%
碳水化合物	30.8 克	10%
钠	165 毫克	8%

问题分析

该产品超范围添加食品添加剂聚甘油脂肪酸酯、胭脂树橙与姜黄，不符合《食品安全国家标准　预包装食品标签通则》（GB 7718—2011）中 3.1 的规定。

通过产品标签可见，该产品是以白砂糖、小麦粉、植物油与淀粉为主要原料，添加了其他辅料与食品添加剂加工而成的布丁类产品，产品名称为“柠檬味甜品（谷类和淀粉类甜品）”。在《食品安全国家标准　食品添加剂使用标准》（GB 2760—2014）中，该产品对应的食品分类为“06.09 谷类和淀粉类甜品（如米布丁、木薯布丁）”，聚甘油脂肪酸酯、胭脂树橙与姜黄未被允许添加于该食品分类。该产品超范围添加食品添加剂，不符合《食品安全国家标准　食品添加剂使用标准》（GB 2760—2014）的规定，故不允许进口。

案例 27

食品名称	×× 薯片（奶酪味）	×× POTATO CHIPS（CHEESY）
配 料	脱水马铃薯、食用植物油、玉米粉、马铃薯淀粉、米粉、食用盐、单，双甘油脂肪酸酯、白砂糖、麦芽糊精、奶酪、磷脂、柠檬酸、葡萄糖、乳清蛋白、乳清粉、谷氨酸钠、洋葱粉、玉米糖浆、黄油、食用香精、柠檬黄、日落黄、乳酸、乳糖、酪蛋白酸钠、脱脂乳粉、5'- 肌苷酸二钠、5'- 鸟苷酸二钠	INGREDIENT：Dried potatoes，Vegetable oil (cornand/or sunflower oul)，Corn flour，Potato starch，Rice flour，Andless than 2% of the following：salt，Mono-And diglycerides，Sugar，Maltodextrin (Made from corn)，Cheddar cheese (Milk，cheesecultures，salt，enzymes)，Soy lecithin，Citric acid，Dextrose，Whey protein concentrate，Whey，Monosodium Glutamate，Onion powder，Corn syrup solids，Buttermilk，Natural and artificial flavors，Artificial color (Yellow 5 lake，Yellow 6 lake，Yellow 6，Yellow 5)，Lactic acid，Spices，Lactose，Sodium caseinate，Skim milk，Disodium inosinate，And disodium guanylate. CONTAINS MILK AND SOY Store in a cool and dry place. NET WEIGHT：155.9g Made in USA.
过敏提示	本产品含有牛奶及大豆类制品	
原产国	美国	
贮存条件	请置于阴凉干燥处	
生产日期	日 / 月 / 年（见外包装喷码处）	
保质期至	日 / 月 / 年（见外包装喷码处）	
经销商	珠海市 ×× 进出口有限公司	
地 址	珠海市珠澳跨境工业区 ×× 路 ×× 号	
电 话	××××××××	
在华注册编号	××××××	
净含量	155.9 克	

营养成分表		
项目	每份 28 克	NRV%
能量	619 千焦（kJ）	7%
蛋白质	2.0 克（g）	3%
脂肪	8.0 克（g）	13%
- 反式脂肪	0 克（g）	
碳水化合物	17.0 克（g）	6%
钠	200 毫克（mg）	10%

问题分析

该产品超范围添加食品添加剂柠檬黄铝色淀与日落黄铝色淀，不符合《食品安全国家标准 预包装食品标签通则》（GB 7718—2011）中 3.1 的规定。

标签中文配料表标示产品添加了柠檬黄与日落黄，外文配料表标示产品添加了“Artificial color (Yellow 5 lake，Yellow 6 lake，Yellow 6，Yellow 5)”[人工色素（黄色 5 号铝色淀、黄色 6 号铝色淀、黄色 5 号、黄色 6 号）]。该产品原产国为美国，经查询美国食品添加剂相关法规（CALSS NAMES AND THE INTERNATIONAL NUMBERING SYSTEM FOR FOOD ADDITIVES CAC/GL 36-2001）可知，黄色5号与黄色6号分别对应柠檬黄与日落黄，根据外文标签，该产品添加了柠檬黄、柠檬黄铝色淀、日落黄与日落黄铝色淀。中文标签仅标示添加了柠檬黄与日落黄，中外文配料表不一致，不符合GB 7718—2011中3.8.2条款的要求。

通过标签上的名称与配料表可知，该产品是以马铃薯及其淀粉、植物油、玉米粉等为原料，添加食用盐等其他辅料，以及增味剂、酸度调节剂与着色剂等食品添加剂加工而成的膨化食品，在《食品安全国家标准　食品添加剂使用标准》（GB 2760—2014）中对应的食品分类号为“16.06 膨化食品”。该标准规定，在膨化食品中仅限使用柠檬黄与日落黄，不允许使用其铝色淀。该产品超范围添加柠檬黄铝色淀与日落黄铝色淀，不符合《食品安全国家标准　食品添加剂使用标准》（GB 2760—2014）的规定，故不允许进口。

案例28

食品名称	××维生素C饮品（风味饮料）
维生素C有抗氧化作用	
配　料	饮用纯净水，甘油，L-抗坏血酸2.8%，浓缩接骨木莓汁，针叶樱桃果粉，低聚果糖
食用方法	饮用前摇匀，每天1袋（3mL），每1mL产品应加入200mL温水，稀释饮用
贮存条件	请置于阴凉干燥处，开封后建议冷藏，并尽快食用
原产国	新西兰
注意事项	1. 该产品非终产品，需进一步加工（稀释）后食用。 2. 请置于儿童无法取得之处。 3. 如有浑浊沉淀属正常现象，可放心饮用。 4. 包装如有破损请勿食用。
生产日期	见盒底（年/月/日）
保质期	24个月
进口商	广州××生物科技有限公司
地　址	广州市番禺区××路××号
电　话	××××××××
净含量	90毫升（3毫升×30）

续表

营养成分表		
项目	每100mL	NRV%
能量	**527kJ**	**6%**
蛋白质	**0g**	**0%**
脂肪	**0g**	**0%**
碳水化合物	**30.8g**	**10%**
钠	**0mg**	**0%**
维生素C	3333.0mg	3333%

问题分析

该产品中L-抗坏血酸的添加量未达到《食品安全国家标准　食品营养强化剂使用标准》（GB 14880—2012）中规定的使用量，不符合《食品安全国家标准　预包装食品标签通则》（GB 7718—2011）中3.1的规定。

根据产品名称与配料表可知，该产品属于风味饮品，在《食品安全国家标准　食品营养强化剂使用标准》（GB 14880—2012）中应归类为“14.04.02.002风味饮料（包括果味、乳味、茶味、咖啡味及其他味饮料等）”，该分类号对应的维生素C的使用量应在250～500 mg/kg范围以内。根据其食用方法可知，该产品非终产品，需要稀释后饮用，即稀释后的维生素C的使用量应当满足GB 14880—2012的要求。

通过食品标签配料表可见，产品添加了2.8%的L-抗坏血酸，食用方法为每天1袋（3mL），每1mL产品加入200mL温水稀释饮用。相当于每201mL稀释后的饮品中添加了L-抗坏血酸28mg，约等于100g稀释后的饮品中添加了14mg的L-抗坏血酸。该使用量不符合GB 14880—2012中对风味饮料中强化维生素C时添加量应在250～500 mg/kg范围以内的要求。

案例29

食品名称	××海盐
配　料	100%海盐
原产国	法国
生产日期（日/月/年）	见罐盖

续表

食品名称	×× 海盐	
保质期至（日 / 月 / 年）	见罐盖	
贮存条件	请置于阴凉干燥处	
进口商	杭州 ×× 贸易有限公司	
地　址	杭州经济开发区 ×× 路 ×× 号	
电　话	××××××××	
净含量	150 克	
在华注册编号	××××××	
营养成分表		
项目	每 100 克	NRV%
能量	1287 千焦	15%
蛋白质	0 克	0%
脂肪	0 克	0%
碳水化合物	75.1 克	25%
钠	35200 毫克	1760%

问题分析

通过营养标签可见该产品钠含量不符合我国食品安全国家标准关于食用盐的要求，不符合《食品安全国家标准　预包装食品标签通则》（GB 7718—2011）中 3.1 的规定。

《食品安全国家标准　食用盐》（GB 2721—2015）中规定，食用盐中氯化钠（以干基计）/（g/100g）≥ 97.00。查询《食品营养成分基本术语》（GB/Z 21922—2008）可知，食品中食盐当量（mg）与钠含量（mg）的换算关系如下：

$$食盐当量 = 食品中钠含量 \times 2.54$$

该海盐产品营养成分表标示其钠含量为 35200mg/100g，换算为食盐当量为 89408mg/100g，即约等于 89.4g/100g，不符合 GB 2721—2015 对食盐中氯化钠含量的要求。

也可以通过分子式的方式进行计算，经查询，氯化钠的分子量约为 58.44，钠的分子量约为 22.98，钠与氯化钠的分子量比值约为 0.3933。即该产品中的氯化钠含量约为：

$$35200\ mg/100g \div 0.3933 = 89499\ mg/100g$$

即约等于 89.5g/100g，不符合 GB 2721—2015 对食盐中氯化钠含量的要求。

对于在进行标签检验时筛选出的该类问题，可通过实验室检验进一步验证。

案例 30

食品名称	×× 纳豆糖果
配　料	地龙蛋白、纳豆、卵磷脂、葵花籽油、明胶、甘油、水、二氧化钛、β - 胡萝卜素
原产国	日本
生产日期（日 / 月 / 年）	见包装
保质期	36 个月
贮存条件	请置于阴凉干燥处
食用方法	每天 1 次，每次 1 ~ 2 粒，随餐或送水食用
进口商	杭州 ×× 贸易有限公司
地　址	杭州经济开发区 ×× 路 ×× 号
电　话	××××××××
在华注册编号	××××××
净含量	150 克

营养成分表		
项目	每 100 克	NRV%
能量	2726 千焦	32%
蛋白质	6.9 克	12%
脂肪	70.5 克	118%
碳水化合物	0 克	0%
钠	200 毫克	10%

问题分析

通过标签配料表可知，该产品不符合我国食品安全国家标准中关于糖果定义的有关要求，不符合《食品安全国家标准　预包装食品标签通则》（GB 7718—2011）中 3.1 的规定。

《食品安全国家标准　糖果》（GB 17399—2016）中对糖果的定义为：以食糖或糖浆或甜味剂等为主要原料，经相关工艺制成的甜味食品。通过标签配料表可见，该产品并未添加食糖、糖浆或甜味剂，不符合该标准对糖果的定义。

由于不同国家（地区）之间在食品分类与标准上存在差异，部分进口食品在我国并无适用的食品安全标准，很多以压片糖果的名称进行申报的食品并不符合糖果标准的要求，其中存在的最常见的问题之一就是未添加食糖、糖浆或甜味剂，以及不具备甜味。

《食品安全法》规定，进口食品应当符合我国食品安全国家标准。进口尚无食品安全国家标准的食品，由境外出口商、境外生产企业或者其委托的进口商向国务院卫生行政部门提交所执行的相关国家（地区）标准或者国际标准。国务院卫生行政部门对相关标准进行审查，决定是否暂予适用。

案例 31

食品名称	柏子仁压片糖果
配　料	蓝莓、综合酵素、香橼、黄芥子、山楂、薏苡仁、木糖醇、柏子仁
原产地	中国台湾
生产日期（日 / 月 / 年）	见瓶底
保质期至（日 / 月 / 年）	见瓶底
贮存条件	请置于阴凉干燥处
进口商	大连 ×× 贸易有限公司
地　址	辽宁省大连市 ×× 路 ×× 号
电　话	××××××××
在华注册编号	××××××
净含量	170 克

营养成分表		
项目	每 100 克	NRV%
能量	1476 千焦	18%
蛋白质	8.7 克	15%
脂肪	1.4 克	2%
碳水化合物	75.1 克	25%
钠	269 毫克	13%

问题分析

该产品添加了仅允许添加于保健食品的柏子仁，但该产品不是进口保健食品，不符合《食品安全国家标准 预包装食品标签通则》（GB 7718—2011）中 3.1 的规定。

《卫生部关于进一步规范保健食品原料管理的通知》（卫法监发〔2002〕51 号）公布了三个名单：《既是食品又是药品的物品名单》《可用于保健食品的物品名单》《保健食品禁用物品名单》。柏子仁归属《可用于保健食品的物品名单》，即在保健食品中可以使用，但在普通食品中不允许添加。该产品为普通食品，未获得保健食品注册，故不允许添加柏子仁。

根据《食品安全法》，我国对保健食品、特殊医学用途配方食品等特殊食品实行严格监督管理。首次进口的保健食品应当经国务院食品安全监督管理部门注册。由于柏子仁仅可用于保健食品，该产品若需进口，则应当按照《食品安全法》以及《保健食品注册与备案管理办法》的要求进行注册，通过注册后方允许进口。

案例 32

食品名称	袋泡茶
配　料	麦冬、赤小豆、薏苡仁、百合、莲子、茯苓、芡实、山楂、山药
原产地	中国台湾
生产日期（日 / 月 / 年）	见盒身
保质期至（日 / 月 / 年）	见盒身
贮存条件	请置于阴凉干燥处
进口商	广州 ×× 贸易有限公司
地　址	广州市海珠区 ×× 路 ×× 号
电　话	××××××××
在华注册编号	××××××
净含量	200 克

问题分析

该产品添加了不可添加于普通食品的麦冬，不符合《食品安全国家标

准　预包装食品标签通则》（GB 7718—2011）中 3.1 的规定。

《中华人民共和国药典（2020 年版）》记载，麦冬是百合科植物麦冬的干燥块根，是我国常见的用于治疗肺燥干咳、心烦失眠的中药材。根据《食品安全法》，生产经营的食品中不得添加药品，但是可以添加按照传统既是食品又是中药材的物质。经查询《卫生部关于进一步规范保健食品原料管理的通知》（卫法监发〔2002〕51 号），麦冬未被列入《既是食品又是药品的物品名单》，不可用于普通食品。

案例 33

食品名称	××冷冻牛排（带骨）	×× Frozen Beef（with bones）
配　料	Frozen Beef	INGREDIENT：Frozen Beef NET WEIGHT：8kg Product of Australia −18℃ or below
原产国	澳大利亚	
在华注册编号	×××××	
生产日期（年 / 月 / 日）	见包装喷码	
保质期至（年 / 月 / 日）	见包装喷码	
贮存条件	−18℃以下冷冻保存	
进口商	广州市 ×× 贸易有限公司	
地　址	广州市南沙区 ×× 号 ×× 室	
电　话	××××××××	
净含量	8 千克（kg）	

营养成分表

项目	每 100 克	NRV%
能量	1717 千焦	20%
蛋白质	24.8 克	41%
脂肪	35.0 克	58%
碳水化合物	0 克	0%
钠	60 毫克	3%

问题分析

该产品未按《中华人民共和国进出口食品安全管理办法》（海关总署令 249 号，简称《进出口食品安全管理办法》）第三十条的规定标示相关内容，不符合《食品安全国家标准　预包装食品标签通则》（GB 7718—2011）中 3.1 的规定。

《进出口食品安全管理办法》第三十条规定，对于进口鲜冻肉类产品，内外包装上应当以牢固、清晰、易辨的中英文或者中文和出口国家（地区）文字标示，标明以下内容：产地国家（地区）、品名、生产企业注册编号、生产批号；外包装上应当以中文标明规格、产地（具体到州/省/市）、目的地、生产日期、保质期限、储存温度等内容，必须标注目的地为中华人民共和国，加施出口国家（地区）官方检验检疫标示。

该产品为来自澳大利亚的带骨冷冻牛肉，未采用中英文标注具体的产地（州/省/市）、目的地，不符合《进出口食品安全管理办法》有关规定。

案例 34

食品名称	冷冻野生南美白对虾	FROZEN WILD PENAEUS CANNAMEI
配　料	南美白对虾、水	INGREDIENT：South American white shrimp, water NET WEIGHT：5kg Made in Ecuador Below −18℃
原产国	厄瓜多尔	
生产日期	××××/××/××	
保质期至	××××/××/××	
在华注册编号	××××××	
贮存条件	−18℃以下贮存	
经销商	××食品（北京）有限公司	
地　址	中国北京市××区××路××号	
电　话	××××××××	
净含量	5千克	

问题分析

该产品未按《进出口食品安全管理办法》第三十条的规定标示相关内容，不符合《食品安全国家标准　预包装食品标签通则》（GB 7718—2011）中3.1的规定。

《进出口食品安全管理办法》第三十条规定，对于进口水产品，内外包装上应当以牢固、清晰、易辨的中英文或者中文和出口国家（地区）文字标示，标明以下内容：商品名和学名、规格、生产日期、批号、保质期限和保存条件、生产方式（海水捕捞、淡水捕捞、养殖）、生产地区（海洋捕捞海域、淡水捕捞国家或者地区、养殖产品所在国家或者地区）、涉及的所有生产加工企业（含捕捞船、加工船、运输船、独立冷库）名称、注册编号及地址（具体到州 / 省 / 市）、必须标注目的地为中华人民共和国。

该产品为冷冻野生南美白对虾，标签中未按规定采用中英文或者中文和出口国家文字标示学名、规格、批号、生产方式（海水捕捞 / 淡水捕捞）、生产地区（海洋捕捞海域 / 淡水捕捞国家或者地区）、涉及的所有生产加工企业（含捕捞船、加工船、运输船、独立冷库）名称、注册编号及地址（具体到州 / 省 / 市）以及目的地，不符合《进出口食品安全管理办法》有关规定。

案例 35

<table>
<tr><th>食品名称</th><th>××混合果汁味软糖</th><th>×× MIXED JUICE FLAVORED FUDGE</th></tr>
<tr><td>配　料</td><td>食用葡萄糖，白砂糖，水，明胶，柠檬酸，食用香料，维生素 C，葡萄皮红</td><td rowspan="11">INGREDIENT：Edible glucose，Sucrose，Water，Gelatin，Citric acid，Edible spices，Vitamin C，grape skin red.
Store in a cool and dry place.

NET WEIGHT：300g

Made in Malaysia.</td></tr>
<tr><td>原产国</td><td>马来西亚</td></tr>
<tr><td>生产日期</td><td>×××× 年 ×× 月 ×× 日</td></tr>
<tr><td>保质期至</td><td>×××× 年 ×× 月 ×× 日</td></tr>
<tr><td>贮存条件</td><td>请置于阴凉干燥处</td></tr>
<tr><td>经销商</td><td>北京 ×× 商贸有限公司</td></tr>
<tr><td>地　址</td><td>北京市朝阳区 ×× 路 ×× 号</td></tr>
<tr><td>电　话</td><td>××××××××</td></tr>
<tr><td>在华注册编号</td><td>××××××</td></tr>
<tr><td>净含量</td><td>300 克（10 克 ×30 包）</td></tr>
<tr><td colspan="2">每份 10 克（5 颗软糖）相当于两个橙子的营养</td></tr>
</table>

营养成分表

项目	每份（10 克）	NRV%
能量	146kJ	2%
蛋白质	0.8g	1%
脂肪	0g	0%
碳水化合物	7.8g	3%
钠	4mg	0%
维生素 C	105.0mg	105%

问题分析

该产品标签标示“每份 10 克（5 颗软糖）相当于两个橙子的营养”，不符合《食品安全国家标准 预包装食品标签通则》(GB 7718—2011)中3.3规定的关于不得标示违背营养科学常识的内容的要求。

根据标签配料可见，该产品为以食糖和明胶为主要原料，添加了营养强化剂维生素C的糖果。根据《中国食物成分表》，每100克橙子约含33mg维生素C。而每10克该软糖的维生素C含量为105mg，相当于约为318克橙子的维生素C含量。但橙子中除了维生素C之外，还包含了包括钾、钙、碘、镁、膳食纤维等多种营养元素，标签标示“每份10克(5颗软糖)相当于两个橙子的营养”明显违背科学常识。

案例36

食品名称	×× 无硫添加干红葡萄酒
原料和辅料	葡萄汁、二氧化硫
净含量	750mL
进口商	广州 ×× 贸易有限公司
地 址	广州市海珠区 ×× 号 ×× 栋 ×× 号
电 话	××××××××
灌装日期	见瓶底(日/月/年)
保质期至	见瓶底(日/月/年)
贮存条件	14℃～16℃避光卧放
原产国	南非
过量饮酒 有害健康	

问题分析

通过标签可见产品添加了二氧化硫，但食品名称为“无硫添加干红葡萄酒”，不符合GB 7718—2011《食品安全国家标准 预包装食品标签通则》中3.4的要求。

《食品安全国家标准 预包装食品标签通则》(GB 7718—2011)中3.4的要求为：应真实、准确，不得以虚假、夸大、使消费者误解或欺骗性的文字、图形等方式介绍食品，也不得利用字号大小或色差误导消费者。

二氧化硫是《食品安全国家标准 食品添加剂使用标准》(GB 2760—2014)中允许添加在葡萄酒中的食品添加剂，主要发挥抗氧化的作用。该产品原料与辅料中标示添加了二氧化硫，但食品名称为“无硫添加干红葡萄酒”，其中“无硫添加”的标注不真实、不准确，易使消费者产生误解，故应删除该项内容。

案例 37

食品名称	百香果果汁饮料（果肉型）
净含量	960mL
原产国	越南
配　料	水、白砂糖、百香果浆、鲜百香果果肉、食品添加剂（柠檬酸、柠檬酸钠、D-异抗坏血酸钠、维生素 C、羧甲基纤维素钠、黄原胶、三聚磷酸钠、β-胡萝卜素）、食用香精
果汁含量	≥ 28%
在华注册编号	××××××
生产日期	见罐底
保质期	12 个月
贮存条件	保存于阴凉干燥处，避免阳光直射及高温
饮用方法	开启后直接饮用，冷藏后风味更佳
经销商	广东 ×× 食品有限公司
地　址	广东省肇庆市 ×× 路 ×× 号
电　话	××××××××
0 添加防腐剂、甜味剂、人工着色剂	

营养成分表		
项目	每 100mL	NRV%
能量	**148kJ**	**2%**
蛋白质	**0g**	**0%**
脂肪	**0g**	**0%**
碳水化合物	**8.7g**	**3%**
钠	**57mg**	**3%**
维生素 C	21.8mg	22%

问题分析

产品配料表显示其添加了 β-胡萝卜素，但标签标示“0 添加人工着色剂”，标示内容不真实、不准确，不符合《食品安全国家标准　预包装食品标签通则》（GB 7718—2011）中 3.4 的要求。

《食品安全国家标准　预包装食品标签通则》（GB 7718—2011）中 3.4 的

条款要求：应真实、准确，不得以虚假、夸大、使消费者误解或欺骗性的文字、图形等方式介绍食品。

该产品为添加了着色剂 β-胡萝卜素的果汁饮料，根据《食品安全国家标准 食品添加剂 β-胡萝卜素》（GB 8821—2011），β-胡萝卜素是以维生素A乙酸酯为起始原料用化学合成法制得，即属于人工着色剂。因此，“0添加人工着色剂”不真实、不准确，易使消费者产生误解，故应删除该项内容。

案例 38

食品名称	××深度水解乳蛋白配方粉
配 料	含乳基料粉（葡萄糖浆、大豆油、玉米油、椰子油、葵花籽油、中碳链脂肪MC、低聚异麦芽糖、DHA藻油、花生四烯酸、乳铁蛋白、深度水解乳清蛋白粉、单双甘油脂肪酸酯、磷酸氢二钾）、深度水解乳清蛋白粉、柠檬酸钾、维生素A（醋酸视黄酯）、维生素D（胆钙化醇）、维生素E（dl-α-醋酸生育粉）、维生素C（L-抗坏血酸钠）、维生素 B_1（盐酸硫胺素）、维生素 B_2（核黄素）、维生素 B_6（盐酸吡多醇）、维生素 B_{12}（氰钴胺）、烟酸（烟酰胺）、泛酸（D-泛酸钙）、叶酸、牛磺酸、磷酸氢钙、碳酸镁、硫酸亚铁、硫酸锌、益生菌冻干粉
贮存条件	请将粉罐存放于阴凉干燥通风处，常温保存，勿放入冰箱内，每次使用后请将盖子盖紧，开罐后请密封保存于阴凉干燥处，并在一个月内食用完毕
产品类别	固体饮料
冲调方法	1. 冲调之前请洗手，并将冲调瓶具彻底清洗干净，并在沸水中煮不少于5分钟。 2. 根据食用指南，将55℃左右准确分量的温开水加入已消毒的冲调瓶中。 3. 用所附量匙加入正确分量的配方营养粉。 4. 摇动至营养粉完全溶解，温度适宜后即可食用。 5. 每次只调制一次用量并立即饮用，不要留存未喝完的营养液 
食用方法	每一匙（约4.5克）配方粉+30毫升水来冲调
净含量	360g
保质期	24个月
原产国	马来西亚
经销商	广州××营养品有限公司
地 址	广州市白云区××路××号
电 话	××××××××
在华注册编号	××××××

续表

营养成分表		
项目	每 100g	NRV%
能量	**2059kJ**	**25%**
蛋白质	**11.5g**	**19%**
脂肪	**26.0g**	**43%**
亚油酸	4.2g	—
亚麻酸	0.4g	—
二十二碳六烯酸（DHA）	20.0mg	—
花生四烯酸（ARA）	40.0mg	—
乳铁蛋白	25mg	—
碳水化合物	**53.0g**	**18%**
钠	**170mg**	**9%**
维生素 A	535ug RE	67%
维生素 D	2.0ug	40%
维生素 E	7.60mg α-TE	54%
维生素 B_1	0.90mg	64%
维生素 B_2	0.90mg	64%
维生素 B_6	0.70mg	50%
维生素 B_{12}	1.40ug	58%
维生素 C	102.0mg	102%
烟酸	11.00mg	79%
叶酸	80ug	34%
泛酸	5.20mg	104%
磷	245mg	35%
镁	130mg	43%
钙	420mg	53%
铁	10.0mg	67%
锌	10.00mg	67%
牛磺酸	110mg	—

问题分析

该产品为固体饮料，但其食品名称与冲调方法易让消费者误认为该产品为特殊医学用途婴儿配方食品，不符合《食品安全国家标准　预包装食品标签通则》（GB 7718—2011）中 3.5 的要求。

根据《食品安全国家标准　特殊医学用途婴儿配方食品》（GB 25596—2010），特殊医学用途婴儿配方食品指针对患有特殊紊乱、疾病或医疗状况等特殊医学状况婴儿的营养需求而设计制成的粉状或液态配方食品。在医生或临床营养师的指导下，单独食用或与其他食物配合食用时，其能量和营养成分能够满足0月龄～6月龄特殊医学状况婴儿的生长发育需求。常见特殊医学用途婴儿配方食品中包含的乳蛋白深度水解配方产品，主要适用于食物乳蛋白过敏婴儿，标准中对其配方、必需成分与可选择成分等各方面都有严格的要求。

根据《固体饮料》（GB/T 29602—2013），固体饮料指的是用食品原辅料、食品添加剂等加工制成的粉末状、颗粒状或块状等，供冲泡或冲泡饮用的固态制品。如常见的奶茶固体饮料、速溶咖啡等，非适用于特殊身体状况人群，标准对其必需成分与可选择成分等方面无严格要求。

可见，特殊医学用途婴儿配方食品与固体饮料属于完全不同的食品分类。根据《市场监管总局关于加强固体饮料质量安全监管的公告》（2021年第46号），固体饮料产品名称不得与已经批准发布的特殊食品名称相同；应当在产品标签上醒目标示反映食品真实属性的专用名称“固体饮料”，字号不得小于同一展示版面其他文字（包括商标、图案等所含文字）。对于直接提供给消费者的蛋白固体饮料、植物固体饮料、特殊用途固体饮料、风味固体饮料，以及添加可食用菌种的固体饮料最小销售单元，还应在同一展示版面标示“本产品不能代替特殊医学用途配方食品、婴幼儿配方食品、保健食品等特殊食品”作为警示信息，所占面积不应小于其所在面的20%。警示信息文字应当使用黑体字印刷，并与警示信息区域背景有明显色差。

该产品标签的名称“深度水解乳蛋白配方粉”与特殊医学用途婴儿配方食品中的“乳蛋白深度水解配方粉”几乎相同；冲调方法图示与常见婴幼儿配方粉的冲调方法图示过于相似，图示中还有类似奶瓶形状的器皿图案；固体饮料字体太小，整体标签易使消费者误认为该产品是特殊医学用途婴儿配方食品，既不符合《食品安全国家标准　预包装食品标签通则》（GB 7718—2011）中3.5规定的关于不应直接或以暗示性的语言、图形、符号，误导消费者将购买的食品或食品的某一性质与另一产品混淆的要求，也不符合《市场监管总局关于加强固体饮料质量安全监管的公告》（2021年第46号）的规定。

案例 39

食品名称	苦丁茶
配　料	苦丁茶
原产地	中国台湾
生产日期	见瓶口
保质期	一年
贮存方式	阴凉通风处
经销商	广州 ×× 生物科技有限公司
地　址	广州市白云区 ×× 路 ×× 号
电　话	××××××××
净含量	50 克
野生小叶苦丁茶可降血压、降血糖、降甘油三酯	

问题分析

该标签标注的“野生小叶苦丁茶可降血压、降血糖、降甘油三酯”，不符合《食品安全国家标准　预包装食品标签通则》（GB 7718—2011）中 3.6 的要求。

根据《食品安全法》，食品和标签不得涉及疾病预防、治疗功能。GB 7718—2011 中 3.6 要求标签不应标注或者暗示具有预防、治疗疾病作用的内容，非保健食品不得明示或者暗示具有保健作用。该标签标注了可降血压、降血糖、降甘油三酯，不符合《食品安全法》与 GB 7718—2011 的要求。

案例 40

<table>
<tr><th>食品名称</th><th>×× 经典香脆海苔</th><th>×× CLASSIC CRISPY NORI</th></tr>
<tr><td>产品类型</td><td>调味海苔</td><td rowspan="4">INGREDIENT: Dried nori, Compound seasoning (Sugar, Acid hydrolyzed vegetable protein seasoning powder, (Soy, Corn, Yeast extract, Maltodextrin, Edible salt, Caramel color), Soy sauce powder (Soy, Maltodextrin, Edible salt, Caramel color) Shiitake mushroom, Edible salt, 5’-inosine disodium, Spiced (Cinnamon, Cloves, Pepper))</td></tr>
<tr><td>配　料</td><td>干紫菜，复合调味料［白砂糖，酸水解植物蛋白调味粉（大豆、玉米、酵母抽提物、麦芽糊精、食用盐、焦糖色），酱油粉（大豆、麦芽糊精、食用盐、焦糖色）香菇，食用盐，5’- 肌苷酸二钠，香辛料（桂皮、丁香、胡椒粉）］</td></tr>
<tr><td>致敏物质提示</td><td>本产品含有大豆制品</td></tr>
<tr><td>原产国</td><td>泰国</td></tr>
</table>

续表

食品名称	××经典香脆海苔	×× CLASSIC CRISPY NORI
生产日期	日 / 月 / 年（见包装盒顶部）	
保质期至	日 / 月 / 年（见包装盒顶部）	Store in a cool，dry place
贮存条件	阴凉干燥处	
经销商	广东 ×× 食品贸易有限公司	NET WEIGHT：27g（3g×9）
地　址	佛山市南海区 ×× 路 ×× 号	
净含量	27 克（3 克 ×9）	Made in Thailand
图片仅用于装饰目的，不代表产品配料的真实性		

营养成分表		
项目	每 100g	NRV%
能量	424kJ	5%
蛋白质	3.5g	6%
脂肪	0.8g	1%
碳水化合物	19.7g	7%
钠	502mg	25%

问题分析

该标签上外文字号比中文字号大，不符合《食品安全国家标准　预包装食品标签通则》（GB 7718—2011）中 3.8.2 的要求。

《食品安全国家标准　预包装食品标签通则》（GB 7718—2011）中 3.8.2 条款要求，标签上可以同时使用外文，但应与中文有对应关系（商标、进口食品的制造者和地址、国外经销者的名称和地址、网址除外），所有外文不得大于相应的汉字（商标除外）。

该标签同时使用了中文和英文，中英文有对应的关系，但英文字号明显大于中文字号，不符合 GB 7718—2011 中 3.8.2 条款的要求。

二、食品名称

案例 41

食品名称	××牌薄荷味糖果
配　料	菊苣，薄荷汁、果胶，柠檬酸，食用盐
净含量	100 克

续表

食品名称	××牌薄荷味糖果	
中国总代理	广州××贸易有限公司	
地　址	广州市天河区×街×号	
电　话	××××××××	
在华注册编号	××××××	
生产日期	见封口处（日/月/年）	
保质期至	见封口处（日/月/年）	
贮存条件	阴凉干燥处保存	
原产国	美国	
营养成分表		
项目	每100克	NRV%
能量	1490千焦	18%
蛋白质	0克	0%
脂肪	0克	0%
碳水化合物	90.0克	30%
钠	900毫克	45%

问题分析

该产品标签标注食品名称为“薄荷味糖果”，不符合《食品安全国家标准　预包装食品标签通则》(GB 7718—2011）中4.1.2.1的要求。

《食品安全国家标准　预包装食品标签通则》(GB 7718—2011）中4.1.2.1条款要求，应在食品标签的醒目位置，清晰地标示反映食品真实属性的专有名称。

《食品安全国家标准　糖果》(GB 17399—2016）中对糖果的定义为：以食糖或糖浆或甜味剂等为主要原料，经相关工艺制成的甜味食品。通过该标签可知，产品配料未添加食糖或糖浆或甜味剂，不符合GB 17399—2016对于糖果的定义，该产品标签上食品名称上“糖果”的标注未能真实、准确地反映其食品的真实属性。

根据《食品安全国家标准　蜜饯》(GB 14884—2016)，蜜饯是以果蔬等为主要原料，添加（或不添加）食品添加剂和其他辅料，经糖或蜂蜜或食盐腌制（或不腌制）等工艺制成的制品，包括蜜饯类、凉果类、果脯类、话化类、果糕类和果丹类等。该产品以菊苣、薄荷汁为主要原料，添加了果胶等食品添加剂以及食用盐，符合GB 14884—2016中对于蜜饯的定义。可参考《蜜饯质量通则》(GB/T 10782—2021),结合产品工艺以及产品形态,正确标注产品名称。

案例 42

食品名称	×× 牌牛初乳粉
配　料	速溶奶粉 90%,牛初乳粉 10%
净含量	450 克
中国总代理	广州 ×× 国际贸易有限公司
地　址	广州市保税区 ×× 街 ×× 号
电　话	××××××××
在华注册编号	××××××
生产日期	见包装(年 / 月 / 日)
保质期至	见包装(年 / 月 / 日)
贮存条件	阴凉干燥处保存,开封后密封保存
原产国	新西兰

营养成分表		
项目	每 100 克	NRV%
能量	2165 千焦	26%
蛋白质	25.1 克	42%
脂肪	28.6 克	48%
碳水化合物	40.0 克	13%
钠	337 毫克	17%

问题分析

该产品标签标注食品名称为“牛初乳粉”,不符合《食品安全国家标准　预包装食品标签通则》(GB 7718—2011)中 4.1.2.1 的要求。

《食品安全国家标准　预包装食品标签通则》(GB 7718—2011)中 4.1.2.1 条款要求,应在食品标签的醒目位置,清晰地标示反映食品真实属性的专有名称。

通过配料可见,该产品由速溶奶粉、牛初乳粉加工而成,其中速溶奶粉含量高达 90%,为主要配料,牛初乳粉仅占 10%,为辅料,该产品命名为“牛初乳粉”,未能反映产品的真实属性,易使消费者误解为该产品为纯牛初乳粉,不符合 GB 7718—2011 中 4.1.2.1 条款要求。

根据《食品安全国家标准　乳粉》（GB 19644—2010），调制乳粉是以生牛（羊）乳及其加工制品为主要原料，添加其他原料，添加或不添加食品添加剂和营养强化剂，经加工制成的乳固体含量不低于 70% 的粉状产品。该产品符合该定义要求，其标准名称可标示为“调制乳粉”。

案例 43

食品名称	×× 牌黑果腺肋花楸果果汁
配　料	水，浓缩黑果腺肋花楸果汁，紫葡萄汁，异麦芽低聚糖，草莓汁
净含量	500mL
中国总代理	广州 ×× 进出口贸易有限公司
地　址	广州市白云区 ×× 街 ×× 号
电　话	××××××××
在华注册编号	××××××
生产日期	见包装（年 / 月 / 日）
保质期至	见包装（年 / 月 / 日）
贮存条件	阴凉干燥处保存，开封后密封保存
原产国	韩国
注意事项	本品添加新食品原料黑果腺肋花楸果汁 10%，黑果腺肋花楸果食用限量≤ 10g/天（以鲜品计）

营养成分表		
项目	每 100 毫升	NRV%
能量	179 千焦	2%
蛋白质	0.6 克	1%
脂肪	0 克	0%
碳水化合物	10.0 克	3%
钠	14 毫克	1%

问题分析

该产品标签标注食品名称为“黑果腺肋花楸果果汁”，不符合《食品安全国家标准　预包装食品标签通则》（GB 7718—2011）中 4.1.2.1 的要求。

《食品安全国家标准　预包装食品标签通则》（GB 7718—2011）4.1.2.1 条款要求，应在食品标签的醒目位置，清晰地标示反映食品真实属性的专有名称。

根据《饮料通则》（GB/T 10789—2015），果蔬汁（浆）指以水果或蔬菜为原料，采用物理方法（机械方法、水浸提等）制成的可发酵的汁液、浆液制品；或在浓缩果蔬汁（浆）中加入其加工过程中除去的等量水分复原制成的汁液、浆液制品，如原榨果汁（非复原果汁）、果汁（复原果汁）、蔬菜汁、果浆/蔬菜浆、复合蔬菜（浆）等；果蔬汁（浆）类饮料指以果蔬汁（浆）、浓缩果蔬汁（浆）为原料，添加或不添加其他食品辅料和（或）食品添加剂，经加工制成的制品，如果蔬汁饮料、果肉（浆）饮料、复合果蔬汁饮料、果蔬汁饮料浓浆、发酵果蔬汁饮料、水果饮料等。

该产品以水为主要原料，添加浓缩黑果腺肋花楸果汁、紫葡萄汁、异麦芽低聚糖、草莓汁制作而成，其真实属性应当为果蔬汁饮料，非果蔬汁，其食品名称未能真实、准确反映食品的真实属性，易使消费者误解，可将产品名称改为“黑果腺肋花楸果果汁饮料”。

案例 44

食品名称	××牌黑巧克力
配　料	白砂糖（28%），代可可脂（26%），全脂乳粉（25%），乳清粉，可可粉，食用盐，食品添加剂（磷脂），食用香料
净含量	150g
中国总代理	广州××国际贸易有限公司
地　址	广州市白云区××街××号
电　话	×××××××××
在华注册编号	××××××
生产日期	见包装（年/月/日）
保质期至	见包装（年/月/日）
贮存和运输条件	环境温度保持在 20℃±1℃之间，相对湿度≤50%
原产国	法国

营养成分表		
项目	每100克	NRV%
能量	2165千焦	26%
蛋白质	4.1克	7%
脂肪	32.2克	54%
碳水化合物	61.1克	20%
钠	100毫克	5%

问题分析

该产品食品名称“黑巧克力”，未能体现其真实属性，不符合《食品安全国家标准　预包装食品标签通则》（GB 7718—2011）中4.1.2.1的要求。

《食品安全国家标准　预包装食品标签通则》（GB 7718—2011）4.1.2.1条款要求，应在食品标签的醒目位置，清晰地标示反映食品真实属性的专有名称。

根据《食品安全国家标准　巧克力、代可可脂巧克力及其制品》（GB 9678.2—2014），巧克力指以可可制品（可可脂、可可块或可可液块/巧克力浆、可可油饼、可可粉）和（或）白砂糖为主要原料，添加或不添加乳制品、食品添加剂，经特定工艺制成的在常温下保持固体或半固体状态的食品；代可可脂巧克力指以白砂糖、代可可脂等为主要原料（按原始配料计算，代可可脂添加量超过5 %），添加或不添加可可制品（可可脂、可可块或可可液块/巧克力浆、可可油饼、可可粉）、乳制品及食品添加剂，经特定工艺制成的在常温下保持固体或半固体状态，并具有巧克力风味和性状的食品。

该产品的配料为白砂糖、代可可脂、全脂乳粉、乳清粉、可可粉、食用盐、食品添加剂（磷脂）以及食用香料。其代可可脂含量为26%，是主要原料，添加量远大于可可粉。根据GB 9678.2—2014中4.1条款，代可可脂添加量超过5%（按原始配料计算）的产品应命名为代可可脂巧克力。该食品名称未能真实、准确反映其真实属性，其真实属性应当为代可可脂巧克力。

案例45

食品名称	××牌香草味酸乳
配　料	生牛乳、水、白砂糖、食用葡萄糖、果胶、食用香精、胭脂树橙、副干酪乳杆菌、嗜热链球菌、保加利亚乳杆菌
净含量	400mL（100mL×4）
中国总代理	广州××国际贸易有限公司
地　址	广州市白云区××批发市场××号
电　话	××××××××
在华注册编号	××××××

续表

食品名称	××牌香草味酸乳	
生产日期	见包装（年/月/日）	
保质期至	见包装（年/月/日）	
贮存和运输条件	4℃~8℃下冷藏	
原产国	越南	
营养成分表		
项目	每100克	NRV%
能量	366千焦	4%
蛋白质	2.3克	4%
脂肪	2.4克	4%
碳水化合物	14.0克	5%
钠	36毫克	2%

问题分析

该产品标签标注食品名称为“香草味酸乳”，不符合《食品安全国家标准　预包装食品标签通则》（GB 7718—2011）中4.1.2.1的条款要求。

《食品安全国家标准　发酵乳》（GB 19302—2010）中，发酵乳的定义为以生牛（羊）乳或乳粉为原料，经杀菌、发酵后制成的pH值降低的产品。发酵乳的蛋白质含量应≥2.9g/100g；酸乳属于发酵乳的一种，其定义为以生牛（羊）乳或乳粉为原料，经杀菌、接种嗜热链球菌和保加利亚乳杆菌（德氏乳杆菌保加利亚亚种）发酵制成的产品。可见，酸乳与其他发酵乳的区别在于采用了特定的两种菌，其蛋白质含量同样应≥2.9g/100g；风味发酵乳的定义为以80%以上生牛（羊）乳或乳粉为原料，添加其他原料，经杀菌、发酵后pH值降低，发酵前或后添加或不添加食品添加剂、营养强化剂、果蔬、谷物等制成的产品。风味发酵乳的蛋白质含量应≥2.3g/100g。风味酸乳属于风味发酵乳的一种，其定义为以80%以上生牛（羊）乳或乳粉为原料，添加其他原料，经杀菌、接种嗜热链球菌和保加利亚乳杆菌（德氏乳杆菌保加利亚亚种）发酵前或后添加或不添加食品添加剂、营养强化剂、果蔬、谷物等制成的产品。可见，风味酸乳区别于其他风味发酵乳在于采用了特定的两种菌，其蛋白质含量同样应≥2.3g/100g。

通过标签可见，该产品是以生牛乳、水、白砂糖等为主要原料，采用副干酪乳杆菌、嗜热链球菌、保加利亚乳杆菌三种菌种发酵加工而成，蛋白质含量为2.3g/100g。根据配料与蛋白质含量可知，该产品不符合GB 19302—2010对酸乳的定义，其真实属性应当为风味发酵乳。

《食品安全国家标准　预包装食品标签通则》（GB 7718—2011）4.1.2.1条款要求，应在食品标签的醒目位置，清晰地标示反映食品真实属性的专有名称。该产品应当标示能真实反映其属性的标准名称“香草味风味发酵乳”。

案例 46

食品名称	大二元
配　料	绿茶南瓜子配料：南瓜子、绿茶粉、食盐、食用香料、甜味剂（安赛蜜）、着色剂（柠檬黄、亮蓝） 开心果配料：开心果、食盐、甘草、增味剂（5’-呈味核苷酸二钠）
净含量	500克
中国总代理	吉林省 ×× 贸易有限公司
地　址	吉林省长春市××街××号
电　话	××××××××
在华注册编号	××××××
生产日期	见封口处（日/月/年）
保质期至	见封口处（日/月/年）
贮存条件	开封后尽早食用，避免阳光直射，请置于阴凉干燥处
原产地	中国台湾

营养成分表（瓜子）			营养成分表（开心果）		
项目	每100克	NRV%	项目	每100克	NRV%
能量	2495千焦	30%	能量	2785千焦	33%
蛋白质	32.5克	54%	蛋白质	16.9克	28%
脂肪	47.9克	80%	脂肪	59.5克	99%
碳水化合物	8.8克	3%	碳水化合物	17.4克	6%
钠	508毫克	25%	钠	711毫克	36%

问题分析

该产品标签标注食品名称为“大二元”，该标示不规范，不符合《食品安全国家标准　预包装食品标签通则》（GB 7718—2011）中4.1.2.2的要求。

《食品安全国家标准　预包装食品标签通则》（GB 7718—2011）中4.1.2.2条款要求，标示“新创名称”“奇特名称”“音译名称”“牌号名称”“地区俚语名称”或“商标名称”时，应在所示名称的同一展示版面标示 4.1.2.1 规定的名称。

该标签的食品名称“大二元”是生产企业根据其产品特色进行命名的新创名称，非标准名称，应按照 GB 7718—2011 中 4.1.2.1 的规定，在食品标签的醒目位置，清晰地标示反映食品真实属性的专有名称，并在所示名称的同一展示面标示。

根据标签配料表，可在商品名称“大二元”后面标注该食品的标准名称，如“坚果（绿茶南瓜子、开心果）”或者“混合坚果（绿茶南瓜子、开心果）”等。

案例 47

食品名称	苹果汁饮料
配　料	水，苹果汁，白砂糖，柠檬酸
净含量	300mL
中国总代理	广州 ×× 进出口贸易有限公司
地　址	广州市越秀区 ×× 街 ×× 号
电　话	××××××××
在华注册编号	××××××
生产日期	×××× 年 ×× 月 ×× 日
保质期至	×××× 年 ×× 月 ×× 日
贮存条件	阴凉干燥处存放，开封后密封保存
原产国	马来西亚

营养成分表		
项目	每 100 毫升	NRV%
能量	203 千焦	2%
蛋白质	0 克	0%
脂肪	0 克	0%
碳水化合物	14.0 克	5%
钠	20 毫克	1%

问题分析

该产品标签标注食品名称中“苹果汁”字号大于“饮料”字号，该标示不规范，不符合《食品安全国家标准　预包装食品标签通则》（GB 7718—2011）中 4.1.2.2.2 的要求。

《食品安全国家标准　预包装食品标签通则》（GB 7718—2011）4.1.2.2.2的条款要求，当食品真实属性的专用名称因字号或字体颜色不同易使人误解食品属性时，也应使用同一字号及同一字体颜色标示食品真实属性的专用名称。

食品名称“苹果汁饮料”反映了食品的真实属性，但“苹果汁”字号明显大于“饮料”字号，易使消费者误认为是苹果汁，不符合 GB 7718—2011 中4.1.2.2.2 条款要求。应将“苹果汁”与“饮料”调整为同等字号。

三、配料表

案例 48

<table>
<tr><th>食品名称</th><th>××红葡萄酒</th><th></th></tr>
<tr><td>配　料</td><td>葡萄汁、二氧化硫</td><td rowspan="5">× × × 2021Select your best vineyard and help nature along the way. Select the best fruit and fuide the wine along the way. After nature has had enough time to work her miracle we select the best barrels.</td></tr>
<tr><td>净含量</td><td>2.25L</td></tr>
<tr><td>中国总代理</td><td>广州××国际贸易有限公司</td></tr>
<tr><td>地　址</td><td>广州市越秀区××路××号</td></tr>
<tr><td>电　话</td><td>××××××××</td></tr>
<tr><td>在华注册编号</td><td>××××××</td><td rowspan="7">Net weight：2.25L
15%vol
PRESERVATIVE 224 ADDED
Product of ITALY</td></tr>
<tr><td>灌装日期</td><td>××××年××月××日</td></tr>
<tr><td>保质期至</td><td>见包装（年 / 月 / 日）</td></tr>
<tr><td>贮存条件</td><td>避光阴凉处平放</td></tr>
<tr><td>原产国</td><td>意大利</td></tr>
<tr><td>酒精度</td><td>15%vol</td></tr>
<tr><td>注意事项</td><td>过量饮酒，有害健康</td></tr>
</table>

问题分析

该产品标签中外文配料不对应，不符合《食品安全国家标准　预包装食品标签通则》（GB 7718—2011）中 3.8.2 的条款要求。

《食品安全国家标准　预包装食品标签通则》（GB 7718—2011）3.8.2 的条款要求，可以同时使用外文，但应与中文有对应关系（商标、进口食品的制造者和地址、国外经销者的名称和地址、网址除外）。

在《食品安全国家标准　食品添加剂使用标准》（GB 2760—2014）中，

INS 号 224 对应的食品添加剂为“焦亚硫酸钾”，INS 号 220 对应的食品添加剂为“二氧化硫”，两者都是葡萄酒中常用的抗氧化剂，该产品中文标签标示添加了二氧化硫，但英文标签标示添加了“PRESERVATIVE 224”，即添加了焦亚硫酸钾，中外文配料内容不对应，不符合《食品安全国家标准　预包装食品标签通则》（GB 7718—2011）中 3.8.2 条款要求。

案例 49

食品名称	×× 牌巧克力	種類名称	××チョコレートです。
配　料	可可块、壳寡糖 20%、植物油、全脂乳粉、脱脂奶粉、人造黄油、磷脂、食用香料、罗汉果 壳寡糖食用量：≤ 0.5 克 / 天	原材料名	カカオマス（国内制造又は外国制造）フラクトオリゴ糖、植物油脂、全乳粉、脱脂粉乳、バター加工品 / 乳化劑、香料、甘味料（ラカンカ）、（一部に乳成分・大豆を含む）
净含量	50 克	内容量	50グラムです
中国总代理	×× 贸易有限公司佛山分公司	販売者	×× 貿易有限公司仏山支社です
地　址	佛山市三水区 ×× 街 ×× 号	製造所	仏山市三水区 ×× 街 ×× 号です
电　话	××××××××	お電話	××××××××
在华注册编号	××××××	中国での登録番号	××××××
生产日期	×××× 年 ×× 月 ×× 日	製造日	×××× 年 ×× 月 ×× 日です
保质期至	×××× 年 ×× 月 ×× 日	賞味期限	×××× 年 ×× 月 ×× 日です
贮存条件	避免阳光直射并在 28℃下贮存	保存方法	直射日光を避けて28℃で保管します。
原产国	日本	原産国	日本です

营养成分表			栄養成分表示（1 袋 100g）	
项目	每 100 克（g）	NRV%	エネルギー	594Kcal
能量	**2485 千焦（kJ）**	**30%**	たんぱく質	12.0g
蛋白质	**12.0 克（g）**	**20%**	トランス脂肪	0g
脂肪	**42.0 克（g）**	**70%**	脂質	42.0g
反式脂肪酸	0 克（g）		炭水化物	42.8g
碳水化合物	**42.8 克（g）**	**14%**	食塩相当量	0.2g
钠	**79 毫克（mg）**	**4%**		

问题分析

《食品安全国家标准　预包装食品标签通则》（GB 7718—2011）中 3.8.2 条款要求，可以同时使用外文，但应与中文有对应关系（商标、进口食品的制造者和地址、国外经销者的名称和地址、网址除外）。

壳寡糖与低聚果糖都是我国卫生行政管理部门明确可以添加于普通食品的原料。低聚果糖指的是以蔗糖或菊芋、菊苣等植物为原料制成的功能性低聚糖；壳寡糖指的是以壳聚糖为原料，经木瓜蛋白酶（或木瓜蛋白酶和纤维素酶）酶解，过滤、喷雾干燥等工艺制成的寡糖产品。两者在来源与结构式上都有区别，属于不同的食品原料。

通过外文配料表可见，该产品添加了“フラクトオリゴ糖”（低聚果糖），中文标签标示为“壳寡糖”，中外文配料不对应，不符合《食品安全国家标准　预包装食品标签通则》（GB 7718—2011）中 3.8.2 条款要求。

案例 50

食品名称	×× 牌白莲蓉月饼
配　料	莲子、异麦芽糖同醇、水、花生油、咸蛋黄、小麦面粉、糖浆（白砂糖、水）、花生油、鸡蛋、食用碱水（水、碳酸钾）
净含量	1.35 千克
中国总代理	兰州 ×× 贸易有限公司
地　址	甘肃省兰州市兰州新区 ×× 街 ×× 号
电　话	××××××××
在华注册编号	××××××
生产日期	×××× 年 ×× 月 ×× 日
保质期至	×××× 年 ×× 月 ×× 日
贮存条件	请存放于阴凉干燥处，避免高温或阳光直射
原产地	中国香港

营养成分表		
项目	每 40 克	NRV%
能量	749 千焦	9%
蛋白质	2.7 克	5%
脂肪	9.8 克	16%
碳水化合物	19.9 克	7%
钠	30 毫克	2%

问题分析

该产品标签中文配料表标注“异麦芽糖同醇”，名称有误，有错别字，不符合《食品安全国家标准　预包装食品标签通则》（GB 7718—2011）中 4.1.3.1

的要求。

《食品安全国家标准　预包装食品标签通则》（GB 7718—2011）4.1.3.1 条款要求，预包装食品的标签上应标示配料表，配料表中的各种配料应按 4.1.2 的要求标示具体名称。

我国卫生行政部门发布的《关于批准低聚半乳糖等新资源食品原料的公告》（卫生部公告 2008 年第 20 号）批准异麦芽糖酮醇作为新食品原料，可在除婴幼儿食品以外的各类食品中使用。该产品配料标注的“异麦芽糖同醇”应改为公告中的名称“异麦芽糖酮醇”。

案例 51

食品名称	×× 牌榛子味饮料（固体饮料）
配　料	糖、葡萄糖浆、椰子油、脱脂奶粉、乳清粉、速溶咖啡（6%）、低脂可可、磷酸氢二钾，食用盐、单,双甘油脂肪酸酯、二氧化硅、食用香精
净含量	350 克
经销商	广州 ×× 贸易有限公司
地　址	广州市海珠区 ×× 号 ×× 栋 ×× 号
电　话	××××××××
在华注册编号	××××××
生产日期（日 / 月 / 年）	见包装
保质期至（日 / 月 / 年）	见包装
贮存条件	请存放于阴凉干燥处，避免高温或阳光直射
原产国	意大利

营养成分表		
项目	每 100 克	NRV%
能量	1942 千焦	23%
蛋白质	1.1 克	2%
脂肪	13.9 克	23%
－反式脂肪	0 克	
碳水化合物	83.0 克	28%
钠	218 毫克	11%

问题分析

该产品标签中文配料表中的“糖”标示不规范，不符合《食品安全国家标

准　预包装食品标签通则》（GB 7718—2011）中 4.1.3.1 的要求。

《食品安全国家标准　预包装食品标签通则》（GB 7718—2011）4.1.3.1 条款要求，预包装食品的标签上应标示配料表，配料表中的各种配料应按 4.1.2 的要求标示具体名称。

从狭义上讲，《食品安全国家标准　预包装食品营养标签通则》（GB 28050—2011）问答的第二十七条提出，糖指的是单糖（如葡萄糖、果糖）和双糖（如乳糖、麦芽糖）；从广义上讲，人们常说的糖，既可能是常见的蔗糖如白砂糖、红糖、冰糖，也可能是葡萄糖、低聚果糖、低聚半乳糖等。

该产品标签中文配料表中标注“糖”，难以确定其真实属性，应当依据实际添加的配料，准确地标示其标准名称。

案例 52

<table>
<tr><th>食品名称</th><th>× × 牌饮料</th><th>× × DRINK</th></tr>
<tr><td>配　料</td><td>水、白砂糖、脱脂奶粉、牛奶钙、柠檬酸、果胶</td><td rowspan="10">Ingredients：Water，white sugar，skim milk powder，milk minerals，citric acid，pectin
Net weight：125mL

Manufactured by × × co.，LTD

Product of Australia

Store in a cool and dry place</td></tr>
<tr><td>净含量</td><td>125 毫升</td></tr>
<tr><td>经销商</td><td>× × 贸易（广州）有限公司</td></tr>
<tr><td>地　址</td><td>广州市白云区 ×× 街 ×× 号 ×× 房</td></tr>
<tr><td>电　话</td><td>××××××××</td></tr>
<tr><td>在华注册编号</td><td>××××××</td></tr>
<tr><td>生产日期</td><td>×××× 年 ×× 月 ×× 日</td></tr>
<tr><td>保质期至</td><td>×××× 年 ×× 月 ×× 日</td></tr>
<tr><td>贮存条件</td><td>请存放于阴凉干燥处</td></tr>
<tr><td>原产国</td><td>澳大利亚</td></tr>
</table>

营养成分表		
项目	每 100 毫升	NRV%
能量	191 千焦	2%
蛋白质	1.1 克	2%
脂肪	0.7 克	1%
碳水化合物	8.5 克	3%
钠	102 毫克	5%

问题分析

该产品标签配料表中的“牛奶钙”非标准名称，该标示不符合《食品安全国家标准　预包装食品标签通则》(GB 7718—2011)中4.1.3.1的要求。

《食品安全国家标准　预包装食品标签通则》(GB 7718—2011)中4.1.3.1条款要求，预包装食品的标签上应标示配料表，配料表中的各种配料应按4.1.2的要求标示具体名称。

通过产品英文标签配料表可见，产品添加了“milk minerals”，即乳矿物盐。乳矿物盐是我国卫生行政部门批准的新食品原料［《关于批准茶叶籽油等7种物品为新资源食品的公告》(卫生部公告2009年第18号)］，是以乳清为原料，经去除蛋白质、乳糖等成分而制成，其钙含量为23%～28%，可用于除婴幼儿食品以外的其他食品，每日食用量不超过5克。

虽然乳矿物盐原料是来自牛奶的乳清，且含钙量较高，但采用“牛奶钙”进行标示，难以体现其真实属性，且根据公告内容，乳矿物盐在食用量方面有严格的限制，应当在标签上准确地标示其名称“乳矿物盐”，以符合GB 7718—2011中4.1.3.1的条款要求，并确保消费者的知情权。

案例53

食品名称	××牌混合坚果
原　料	腰果、扁桃仁、山核桃、夏威夷果、白砂糖、大豆油、蜂蜜、食用盐、蜂蜜调味粉(蜂蜜、麦芽糊精、葡萄糖、蔗糖、食用香精)、黄原胶
净含量	850克
中国总代理	东莞市××贸易有限公司
地　址	广东省东莞市××街道××栋××号
电　话	××××××××
在华注册编号	××××××
生产日期	××××年××月××日
保质期至	××××年××月××日
贮存条件	请存放于阴凉干燥处，避免高温或阳光直射
原产国	美国

续表

营养成分表		
项目	每 100 克	NRV%
能量	2541 千焦	30%
蛋白质	20.2 克	34%
脂肪	45.5 克	76%
碳水化合物	29.3 克	10%
钠	1860 毫克	93%

问题分析

该产品标签中文配料表标注引导词为“原料”，不符合《食品安全国家标准　预包装食品标签通则》（GB 7718—2011）中 4.1.3.1.1 的要求。

《食品安全国家标准　预包装食品标签通则》（GB 7718—2011）4.1.3.1.1 条款要求，配料表应以“配料”或“配料表”为引导词。当加工过程中所用的原料已改变为其他成分（如酒、酱油、食醋等发酵产品）时，可用“原料”或“原料与辅料”代替“配料”或“配料表”。

该产品为混合坚果，不属于上述加工过程中所用的原料已改变为其他成分的食品，配料表的引导词应当标注为“配料”或“配料表”。

案例 54

<table>
<tr><th>食品名称</th><th>××牌牛初乳压片糖果</th><th>COLOSTRUM TABLET CANDY</th></tr>
<tr><td>配　料</td><td>牛初乳粉，全脂牛奶，葡萄糖，磷酸氢钙，硬脂酸镁，食用香精</td><td rowspan="2">Ingredients: Colostrum powder, whole milk, Glucose, Calcium hydrogen phosphate, magnesium stearate, flavor</td></tr>
<tr><td>净含量</td><td>49.2 克（0.82 毫克 / 片 ×60 片）</td></tr>
<tr><td>经销商</td><td>广州××商贸有限公司</td><td rowspan="9">Net weight: 49.2g (0.82×60)
Contain 25% whole milk powder and 5% colostrum powder, delicious and nutritious

Manufactured by ×× co., LTD
Product of Australia
Keep out of direct sunlight, seal and store below 30℃</td></tr>
<tr><td>地　址</td><td>广州市天河区××路××号之××室</td></tr>
<tr><td>电　话</td><td>××××××××</td></tr>
<tr><td>在华注册编号</td><td>××××××</td></tr>
<tr><td>生产日期</td><td>××××年××月××日</td></tr>
<tr><td>保质期至</td><td>××××年××月××日</td></tr>
<tr><td>贮存条件</td><td>请避免阳光直射，密封，保存在 30℃以下</td></tr>
<tr><td>原产国</td><td>澳大利亚</td></tr>
</table>

续表

营养成分表		
项目	每100克	NRV%
能量	1566千焦	19%
蛋白质	21.3克	36%
脂肪	5.5克	9%
碳水化合物	57.4克	19%
钠	100毫克	5%

问题分析

该产品标签中文配料标示顺序不符合《食品安全国家标准　预包装食品标签通则》（GB 7718—2011）中4.1.3.1.2的要求。

《食品安全国家标准　预包装食品标签通则》（GB 7718—2011）中4.1.3.1.2条款要求，各种配料应按制造或加工食品时加入量的递减顺序一一排列；加入量不超过2%的配料可以不按递减顺序排列。

该产品英文标签标示“contain 25% whole milk powder and 5% colostrum powder”（包含了25%的全脂奶粉和5%的牛初乳粉），即全脂奶粉实际添加量应当大于牛初乳粉，其中文标签配料表未根据GB 7718—2011中4.1.3.1.2的要求，按照配料添加量递减的顺序进行排序后标示。

案例55

食品名称	××牌茉莉绿茶饮料
配　料	绿茶提取液（25%），茉莉花提取液（25%），白砂糖，维生素C，食用香精，柠檬酸
净含量	300毫升
中国总代理	深圳××贸易有限公司
地　址	深圳市罗湖区××街道××社区××路××号××大厦××室
电　话	××××××××
在华注册编号	××××××
生产日期	见罐底喷码（日/月/年）
保质期至	见罐底喷码（日/月/年）
贮存条件	请置于阴凉干燥处
原产国	马来西亚

续表

营养成分表		
项目	每 100 毫升	NRV%
能量	84 千焦	1%
蛋白质	0 克	0%
脂肪	0 克	0%
碳水化合物	4.9 克	2%
钠	0 毫克	0%

问题分析

该产品标签配料表标示其添加了“绿茶提取液”“茉莉花提取液”，该标示不规范，不符合《食品安全国家标准　预包装食品标签通则》（GB 7718—2011）中 4.1.3.1.3 的条款要求。

《食品安全国家标准　预包装食品标签通则》（GB 7718—2011）中 4.1.3.1 条款要求，预包装食品的标签配料表中的各种配料应按 4.1.2 的要求标示具体名称；4.1.3.1.3 条款要求，如果某种配料是由两种或两种以上的其他配料构成的复合配料，应在配料表中标示复合配料的名称，随后将复合配料的原始配料在括号内按加入量的递减顺序标示。当某种复合配料已有国家标准、行业标准或地方标准，且其加入量小于食品总量的 25% 时，不需要标示复合配料的原始配料。

目前，对于可在标签上直接标示为“提取物（液）”的产品总共是 80 个（详见表 2-2），一种是列入了《食品安全国家标准　食品添加剂使用标准》（GB 2760—2014）中的，如迷迭香提取物、瓜拉纳提取物、核桃壳提取物等食品添加剂；另一种是国家卫生行政部门确定可在食品生产中使用的新资源食品。

表 2-2　可在标签上直接标示为提取物 / 液的原料

序号	名称	依据（标准 / 法规 / 文件）
1	盐藻及提取物	《关于批准茶叶籽油等 7 种物品为新资源食品的公告》（卫生部公告 2009 年第 18 号）
2	鱼油及提取物	
3	迷迭香提取物	《食品安全国家标准　食品添加剂使用标准》（GB 2760—2014）
4	迷迭香提取物（超临界二氧化碳萃取法）	
5	丁香花蕾酊提取物	
6	中国肉桂皮酊提取物	
7	吐鲁酊提取物	

续表

序号	名称	依据（标准 / 法规 / 文件）
8	香荚兰豆浸膏提取物	《食品安全国家标准　食品添加剂使用标准》（GB 2760—2014）
9	核桃壳提取物	
10	可乐果提取物	
11	生姜提取物（生姜浸膏）	
12	白栎木屑提取物	
13	苏合香提取物	
14	角豆提取物	
15	皂树皮提取物	
16	良姜根提取物	
17	春黄菊花净油（提取物）（罗马）	
18	药鼠李提取物	
19	夏至草提取物	
20	莫哈弗丝兰提取物	
21	海草（藻）提取物	
22	黄龙胆根提取物	
23	野黑樱桃树皮提取物	
24	蜡菊提取物	
25	柚苷（柚皮甙提取物）	
26	巴拉圭茶净油 / 提取物	
27	白山核桃树皮提取物	
28	瓜拉纳提取物	
29	肉豆蔻衣油树脂 / 提取物	
30	西印度月桂叶提取物	
31	欧当归提取物	
32	苦木提取物	
33	黄芥末提取物 / 黄芥末油树脂	
34	棕芥末提取物	
35	黑胡椒油树脂 / 黑胡椒提取物	
36	榄香油 / 提取物 / 香树脂	
37	糖蜜提取物	
38	苜蓿提取物	
39	众香子油树脂 / 提取物	
40	罗勒提取物	
41	芹菜籽提取物（固体）	
42	芹菜籽（CO_2）提取物	
43	丁香花蕾油树脂	
44	红三叶草提取物（固体）	
45	蒲公英根固体提取物	
46	穗花槭提取物（固体）	
47	鼠尾草油树脂 / 提取物	
48	菝葜提取物	
49	缬草根提取物	

续表

序号	名称	依据（标准 / 法规 / 文件）
50	美国栗树叶提取物	《食品安全国家标准　食品添加剂使用标准》（GB 2760—2014）
51	接骨木花提取物	
52	藏红花提取物	
53	香叶提取物	
54	柠檬提取物	
55	罗望子提取物（浸膏）	
56	甜橙皮提取物	
57	阿魏液态提取物（流浸膏）	
58	没药树脂提取物	
59	花椒提取物	
60	苦艾提取物	
61	刺柏提取物	
62	甘草提取物（粉）	
63	甜菜碱（天然提取）	
64	海索草提取物（又名神香草提取物）	
65	安古树皮提取物	
66	德国春黄菊花（母菊花）提取物	
67	胭脂树提取物	
68	卡黎皮提取物	
69	玫瑰果籽提取物	
70	甘牛至油树脂 / 提取物	
71	摩洛哥豆蔻提取物	
72	芝麻（CO_2）提取物	
73	干制鲣鱼（CO_2）提取物	
74	芦荟提取物	
75	燕根（萝藦科植物）提取物	
76	葡萄籽提取物	
77	留兰香提取物	
78	焦木酸提取物	
79	皂树皮提取物	
80	非洲竹芋提取物	

若“绿茶提取液”“茉莉花提取液”为复合配料（例如采用水作为介质进行提取获得），则应按照 GB 7718—2011 中 4.1.3.1.3 条款要求，在该名称后用括号标示其原始配料，如“绿茶提取液（绿茶、水）”“茉莉花提取液（茉莉花、水）”。

案例 56

食品名称	×× 牌可可脂巧克力制品
配　料	白砂糖，全脂乳粉，植物油，可可块，可可脂，食用盐，乳化剂，增稠剂，咖啡，加糖炼乳，膨松剂，酸度调节剂，食用香精
净含量	165 克
中国总代理	深圳 ×× 食品有限公司
地　址	深圳市龙岗区 ×× 街道 ×× 社区 ×× 路 ×× 号 ×× 室
电　话	××××××××
在华注册编号	××××××
生产日期	×××× 年 ×× 月 ×× 日
保质期至	×××× 年 ×× 月 ×× 日
贮存条件	阴凉，干燥处存放
原产国	日本

营养成分表

项目	每份（165 克）	NRV%
能量	3584 千焦	43%
蛋白质	9.3 克	16%
脂肪	48.2 克	80%
碳水化合物	96.6 克	32%
钠	169 毫克	8%

问题分析

该产品标签中文配料表标注“乳化剂”“增稠剂”“膨松剂”“酸度调节剂”，标示不规范，不符合《食品安全国家标准　预包装食品标签通则》（GB 7718—2011）中 4.1.3.1.4 的要求。

根据《食品安全国家标准　预包装食品标签通则》（GB 7718—2011）4.1.3.1.4 的条款要求，食品添加剂通用名称可以标示为食品添加剂的具体名称，也可标示为食品添加剂的功能类别名称并同时标示食品添加剂的具体名称或国际编码（INS 号）。

该产品配料表中仅标注了使用的食品添加剂功能类别名称，不符合 GB 7718—2011 中 4.1.3.1.4 条款要求，应在对应的功能类别名称后标示使用的食品添加剂的具体名称或国际编码（INS 号），也可直接标注食品添加剂的具体名称。

案例 57

食品名称	×× 牌香草味蛋糕用糖霜（烘焙用）
配 料	白砂糖，果葡糖浆，棕榈油，玉米淀粉，水，食用盐，单,双甘油脂肪酸酯，吐温 60，硬脂酰乳酸钠，焦磷酸二氢二钠，食用香料，着色剂（柠檬黄，日落黄），柠檬酸，山梨酸钾
净含量	453 克
中国总代理	深圳 ×× 食品有限公司
地 址	深圳市南山区 ×× 街道 ×× 路 ×× 号 ×× 室
电 话	××××××××
在华注册编号	××××××
生产日期	×××× 年 ×× 月 ×× 日
保质期至	×××× 年 ×× 月 ×× 日
贮存条件	阴凉干燥处保存
原产国	美国

营养成分表		
项目	每份（33 克）	NRV%
能量	586 千焦	7%
蛋白质	0 克	0%
脂肪	5.0 克	8%
碳水化合物	23.0 克	8%
钠	70 毫克	4%

问题分析

该产品标签配料表中食品添加剂的标注形式不符合《食品安全国家标准 预包装食品标签通则》（GB 7718—2011）中 4.1.3.1.4 的要求。

《食品安全国家标准 预包装食品标签通则》（GB 7718—2011）4.1.3.1.4 的条款要求，在同一预包装食品的标签上，应选择 GB 7718—2011 的附录 B 中的一种形式标示食品添加剂。

该产品标签配料表中的食品添加剂采用了不同的标示形式，其中，“着色剂（柠檬黄，日落黄）”采用了同时标示食品添加剂功能类别名称与具体名称的形式，其他食品添加剂采用了仅标示食品添加剂具体名称的形式，应根据 GB 7718—2011 中 4.1.3.1.4 的要求，统一其标注形式。

可将该产品配料表标示方式调整如下：“白砂糖，果葡糖浆，棕榈油，玉米淀粉，水，食用盐，乳化剂（单,双甘油脂肪酸酯，吐温 60，硬脂酰乳酸钠），膨松剂（焦磷酸二氢二钠），食用香料，着色剂（柠檬黄，日落黄），酸度调节剂（柠檬酸），防腐剂（山梨酸钾）”；也可不标注食品添加剂功能类别名称，仅标注食品添加剂的具体名称。

案例 58

<table>
<tr><th>食品名称</th><th>×× 牌原味白奶茶（奶茶味固体饮料）</th><th>×× WHITE MILK TEA ORIGINAL</th></tr>
<tr><td>配　料</td><td>植脂末（葡萄糖浆，植物油，酪蛋白酸钠，单,双甘油脂肪酸酯，双乙酰酒石酸单双甘油酯，磷酸氢二钾，二氧化硅），白砂糖，速溶红茶</td><td rowspan="11">Ingredients: Non-dairy Cramer (Glucose Syrup, Hydrogenated Vegetable Oil, Sodium Caseinate (Contains Milk Protein), Emulsifier (E471/E472e), Stabillizer (E340ii), Free Flowing Agent (E551)), Sugar and Instant Tea
Net weight: 480g (12 × 40)
Manufactured by × × co., LTD
Product of Malaysia
Store in a cool and dry place</td></tr>
<tr><td>净含量</td><td>480 克（12 包 ×40 克）</td></tr>
<tr><td>中国总代理</td><td>×× 贸易有限公司佛山分公司</td></tr>
<tr><td>地　址</td><td>佛山市三水区 ×× 街 ×× 号</td></tr>
<tr><td>电　话</td><td>××××××××</td></tr>
<tr><td>在华注册编号</td><td>××××××</td></tr>
<tr><td>生产日期</td><td>×××× 年 ×× 月 ×× 日</td></tr>
<tr><td>保质期至</td><td>×××× 年 ×× 月 ×× 日</td></tr>
<tr><td>贮存条件</td><td>阴凉，干燥处存放</td></tr>
<tr><td>原产国</td><td>马来西亚</td></tr>
</table>

营养成分表		
项目	每 100 毫升	NRV%
能量	**190 千焦**	**2%**
蛋白质	**2.4 克**	**4%**
脂肪	**14.1 克**	**24%**
反式脂肪酸	0 克	–
碳水化合物	**78.8 克**	**26%**
钠	**374 毫克**	**19%**

问题分析

通过产品标签英文配料表可见，该产品添加了“Hydrogenated Vegetable Oil”（氢化植物油），中文配料表标示为“植物油”，不符合《食品安全国家标准　预包装食品标签通则》（GB 7718—2011）中 4.1.3.2 的要求。

《食品安全国家标准　预包装食品标签通则》（GB 7718—2011）中 4.1.3.2 条款要求，配料中的植物油如经过氢化处理，应标示为“氢化”或“部分氢化”。

该产品采用了“Hydrogenated Vegetable Oil”（氢化植物油），但中文标签配料表中标示为“植物油”，不符合《食品安全国家标准　预包装食品标签通则》（GB 7718—2011）中 4.1.3.2 条款的要求，应将其改为“氢化植物油”。

案例 59

<table>
<tr><th>食品名称</th><th>××牌奶酪方蓝酥饼</th><th>×× CHEESE SQUARE BLUE SHORTBREAD</th></tr>
<tr><td>配　料</td><td>小麦粉、饮用水、黄油、奶酪、白砂糖、鸡蛋、乳清粉、淀粉、谷朊粉、马铃薯淀粉、食用盐、酵母、椰子油、蛋黄粉、脱脂乳粉、食用香料、α-淀粉酶、抗坏血酸、海藻酸钠</td><td rowspan="11">Ingredients: Wheat flour, drinking water, butter, cheese, white granulated sugar, eggs, whey powder, distarch phosphate, gluten powder, potato starch, Edible salt, yeast, coconut oil, egg yolk powder, skim milk powder, Edible flavor, alpha-amylase, ascorbic acid, sodium alginate
Net weight: 500g
Store in a cool and dry place
Manufactured by × × co., LTD
Product of France</td></tr>
<tr><td>净含量</td><td>500g</td></tr>
<tr><td>经销商</td><td>兰州××贸易有限公司</td></tr>
<tr><td>地　址</td><td>甘肃省兰州市兰州新区××街××号</td></tr>
<tr><td>电　话</td><td>××××××××</td></tr>
<tr><td>在华注册编号</td><td>××××××</td></tr>
<tr><td>生产日期</td><td>见包装袋身喷码（年/月/日）</td></tr>
<tr><td>保质期至</td><td>见包装袋身喷码（年/月/日）</td></tr>
<tr><td>贮存条件</td><td>阴凉，干燥处存放</td></tr>
<tr><td>原产国</td><td>法国</td></tr>
</table>

营养成分表

项目	每 100 克	NRV%
能量	1204 千焦	14%
蛋白质	8.2 克	14%
脂肪	15.0 克	25%
碳水化合物	30.0 克	10%
钠	384 毫克	19%

问题分析

该产品外文标签配料标注其添加了“distarch phosphate”（磷酸酯双淀粉），中文配料标注为“淀粉”，不符合《食品安全国家标准　预包装食品标签通则》

（GB 7718—2011）中 4.1.3.2 的条款要求。

在食品工业的生产中，为了改善淀粉的加工性能，常需要对淀粉进行改性处理，一般利用的方法包括物理改性、化学改性等。物理改性指通过热、机械力、物理场等物理手段对淀粉进行改性；化学改性是指采用化学试剂反应生成各种类型的改性淀粉[①]。

《食品安全国家标准　预包装食品标签通则》（GB 7718—2011）中 4.1.3.2 的条款要求，除了化学改性淀粉以外，各种淀粉可在标签中标注为“淀粉”。

根据《食品安全国家标准　食品添加剂　磷酸酯双淀粉》（GB 29926—2013），磷酸酯双淀粉是以食用淀粉或由生产食用淀粉的原料得到的淀粉乳为原料与酯化剂发生反应制得，属于化学改性淀粉，根据 GB 7718—2011 的要求，不可标示为“淀粉”。由于磷酸酯双淀粉属于食品添加剂，根据 GB 7718—2011 中 4.1.3.1.4 条款，食品添加剂应当标示其在 GB 2760—2014 中的食品添加剂通用名称，即应当标注为“磷酸酯双淀粉”。

四、配料定量

案例 60

食品名称	×× 牌白巧克力币
配　料	白砂糖，可可脂，全脂乳粉，磷脂（E322），食用香料
净含量	500 克
经销商	广州 ×× 贸易有限公司
地　址	广州市番禺区 ×× 路 ×× 号
电　话	××××××××
在华注册编号	××××××
生产日期	×××× 年 ×× 月 ×× 日
保质期至	×××× 年 ×× 月 ×× 日
贮存条件	请于 12℃ ~ 20℃阴凉干燥处保存
原产国	菲律宾
本品添加比利时高级可可脂	

① 徐丽娟，娄新曼．改性淀粉的生产技术现状与发展趋势［J］．粮油仓储科技通讯，2021（3），38-41.

续表

营养成分表		
项目	每 100 克	NRV%
能量	2373 千焦	28%
蛋白质	6.8 克	11%
脂肪	35.5 克	59%
碳水化合物	55.5 克	19%
钠	93 毫克	5%

问题分析

该产品标签标注“本品添加比利时高级可可脂”，未标注可可脂的含量，不符合《食品安全国家标准　预包装食品标签通则》（GB 7718—2011）中4.1.4.1 的条款要求。

《食品安全国家标准　预包装食品标签通则》（GB 7718—2011）4.1.4.1 的条款要求，如果在食品标签或食品说明书上特别强调添加了或含有一种或多种有价值、有特性的配料或成分，应标示所强调配料或成分的添加量或在成品中的含量。

该产品在标签上强调添加了比利时高级可可脂成分，应按照 GB 7718—2011 中 4.1.4.1 的条款要求，标示比利时可可脂成分的添加量或其在成品中的含量。

案例 61

食品名称	×× 牌特级鲜味生抽
配　料	水、黄豆、食用盐、小麦面粉、着色剂（焦糖色）、味精
净含量	500 毫升
经销商	广州 ×× 贸易有限公司
地　址	广州市天河区 ×× 路 ×× 号
电　话	××××××××
在华注册编号	××××××
生产日期	×××× 年 ×× 月 ×× 日
保质期至	×××× 年 ×× 月 ×× 日
贮存条件	用后请把盖盖紧，并冷藏存放
原产地	中国香港
不含防腐剂	

续表

营养成分表		
项目	每份（5毫升）	NRV%
能量	19千焦	0%
蛋白质	0.4克	1%
脂肪	0克	0%
碳水化合物	0.7克	0%
钠	327毫克	16%

问题分析

该产品标签标注“不含防腐剂”，但未标注防腐剂的含量，不符合《食品安全国家标准　预包装食品标签通则》（GB 7718—2011）中4.1.4.2的条款要求。

《食品安全国家标准　预包装食品标签通则》（GB 7718—2011）4.1.4.2的条款要求，如果在食品的标签上特别强调一种或多种配料或成分的含量较低或无时，应标示所强调配料或成分在成品中的含量。

该产品标签中文标注“不含防腐剂”，应按照GB 7718—2011中4.1.4.2的条款要求，标注“防腐剂含量为0”。

五、净含量与规格

案例62

<table>
<tr><th>食品名称</th><th>××杂锦水果味糖果</th><th>ラムネ菓子</th></tr>
<tr><td>配　料</td><td>食用葡萄糖（国内制造），麦芽糖浆，浓缩果汁（桃子，葡萄，柠檬），柠檬酸，阿拉伯胶，食用香料，单,双甘油脂肪酸酯，柠檬黄，酸性红，亮蓝</td><td rowspan="8">原材料名：ぶとう糖（国内製造）、水飴、濃縮果汁（モモ、ブドウ、レモン）/酸味料、増粘剤（アラビアガム）、香料、乳化剤、着色料（黄4、赤106、青1）、（一部にモモを含む）

直射日光、高温多湿を避けて保存してください

内容量：80g（個包装紙込み）</td></tr>
<tr><td>原产国</td><td>日本</td></tr>
<tr><td>生产日期</td><td>××××年××月××日</td></tr>
<tr><td>保质期至</td><td>××××年××月××日</td></tr>
<tr><td>贮存条件</td><td>请置于阴凉干燥处存放，避免阳光直射</td></tr>
<tr><td>经销商</td><td>佛山××商贸有限公司</td></tr>
<tr><td>地　址</td><td>佛山市南海区××街道</td></tr>
<tr><td>电　话</td><td>××××××××</td></tr>
</table>

续表

食品名称	×× 杂锦水果味糖果		ラムネ菓子	
在华注册编号	××××××		製造者：日本です	
净含量	80 克			
营养成分表			栄養成分表示（1 袋 100g）	
项目	每 100 克	NRV%	エネルギー たんぱく質 脂質 炭水化物 食塩相当量	376kcal 0g 1.0g 90.3g 0g
能量	1572 千焦	19%		
蛋白质	0 克	0%		
脂肪	1.0 克	2%		
碳水化合物	90.3 克	30%		
钠	0 毫克	0%		

问题分析

该产品标签标注的净含量不准确，不符合《食品安全国家标准　预包装食品标签通则》（GB 7718—2011）中 3.1 条款的要求。

我国《定量包装商品净含量计量检验规则》（JJF 1070—2001）对净含量定义为，除去包装容器和其他包装材料后内装商品的量。不论商品的包装材料，还是任何与该食品包装在一起的其他材料，均不得记为净含量，如方便面中的调料包、叉子等不计为净含量。但日本计量法中规定，部分特定的产品的净含量可以包括包装纸。

该产品日文标签标示“内容量：80g（個包装紙込み）”[净含量：80g（包括包装纸）]，80g 是包括了糖果包装纸的重量，中文标签标示的净含量，应除去其包装纸的重量。

案例 63

食品名称	芫荽子（香辛料）
配　料	芫荽子
净　重	25kg
经销商	广州 ×× 贸易有限公司
地　址	广州市番禺区 ×× 路 ×× 号
电　话	××××××××
在华注册编号	××××××
生产日期	×××× 年 ×× 月 ×× 日

续表

食品名称	芫荽子（香辛料）
保质期至	24 个月
贮存条件	通风干燥
原产国	印度

问题分析

该产品标签标注“净重”，该标示不规范，不符合《食品安全国家标准　预包装食品标签通则》（GB 7718—2011）中 4.1.5.1 的条款要求。

《食品安全国家标准　预包装食品标签通则》（GB 7718—2011）4.1.5.1 的条款要求，净含量的标示应由净含量、数字和法定计量单位组成。

该产品标签净含量的引导词采用了“净重”，不符合《食品安全国家标准　预包装食品标签通则》（GB 7718—2011）4.1.5.1 的条款要求，这也是非直接提供给消费者的大包装食品中常见的问题，应改为“净含量：25kg”。

案例 64

食品名称	×× 牌纳豆粉	
配　料	100% 纳豆粉	
净含量	500mL	
经销商	广州 ×× 生物科技有限公司	
地　址	广州市天河区 ×× 路 ×× 号	
电　话	××××××××	
在华注册编号	××××××	
生产日期	×××× 年 ×× 月 ×× 日	
保质期至	×××× 年 ×× 月 ×× 日	
贮存条件	请置于干燥阴凉处及避免高温阳光直射	
原产地	中国台湾	
营养成分表		
项目	每 100 克	NRV%
能量	1672 千焦	20%
蛋白质	5.0 克	8%
脂肪	2.0 克	3%
碳水化合物	89.0 克	30%
钠	15 毫克	1%

问题分析

该产品净含量采用“mL”为计量单位，不符合《食品安全国家标准　预包装食品标签通则》（GB 7718—2011）中 4.1.5.2 的条款要求。

《食品安全国家标准　预包装食品标签通则》（GB 7718—2011）4.1.5.2 的条款要求，应依据法定计量单位，按以下形式标示包装物（容器）中食品的净含量：

（1）液态食品，用体积升（L）（l）、毫升（mL）（ml），或用质量克（g）、千克（kg）；

（2）固态食品，用质量克（g）、千克（kg）；

（3）半固态或黏性食品，用质量克（g）、千克（kg）或体积升（L）（l）、毫升（mL）。

该产品名称为纳豆粉，物理状态为粉状，即固态，标签采用了“mL”为计量单位进行标示，不符合 GB 7718—2011 中 4.1.5.2 的条款要求；应采用质量的计量方式，以“克（g）”为计量单位进行标示。

案例 65

食品名称	×× 牌红葡萄酒
配　料	葡萄汁，二氧化硫
净含量	2250mL
经销商	乐山 ×× 酒业有限公司
地　址	井研县 ×× 镇 ×× 街 ×× 号
电　话	××××××××
在华注册编号	××××××
生产日期	×××× 年 ×× 月 ×× 日
保质期至	10 年
贮存条件	15℃ ~ 20℃避光保存
原产国	澳大利亚
酒精度	14.2%vol
葡萄采摘年份	×××× 年
过量饮酒，有害健康	

问题分析

该产品标签计量单位使用“mL”，不符合《食品安全国家标准　预包装食品标签通则》（GB 7718—2011）中 4.1.5.3 的条款要求。

《食品安全国家标准　预包装食品标签通则》（GB 7718—2011）4.1.5.3 的条款要求，净含量的计量单位应按表 2-3 进行标示。

表 2-3　净含量计量单位的标示方式

计量方式	净含量（Q）的范围	计量单位
体积	Q＜1000mL	毫升（mL）（ml）
	Q≥1000mL	升（L）（l）
质量	Q＜1000g	克（g）
	Q≥1000g	千克（kg）

该产品净含量超过 1000mL，应根据上述条款要求，采用“升（L）（l）”为计量单位进行标示，可标示为“净含量：2.25L”。

案例 66

食品名称	开心果
配　料	开心果
经销商	广州越秀区 ×× 商行
地　址	广州市越秀区 ×× 路 ×× 号首层 ×× 铺
电　话	××××××××
生产日期	×××× 年 ×× 月 ×× 日
保质期至	×××× 年 ×× 月 ×× 日
贮存条件	请置于阴凉干燥处
原产国	美国
在华注册编号	××××××
净含量	25kg ——→ 高度：2mm

问题分析

该标签净含量字符高度不符合《食品安全国家标准　预包装食品标签通则》（GB 7718—2011）中 4.1.5.4 的条款要求。

《食品安全国家标准　预包装食品标签通则》（GB 7718—2011）4.1.5.4 的条款要求，净含量字符的最小高度应符合表 2-4 的规定。

表 2-4　净含量字符的最小高度

净含量（Q）的范围	字符的最小高度 mm
Q ≤ 50mL；Q ≤ 50g	2
50mL < Q ≤ 200mL；50g < Q ≤ 200g	3
200mL < Q ≤ 1L；200g < Q ≤ lkg	4
Q > lkg；Q > 1L	6

产品净含量 25kg，其高度仅为 2mm，不符合 GB 7718—2011 中 4.1.5.4 条款提出的，当净含量大于 1kg 时其字符最小高度为 6mm 的要求。

案例 67

标签正面

食品名称	×××3 合 1 榛果味咖啡（固体饮料）
配　料	植脂末（葡萄糖浆、棕榈仁油、酪朊酸钠、磷酸氢二钾、三聚磷酸钠、单,双甘油脂肪酸酯、硬脂酰乳酸钠、二氧化硅）、白砂糖、即溶咖啡、食用香精香料
经销商	东莞 ×× 食品有限公司
地　址	东莞市虎门镇 ×× 路 ×× 号
电　话	××××××××
生产日期	×××× 年 ×× 月 ×× 日
保质期至	×××× 年 ×× 月 ×× 日
贮存条件	存放于阴凉干爽处，避免阳光直射
原产国	马来西亚
在华注册编号	××××××
冲调方法	将一条咖啡固体饮料倒入杯中，加入 180 毫升热水，搅拌均匀后即可饮用

标签背面

营养成分表		
项目	每 100 克	NRV%
能量	**2000 千焦**	**24%**
蛋白质	**3.4 克**	**6%**
脂肪	**18.8 克**	**31%**
－反式脂肪	0 克	
碳水化合物	**73.3 克**	**24%**
钠	**156 毫克**	**8%**

净含量：35 克 ×15 包

问题分析

该产品净含量与食品名称不在同一展示版面，不符合《食品安全国家标准　预包装食品标签通则》(GB 7718—2011)中4.1.5.5的条款要求。

《食品安全国家标准　预包装食品标签通则》(GB 7718—2011)中4.1.5.5的条款要求，净含量应与食品名称在包装物或容器的同一展示版面标示。

该产品的食品名称标示在标签的正面，净含量标示在标签的背面，净含量与食品名称未标示在包装物的同一展示版面，不符合《食品安全国家标准　预包装食品标签通则》(GB 7718—2011)中4.1.5.5的条款要求。

案例 68

食品名称	×× 牌糖水菠萝圆片罐头
配　料	菠萝、水、白砂糖、食品添加剂（柠檬酸）
净含量	825g
经销商	广州 ×× 食品有限公司
地　址	广州市白云区 ×× 路 ×× 号
电　话	××××××××
在华注册编号	××××××
生产日期	见罐面喷码第一行（年 / 月 / 日）
保质期至	见罐面喷码第一行（年 / 月 / 日）
贮存条件	请置于阴凉干燥处，开罐后请盛于玻璃器皿中冷藏
原产国	印度尼西亚

营养成分表		
项目	每 100 克	NRV%
能量	313 千焦	4%
蛋白质	0 克	0%
脂肪	0 克	0%
碳水化合物	18.4 克	6%
钠	0 毫克	0%

问题分析

该产品标签未标注固形物含量，不符合《食品安全国家标准　预包装食品标签通则》（GB 7718—2011）中 4.1.5.6 的条款要求。

《食品安全国家标准　预包装食品标签通则》（GB 7718—2011）中 4.1.5.6 的条款要求，容器中含有固、液两相物质的食品，且固相物质为主要食品配料时，除标示净含量外，还应以质量或质量分数的形式标示沥干物（固形物）的含量。

该产品为菠萝糖水罐头，通过标签配料表可见，菠萝排在配料表的第一位，即固相物质为主要食品配料，应按照 GB 7718—2011 中 4.1.5.6 的条款要求，以质量或质量分数的形式标示沥干物（固形物）的含量。

案例 69

外包装标签

食品名称	×× 牌红茶（茶包）
配　料	红茶
净含量	50g
经销商	广州 ×× 国际供应链有限公司
地　址	广州市南沙区 ×× 路 ×× 号 ×× 层 ×× 房
电　话	××××××××
在华注册编号	××××××
生产日期	×××× 年 ×× 月 ×× 日
保质期至	×××× 年 ×× 月 ×× 日
贮存条件	置于阴凉干燥处
原产国	俄罗斯

包装内单个茶包标签

BLACK TEA NET WEIGHT 5g

问题分析

该产品标签内含多个单件预包装食品，但未在标签上标示规格，不符合《食品安全国家标准　预包装食品标签通则》（GB 7718—2011）中 4.1.5.7 的条款要求。

《食品安全国家标准　预包装食品标签通则》（GB 7718—2011）中 4.1.5.7

的条款要求，同一预包装内含有多个单件预包装食品时，大包装在标示净含量的同时还应标示规格。

预包装食品指的是预先定量包装或者制作在包装材料和容器中的食品，包括预先定量包装以及预先定量制作在包装材料和容器中并且在一定量限范围内具有统一的质量或体积标示的食品。该产品包装内单个茶包标签标示“NET WEIGHT 5g”（净含量 5g），单个茶包既有包装，又有统一的质量，符合预包装食品定义的要求，应根据 GB 7718—2011 中 4.1.5.7 条款的要求在产品外包装标签上注明规格，如“净含量：50g；规格：10 件”。

六、责任人及原产国（地区）信息

案例 70

<table>
<tr><th>食品名称</th><th>冷冻榴莲</th><th></th></tr>
<tr><td>配　料</td><td>榴莲</td><td rowspan="8">FROAEN DURIAN

Ingredients：Durian
Net weight：10kg
Product of ××× Co.，Ltd
Address：××× chonburi Thailand
Tel：×××××××××
Store below −18℃
Made in Thailand.</td></tr>
<tr><td>生产日期</td><td>×××× 年 ×× 月 ×× 日</td></tr>
<tr><td>保质期至</td><td>×××× 年 ×× 月 ×× 日</td></tr>
<tr><td>贮存条件</td><td>-18℃以下保存</td></tr>
<tr><td>原产国</td><td>泰国</td></tr>
<tr><td>在华注册编号</td><td>××××××</td></tr>
<tr><td>净含量</td><td>10kg</td></tr>
<tr><td colspan="2">非直接提供给消费者</td></tr>
</table>

问题分析

该产品中文标签未标注在中国依法登记注册的代理商、进口商或经销者的名称、地址和联系方式，不符合《食品安全国家标准　预包装食品标签通则》（GB 7718—2011）中 4.1.6.3 的条款要求。

《食品安全国家标准　预包装食品标签通则》（GB 7718—2011）中 4.1.6.3 的条款要求，进口预包装食品应标示在中国依法登记注册的代理商、进口商或经销者的名称、地址和联系方式，可不标示生产者的名称、地址和联系方式。

该产品标签只标注了泰国生产者的名称、地址和联系方式，未标示在中国依法登记注册的代理商、进口商或经销者的名称、地址和联系方式，不符合 GB 7718—2011 中 4.1.6.3 条款的要求。

案例 71

食品名称	××牌红葡萄酒
配　料	葡萄汁，二氧化硫
净含量	750mL
经销商	深圳 ×× 贸易有限公司
地　址	深圳市福田区 ×× 路 ×× 商会中心 ×× 房
电　话	××××××××
在华注册编号	××××××
生产日期	×××× 年 ×× 月 ×× 日
贮存条件	避光阴凉处平放
产区	罗纳河谷尼姆
酒精度	13.5%vol
产品类型	干红
过量饮酒，有害健康	

问题分析

该产品标签中文未标注原产国（地区），不符合《食品安全国家标准　预包装食品标签通则》（GB 7718—2011）中 4.1.6.3 的条款要求。

《食品安全国家标准　预包装食品标签通则》（GB 7718—2011）中 4.1.6.3 的条款要求，进口预包装食品应标示原产国国名或地区区名（如中国香港、中国澳门、中国台湾）。

根据《食品安全国家标准　预包装食品标签通则》问答第五十六条，进口预包装食品的原产国国名或地区区名，是指食品成为最终产品的国家或地区名称，包括包装（或灌装）国家或地区名称。该产品中文标签只标注了“产区：罗纳河谷尼姆”，未体现原产国（地区）信息，不符合 GB 7718—2011 中 4.1.6.3 条款要求。

七、日期

案例 72

食品名称	×× 牌梅酒
配　料	水，高粱、青梅、黄冰糖
净含量	750mL
经销商	广东 ×× 文化发展有限公司
地　址	广州市海珠区 ×× 号 ×× 房
电　话	××××××××
在华注册编号	××××××
灌装日期	×××× 年 ×× 月 ×× 日
贮存条件	常温避光保存
原产国	日本
酒精度	8.0%vol
过量饮酒，有害健康	

问题分析

该标签未标示保质期，不符合《食品安全国家标准　预包装食品标签通则》（GB7718—2011）中 4.1.7.1 的条款要求。

《食品安全国家标准　预包装食品标签通则》（GB 7718—2011）中 4.1.7.1 条款要求，应清晰标示预包装食品的生产日期和保质期；4.3.1 条款提出，酒精度大于等于 10% 的饮料酒可免除标示保质期。《食品安全国家标准　发酵酒及其配制酒》（GB 2758—2012）中 4.5 条款要求，葡萄酒和其他酒精度大于等于 10%vol 的发酵酒及其配制酒可免于标示保质期。

该产品虽为发酵酒，但其酒精度为 8.0%vol，不在上述标准豁免标示保质期范围内，其标签仅标注灌装日期，未标注保质期，不符合 GB 7718—2011 中 4.1.7.1 的条款要求。

案例 73

食品名称	干椰丝
净含量	25 千克
在华注册编号	××××××

续表

食品名称	干椰丝
生产日期	5/4/2022
保质期	3 年
贮存条件	置于阴凉干燥处，避免阳光直射
原产国	马来西亚
非直接提供给消费者	

问题分析

该产品标签生产日期标注不规范，不符合《食品安全国家标准　预包装食品标签通则》（GB 7718—2011）中 4.1.7.3 的条款要求。

《食品安全国家标准　预包装食品标签通则》（GB 7718—2011）中 4.1.7.3 的条款要求，应按年、月、日的顺序标示日期，如果不按此顺序标示，应注明日期标示顺序。

由于书写习惯与法规要求方面的差异，很多进口食品的日期标注非我国习惯使用的“年 / 月 / 日”顺序，大部分是以“日 / 月 / 年”或“月 / 日 / 年”的顺序进行标示。在进行中文标签设计时，应当注意该问题，可在中文标签上直接用“年 / 月 / 日”顺序标示日期，也可使用标示顺序的方式进行标示，同时，还应注意，“月”与“日”的标示应采用 2 位数字。以上标签日期可采取如下标示：“生产日期（日 / 月 / 年）：05/04/2022”或“生产日期（日 / 月 / 年）：见包装右下角喷码”等，更多的标示形式可参考 GB 7718—2011 的附录 C。

八、贮存条件

案例 74

食品名称	速冻百香果汁	
配　料	百香果	FROZEN PASSION FRUIT JUICE Ingredients：Passion fruit Net weight：20kg
净含量	20kg	
经销商	广州 ×× 食品有限公司	
地　址	广州市越秀区 ×× 路 ×× 号	

续表

食品名称	速冻百香果汁	
电　话	××××××××	Product of: Vietnam ××× Company Address: ××× Ho Chi Minh City, Vietnam 25/2000 Storage below −18℃ Made in Vietnam
在华注册编号	××××××	
生产日期	××××年××月××日	
保质期	12个月	
原产国	越南	
贮存条件	置于阴凉干燥处	
非直接提供给消费者		

问题分析

该产品中文标签标示的贮存条件，不符合《食品安全国家标准　预包装食品标签通则》（GB 7718—2011）中3.4与3.8.2条款的要求。

根据GB 7718—2011中4.1.8条款的要求，预包装食品标签应标示贮存条件，标示形式可参见附录C。

该产品为速冻百香果汁，英文标签标示"Storage below −18℃"（−18℃以下贮存），中文标签标示"置于阴凉干燥处"，中英文标签标示的贮存条件不对应，且对于速冻产品，置于阴凉干燥处贮存显然不准确，不符合GB 7718—2011中3.4与3.8.2条款的要求。

九、营养标签

案例75

食品名称	××代可可脂白巧克力夹心饼干	ココアバター入りホワイトチョコレートサンド
配　料	小麦粉、代可可脂白巧克力、起酥油、白砂糖、蛋清、黄油、麦芽糖浆、牛奶、大豆淀粉、鸡蛋、食用盐、磷脂、食用香精	原材料名：小麦粉、ココアバター、ホワイトチョコレート、ショートニング、砂糖、卵白、バター、麦芽シロップ、牛乳、大豆でんぷん、卵、食用塩、リン脂質、食用エッセンスです。
过敏提示	本品含有小麦制品、鸡蛋制品、乳制品、大豆制品	
原产国	日本	
生产日期（年/月/日）	××××年××月××日	

续表

食品名称	×× 代可可脂白巧克力夹心饼干	ココアバター入りホワイトチョコレートサンド
保质期至（年 / 月 / 日）	×××× 年 ×× 月 ×× 日	直射日光を避け、常温での保存をお願いします。 内容量：100グラムです 製造者：日本です
贮存条件	请避开日光直射，在常温下保存	
生产商	×× 株式会社	
进口商	×× 进出口贸易有限公司	
地　址	广东省广州市南珠区 ×× 路 ×× 号	
电　话	××××××××	
在华注册编号	××××××	
净含量	100 克	

营养成分表			栄養成分表示です <1箱（12個）>	
项目	每 100 克（g）	NRV%	エネルギーですタン	480kcal
能量	1993 千焦（kJ）	24%	パク質です	4.8g
蛋白质	4.8 克（g）	8%	脂肪です	25.2g
脂肪	25.2 克（g）	42%	炭水化物です	57.6g
碳水化合物	57.6 克（g）	19%	食塩相当量	1g
钠	1 克（g）	0%		

问题分析

该产品中文营养标签中钠的含量数值不真实，不符合《食品安全国家标准 预包装食品营养标签通则》（GB 28050—2011）中 3.1 条款的要求。

该产品原产国为日本，根据日本相关法规要求，食品标签上强制标示的营养成分有 5 种，包括热量、蛋白质、脂肪、碳水化合物和钠，其中“钠”以“食盐相当量”进行标示。钠与“食盐相当量”的计算公式为：

$$钠（mg）\times 2.54/1000 = 食盐相当量（g）$$

通过该产品日文营养标签可见，该产品“食塩相当量”（食盐当量）为 1g/100g，中文营养标签直接将“食塩相当量”（食盐当量）翻译为“钠”进行标示，使得其数值产生较大的误差。应按上述换算公式，将日本营养标签中食盐当量换算为：

$$钠：1\times 1000/2.54 = 398$$

即换算后的钠应该标示为 398mg/100g。

案例 76

食品名称	××× 牛奶巧克力礼盒
配　料	白砂糖、全脂奶粉、可可脂、可可液块、磷脂、食用香精香料
净含量	190 克
经销商	汕头市 ××× 商贸有限公司
地　址	汕头市 ×× 区 ×× 地块 ×× 楼 ××× 房
电　话	××××××××
在华注册编号	××××××
生产日期	×××× 年 ×× 月 ×× 日
保质期	24 个月
原产国	比利时
贮藏方法	请存放于阴凉干燥处，避免阳光照射（建议保存于 12℃ ~ 18℃）

营养信息		
项目	每 100 克	NRV%
能量	2238 千焦	27%
蛋白质	8.0 克	13%
脂肪	32.0 克	53%
碳水化合物	54.0 克	18%
钠	91 毫克	5%

问题分析

该产品标签中营养成分表的格式不符合《食品安全国家标准　预包装食品营养标签通则》（GB 28050—2011）中 3.3 条款的要求。

《食品安全国家标准　预包装食品营养标签通则》（GB 28050—2011）3.3 条款的要求，营养成分表应以一个“方框表”的形式表示（特殊情况除外），方框可为任意尺寸，并与包装的基线垂直，表题为“营养成分表”。

该标签中营养成分表未采用方框表的形式，且表题标注为“营养信息”，不符合 GB 28050—2011 中 3.3 条款的要求。

案例 77

食品名称	×× 牌果味饮料
配　料	水，浓缩苹果汁，柠檬酸，黄原胶，柠檬酸钙，食用香精，三氯蔗糖
净含量	250mL

续表

食品名称	×× 牌果味饮料	
进口商	×× 省 ×× 贸易有限公司	
地　址	×× 市 ×× 区 ×× 街 ×× 号 ×× 房	
电　话	××××××××	
在华注册编号	××××××××	
生产日期	×××× 年 ×× 月 ×× 日	
保质期	12 个月	
原产国	美国	
贮存条件	请置于阴凉干燥处，开封后建议冷藏，并尽快食用	
营养成分表		
项目	每 100mL	NRV%
能量	≤ 337kJ	4%
蛋白质	0g	0%
脂肪	0g	0%
碳水化合物	≥ 19.8g	7%
钠	≤ 11mg	1%

问题分析

该产品标签中营养成分表中数值的标示形式不符合《食品安全国家标准　预包装食品营养标签通则》（GB 28050—2011）中 3.4 条款的要求。

《食品安全国家标准　预包装食品营养标签通则》（GB 28050—2011）中 3.4 条款要求，食品营养成分含量应以具体数值标示。

该营养标签中每 100mL 产品的能量、碳水化合物以及钠的含量，采用了范围值，非标示具体的数值，不符合该条款的要求。

案例 78

食品名称	×× 特级初榨橄榄油
配　料	特级初榨橄榄油
食用方法	煎炒烹炸、凉拌调味、烘焙
净含量	500mL
地　址	上海市普陀区 ×× 路 ×× 号
进口商	北京市 ×× 食品有限公司

续表

食品名称	×× 特级初榨橄榄油
地　址	北京市朝阳区 ×× 路 ×× 号
在华注册编号	××××××
油橄榄果实年份	见标签下部
生产日期	见标签下部（年　月　日）
保质期	24 个月
酸度	≤ 0.4%
贮存条件	避光避高温
温馨提示	低温下出现浑浊或凝固属于正常现象，请放心食用
原产国	西班牙

营养成分表		
项目	每 100 克（g）	NRV%
热量	3700 千焦（kJ）	44%
蛋白质	0 克（g）	0%
脂肪	100.0 克（g）	167%
反式脂肪	0 克（g）	/
单不饱和脂肪	79.0 克（g）	/
多不饱和脂肪	6.0 克（g）	/
胆固醇	0 毫克（mg）	0%
碳水化合物	0 克（g）	0%
钠	0 毫克（mg）	0%

问题分析

该产品标签中营养成分表内容标示形式不符合《食品安全国家标准　预包装食品营养标签通则》（GB 28050—2011）中 4.1 条款的要求。

《食品安全国家标准　预包装食品营养标签通则》（GB 28050—2011）中 4.1 条款要求，所有预包装食品营养标签强制标示的内容包括能量、核心营养素的含量值及其占营养素参考值（NRV）的百分比。当标示其他成分时，应采取适当形式使能量和核心营养素的标示更加醒目。

该产品标签将“能量”标示为“热量”，标示不规范。除了能量与核心营养素之外，营养标签中还标示了包括脂肪酸与胆固醇等其他营养成分，但未采取适当形式使能量和核心营养素的标示更加醒目，不符合 GB 28050—2011 中 4.1 条款的要求。

《食品安全国家标准　预包装食品营养标签通则》（GB 28050—2011）问

答（修订版）的第三十一条中提出，可采用增大字号、改变字体（如斜体、加粗、加黑）、改变颜色（字体或背景颜色）、改变对齐方式或其他方式使能量与核心营养素标示更加醒目。

案例 79

食品名称	蔓越莓麦片
配　料	燕麦片、低聚果糖（益生元）、菊粉（益生元）、椰子油、冻干混合果蔬（香蕉、苹果、草莓、紫薯、椰子）、乳清蛋白、混合坚果（腰果、南瓜子）、全脂奶粉、海藻粉、磷脂、维生素 E、碳酸钙
净含量	100 克
经销商	广州 ×××× 有限责任公司
地　址	广州市天河区 ×× 路 ×× 号
电　话	××××××××
在华注册编号	××××××
生产日期	×××× 年 ×× 月 ×× 日
保质期	×××× 年 ×× 月 ×× 日
原产国	法国
贮存方法	阴凉干燥处保存
富含膳食纤维。膳食纤维有助于维持正常的肠道功能	

营养成分表		
项目	每 100 克	NRV%
能量	1681kJ	20%
蛋白质	10.7g	18%
脂肪	18.8g	31%
碳水化合物	42.9g	14%
钠	87mg	4%

问题分析

该产品声称富含膳食纤维，但营养成分表中未标示膳食纤维的含量，不符合《食品安全国家标准　预包装食品营养标签通则》（GB 28050—2011）中 4.2 条款的要求。

《食品安全国家标准　预包装食品营养标签通则》（GB 28050—2011）中 4.2 的条款要求，对除能量和核心营养素外的其他营养成分进行营养声称或营养成分功能声称时，在营养成分表中还应标示出该营养成分的含量及其占营养素参考值（NRV）的百分比。该产品添加了低聚果糖与菊粉两种膳食纤维，根据《食品安全国家标准　预包装食品营养标签通则》（GB 28050—2011）问答（修订版）的第三十九条，可在营养成分表以"膳食纤维（以低聚果糖 + 菊粉计）"的形式标注其含量与 NRV%。

案例 80

食品名称	×× 牌即食可可玉米片
配　料	全谷物玉米、白砂糖、大米粉、玉米糖浆、葵花籽油、可可粉、食用盐、磷酸三钠、食用香精、诱惑红、亮蓝、柠檬酸、DL- 苹果酸、盐酸硫胺素、核黄素、盐酸吡哆醇、氰钴胺、胆钙化醇
净含量	300 克
进口商	广州 ×× 贸易有限公司
地　址	广州市天河区 ×× 号 ×× 栋 ×× 号
电　话	××××××××
在华注册编号	××××××
生产日期	×××× 年 ×× 月 ×× 日
保质期至	×××× 年 ×× 月 ×× 日
原产国	美国
贮存条件	阴凉干燥处保存

营养成分表		
项目	每 100 克	NRV%
能量	669 千焦	8%
蛋白质	2.0 克	3%
脂肪	2.0 克	3%
－反式脂肪	0 克	0%
碳水化合物	33.0 克	11%
钠	180 毫克	9%

问题分析

该产品添加了营养强化剂，但未在营养成分表中标注相应营养成分含量与营养素参考值（NRV）的百分比，不符合《食品安全国家标准　预包装食品营养标签通则》（GB 28050—2011）中 4.3 条款的要求。

《食品安全国家标准　预包装食品营养标签通则》（GB 28050—2011）中 4.3 条款要求，使用了营养强化剂的预包装食品，除 4.1 的要求外，在营养成分表中还应标示强化后食品中该营养成分的含量值及其占营养素参考值（NRV）的百分比。

通过产品标签配料表可知，该产品添加了盐酸硫胺素、核黄素、盐酸吡哆醇、氰钴胺以及胆钙化醇，这些配料属于《食品安全国家标准 食品营养强化剂使用标准》（GB 14880—2012）中维生素的化合物来源，应在营养成分表中标示相应维生素的含量值及占营养素参考值（NRV）的百分比。

案例 81

食品名称	×× 牌花生味夹心饼干
配 料	小麦粉、棕榈油、白砂糖、花生酱（花生、白砂糖、花生油、全氢化棉籽油、全氢化大豆油、全氢化菜籽油）、玉米淀粉、植脂末、葡萄糖浆、酵母抽提物、碳酸氢铵、碳酸氢钠、食用盐、磷脂、酵母、食用香精、柠檬酸
净含量	120 克
经销商	珠海市 ×× 贸易有限公司
地 址	珠海市 ×× 路 ×× 号
电 话	××××××××
在华注册编号	××××××
生产日期	日 / 月 / 年（见外包装喷码）
保质期至	日 / 月 / 年（见外包装喷码）
原产国	马来西亚
贮存条件	请置于阴凉干燥处

营养成分表

项目	每 100 克	NRV%
能量	2153 千焦	26%
蛋白质	8.2 克	14%
脂肪	25.2 克	42%
碳水化合物	63.6 克	21%
钠	109 毫克	5%

问题分析

该产品中文标签配料表显示其添加了“氢化油脂”，但未在营养成分表中标注反式脂肪（酸）的含量，不符合《食品安全国家标准 预包装食品营养标签通则》（GB 28050—2011）4.4 条款的要求。

反式脂肪酸指含一个或一个以上非共轭反式双键的不饱和脂肪酸，在对植物油进行加氢（氢化）过程中可能会产生。《食品安全国家标准　预包装食品营养标签通则》（GB 28050—2011）4.4 条款要求，食品配料含有或生产过程中使用了氢化和（或）部分氢化油脂时，在营养成分表还应标示出反式脂肪（酸）的含量。

通过产品配料表可见，该产品添加有全氢化棉籽油、全氢化大豆油以及全氢化菜籽油，其营养成分表中应按照 GB 28050—2011 中 4.4 条款的要求标示出反式脂肪（酸）的含量。

案例 82

食品名称	×× 牌双黄白莲蓉月饼
配　料	莲蓉（莲子、白砂糖、水、花生油）、咸蛋黄、小麦面粉、糖浆（白砂糖、水、柠檬、柠檬酸）、异麦芽糖醇、花生油、鸡蛋、水、碳酸钾
净含量	720 克（180 克 ×4）
进口商	兰州 ×× 贸易有限公司
地　址	甘肃省兰州市兰州新区 ×× 街 ×× 号
电　话	××××××××
在华注册编号	××××××
生产日期	日 / 月 / 年（见外包装喷码）
保质期至	日 / 月 / 年（见外包装喷码）
原产地	中国香港
贮存条件	开封后尽早食用，避免阳光直射，请置于阴凉干燥处

该产品为低糖月饼

营养成分表		
项目	每份（45 克）	NRV%
能量	774 千焦	9%
蛋白质	3.1 克	5%
脂肪	9.9 克	17%
碳水化合物	20.9 克	7%
－糖	4.5 克	
钠	51 毫克	3%

问题分析

该产品达不到低糖声称的要求，标签进行低糖含量声称不符合《食品安全

国家标准　预包装食品营养标签通则》（GB 28050—2011）5.2 条款的要求。

《食品安全国家标准　预包装食品营养标签通则》（GB 28050—2011）5.2 条款要求，当某营养成分含量标示值符合表 C.1 的含量要求和限制性条件时，可对该成分进行含量声称。

GB 28050—2011 中表 C.1“能量和营养成分含量声称的要求和条件”中规定，低糖含量声称的条件是糖的含量≤ 5g /100g（固体）或 100mL（液体），根据该产品营养标签可见，每份（45g）该产品中糖的含量是 4.5g，即每 100g 该产品中糖的含量为：（100/45）×4.5 = 9.99g，不满足低糖声称的含量要求。

《食品安全国家标准　预包装食品营养标签通则》（GB 28050—2011）问答（修订版）的第六十四条提出，对营养成分进行含量声称时，应满足相应每 100g 或每 100mL 的含量要求。同时，由于按“份”标示时，标示值会经过多次修约，因此建议不能仅以简单的倒推方式判断其是否符合含量声称要求。由于该产品中糖的含量经换算已达 9.99g/100g，与低糖声称的含量要求（5g/100g）有较大差距，基本可忽略由于修约带来的误差，可判断该产品达不到低糖声称的要求。

案例 83

食品名称	×× 牌低钠头抽（酿造酱油）
配　料	水、食用盐、大豆、白砂糖、小麦粉、焦糖色（普通法），乳酸，5’- 肌苷酸二钠，5’- 鸟苷酸二钠
净含量	500mL
进口商	×× 省 ×× 贸易有限公司
地　址	×× 市 ×× 区 ×× 街 ×× 号 ×× 房
电　话	××××××××
在华注册编号	××××××
生产日期	×××× 年 ×× 月 ×× 日
保质期至	×××× 年 ×× 月 ×× 日
原产地	中国香港
贮存条件	请存放于阴凉干燥处，避免阳光直射，开盖后请冷藏
本品较 ×× 牌经典头抽（钠含量：5206mg/100mL）减少钠 1018mg	

续表

营养成分表		
项目	每 100 毫升	NRV%
能量	206 千焦	2%
蛋白质	4.1 克	7%
脂肪	0 克	0%
碳水化合物	8.0 克	3%
－糖	5.1 克	
钠	4188 毫克	209%

问题分析

该产品标签进行了比较声称，但未能满足比较声称的条件，不符合《食品安全国家标准　预包装食品营养标签通则》(GB 28050—2011) 5.2 条款的要求。

《食品安全国家标准　预包装食品营养标签通则》(GB 28050—2011) 5.2 条款要求，当某营养成分含量满足表 C.3 的要求和条件时，可对该成分进行比较声称。

根据表 C.3《能量和营养成分比较声称的要求和条件》，产品满足比较声称“减少钠”的条件是：与参考食品比较，钠含量减少 25% 以上。该产品标签标注的“本品较 ×× 牌经典头抽 (钠含量：5206mg/100mL) 减少钠 1018mg”，通过计算可见，与其参考的食品相比，减少的钠仅约为 20%，未达到 25% 的要求，故不可进行比较声称。

案例 84

食品名称	×× 高蛋白脱脂高钙奶粉
配　料	生牛乳
原产国	荷兰
生产日期 (年 / 月 / 日)	见罐底
保质期至 (年 / 月 / 日)	见罐底
贮存条件	请将罐盖盖紧，置于阴凉干燥处，打开包装后请尽快食用，建议 1 个月内用完
建议冲调方法	将 32.5 克本产品加入 225 毫升温开水中，即可调成 250 毫升的奶液
温馨提示	本产品不能作为婴幼儿的母乳代用品

续表

食品名称	×× 高蛋白脱脂高钙奶粉	
经销商	深圳 ×× 电商物流有限公司	
地　址	深圳市盐田区 ×× 路 ×× 号	
电　话	××××××××	
在华注册编号	××××××	
致敏物提示	含有乳，可能含有大豆	
钙是骨骼和牙齿的主要成分，有助于骨骼和牙齿的发育并使其更坚固		
营养成分表		
项目	每份 100 克	NRV%
能量	**1522 千焦**	**18%**
蛋白质	**33.0 克**	**55%**
脂肪	**0.7 克**	**1%**
－饱和脂肪	0.5 克	3%
－反式脂肪	0 克	—
碳水化合物	**55.0 克**	**18%**
钠	**425 毫克**	**21%**
钙	950 毫克	119%

问题分析

该产品标签对功能声称用语进行合并，不符合《食品安全国家标准　预包装食品营养标签通则》（GB 28050—2011）5.3 条款的要求。

《食品安全国家标准　预包装食品营养标签通则》（GB 28050—2011）5.3 条款要求，当某营养成分的含量标示值符合含量声称或比较声称的要求和条件时，可使用该标准附录 D 中相应的一条或多条营养成分功能声称标准用语。不应对功能声称用语进行任何形式的删改、添加和合并。

该产品为高钙奶粉，通过营养成分表可知，每 100 克奶粉中钙的 NRV% 为 119%，符合 GB 28050—2011 中关于矿物质富含声称的要求（每 100g 产品中的钙≥ 30%NRV），可以进行营养成分功能声称，但应使用附录 D 中相应的一条或多条营养成分功能声称标准用语，不应对其进行任何形式的删改、添加和合并。

该标签功能声称可改为如下："钙是人体骨骼和牙齿的主要组成成分，许多生理功能也需要钙的参与""钙是骨骼和牙齿的主要成分，并维持骨密度”“钙有助于骨骼和牙齿的发育”或“钙有助于骨骼和牙齿更坚固”。

案例 85

食品名称	×× 紫薯味椰子蛋卷
配　料	椰浆（椰子汁，椰子果肉），木薯粉，椰子糖果（椰子汁，白砂糖，水），白砂糖，鸡蛋，黑芝麻，食用盐，食用香精（紫薯味）
原产国	泰国
生产日期	见包装背面（日 / 月 / 年）
保质期至	见包装背面（日 / 月 / 年）
贮存条件	请置于阴凉干燥处，避免阳光直射
经销商	广东 ×× 食品贸易有限公司
地　址	佛山市南海区 ×× 路 ×× 号
电　话	××××××××
在华注册编号	××××××
净含量	80 克
温馨提示	如食用前发现包装有破损或漏气现象，请勿食用

营养成分表		
项目	每份	NRV%
能量	422 千焦	5%
蛋白质	0.6 克	1%
脂肪	4.6 克	8%
碳水化合物	14.2 克	5%
钠	45 毫克	2%

问题分析

该产品标签营养成分含量用“份”标示，但未标示每份食品的量，不符合《食品安全国家标准　预包装食品营养标签通则》（GB 28050—2011）6.1 条款的要求。

《食品安全国家标准　预包装食品营养标签通则》（GB 28050—2011）6.1 条款要求，预包装食品中能量和营养成分的含量应以每 100 克（g）和（或）每 100 毫升（mL）和（或）每份食品可食部中的具体数值来标示。当用份标示时，应标明每份食品的量。份的大小可根据食品的特点或推荐量规定。

该产品营养成分表中标示“每份”，但未标示每份的含量，应在其后标注具体含量，如：每份（20g）。

案例 86

食品名称	×× 咸味黄油
配　料	巴氏杀菌稀奶油，食用盐，乳酸乳球菌乳亚种，乳脂乳球菌
净含量	200 克
经销商	陕西 ×× 有限责任公司
地　址	陕西西安市 ×× 区 ×× 路 ×× 号 ×× 大厦 ×× 房
电　话	××××××××
在华注册编号	××××××
生产日期	×××× 年 ×× 月 ×× 日
保质期	×××× 年 ×× 月 ×× 日
原产国	法国
贮存方法	2℃～6℃冷藏保存

营养成分表		
项目	每 100 克	NRV%
能量	2987.3kJ	36%
脂质	80.0g	133%
蛋白质	0.4g	0%
碳水化合物	0.9g	0%
钠	10g	1%

问题分析

该产品标签中部分营养成分的名称和顺序、标示单位、修约间隔、“0”界限值不符合《食品安全国家标准　预包装食品营养标签通则》（GB 28050—2011）6.2 条款的要求。

《食品安全国家标准　预包装食品营养标签通则》（GB 28050—2011）6.2 条款要求，营养成分表中强制标示和可选择性标示的营养成分的名称和顺序、标示单位、修约间隔、“0”界限值应符合表 1 的规定。

该产品营养标签中核心营养素脂肪标示为“脂质”，并标示在蛋白质前面，名称与顺序不规范；钠的单位未采用标准规定“mg”，而采用了“g”，标示不规范；能量的修约间隔应当为“1”，应舍去小数点后数值，标示为“2987kJ”；标准规定 100g 蛋白质的“0”界限值为≤ 0.5g，该产品蛋白质含量为 0.4g，应标示为“0g”。

GB 28050—2011 对营养成分的名称和顺序、标示单位、修约间隔、“0”界限值的规范标注要求是具有其特定意义的。如关于“0”界限值，“0”界限值是指当能量或某一营养成分含量小于该界限值时，基本不具有实际营养意义，而在检测数据的准确性上有较大风险，因此应标示为“0”。但应当注意，以“份”为计量单位时，营养成分含量数值“0”界限值应符合每 100g 或每 100mL 的“0”界限值规定。例如：某食品每份（20g）中含蛋白质 0.4g，100g 该食品中蛋白质含量为 2.0g，按照“0”界限值的规定，在产品营养成分表中蛋白质含量应标示为 0.4g，而不能为 0。此外，规范表达单位对推行营养标签、便于消费者理解和记忆、产品营养素比较等均有重要作用。因此，在对营养成分表数值进行标示时，应当按照 GB 28050—2011 中的表 1 要求逐项核对后规范标注。

案例 87

食品名称	绿茶味无糖口香糖
配　料	食品添加剂［木糖醇、山梨糖醇、麦芽糖醇、D- 甘露糖醇、甘油、阿拉伯胶、安赛蜜、阿斯巴甜（含苯丙氨酸）、叶绿素铜钠盐］、胶基、食用香精香料、速溶绿茶粉（添加量：0.08%）
经销商	×× 糖类有限公司
地　址	广州市黄埔区 ×× 路 ×× 号
联系方式	××××××
地　址	上海市松江工业区 ×× 路 ×× 号
原产地	中国香港
在华注册编号	××××××
生产日期	见包装底部
保质期至	见包装底部
该产品不含糖	

问题分析

该产品强调了无糖，但未按标准标注营养成分表，不符合《食品安全国家标准　预包装食品营养标签通则》（GB 28050—2011）第 7 条款的要求。

《食品安全国家标准　预包装食品营养标签通则》（GB 28050—2011）第 7 条款提出部分预包装食品可豁免强制标示营养标签，包括生鲜食品，如包装的生肉、生鱼、生蔬菜和水果、禽蛋等；乙醇含量≥ 0.5% 的饮料酒类；包装总表面积≤ 100cm^2 或最大表面面积≤ 20cm^2 的食品；现制现售的食品；包装的饮用水；每日食用量≤ 10g 或 10mL 的预包装食品；其他法律法规标准规定可以不标示营养标签的预包装食品。豁免强制标示营养标签的预包装食品，如果在其包装上出现任何营养信息，应按照 GB 28050—2011 执行。

《食品安全国家标准 预包装食品营养标签通则》（GB 28050—2011）问答（修订版）对于豁免强制标示营养标签的预包装食品作出补充解释，提出了食用量小、对机体营养素的摄入贡献较小的预包装食品在豁免范围以内，但标签中有营养声称或营养成分功能声称的应标注营养标签。

口香糖是对机体营养素的摄入贡献较小的预包装食品，在豁免强制标示营养标签范围以内，但该产品在标签上强调了“无糖”，进行了营养声称，应当按照 GB 28050—2011 的要求标注营养标签。

案例 88

食品名称	维生素 C 风味饮品
配　料	水，甘油，浓缩接骨木莓汁，针叶樱桃果粉，低聚果糖，L- 抗坏血酸，N- 乙酰神经氨酸，食用香精 每 100mL 饮品添加 40 毫克 N- 乙酰神经氨酸，N- 乙酰神经氨酸推荐食用量≤ 500 毫克 / 天
净含量	400mL（50mL × 8）
进口商	广东省 ×× 贸易有限公司
地　址	广州市 ×× 区 ×× 街 ×× 号 ×× 房
电　话	××××××××
在华注册编号	××××××××
生产日期	见盒底（年 / 月 / 日）
保质期	12 个月
原产地	中国香港
贮存条件	请存放于阴凉干燥处，避免阳光直射，开盖后请冷藏
强化维生素 C	
食用方法：饮用前摇匀，直接饮用	

营养成分表		
项目	每 100mL	NRV%
能量	524kJ	6%
蛋白质	0g	0%
脂肪	0g	0%
碳水化合物	30.8g	51%
钠	0mg	0%
维生素 C	50.0mg	50%

问题分析

该产品标注的营养声称字号大于食品名称，不符合《食品安全国家标准　预包装食品营养标签通则》（GB 28050—2011）附录 B 营养标签格式 B.2.6 条款的要求。

《食品安全国家标准　预包装食品营养标签通则》（GB 28050—2011）附录 B 中的 B.2.6 条款要求，营养声称、营养成分功能声称可以在标签的任意位置。但其字号不得大于食品名称和商标。

每 100mL 该产品中维生素 C 的 NRV% 为 50%，符合维生素含量声称要求，但其标示的“强化维生素 C”的字号明显大于食品名称，不符合 GB 28050—2011 附录 B 中的 B.2.6 条款要求，应对其字号进行调整，使其等于或小于食品名称。

十、产品标准中的特殊要求

案例 89

食品名称	干海参（叶瓜参） Dried Sea Cucumber（Cucumaria Frondosa）
配　料 Ingredients	野生叶瓜参 Wild Sea Cucumber
净含量 Net Weight	454g
经销商 Distributor	海宁瑞宜美贸易有限公司 Haining Ruiyimei Trading Co.，LTD
地　址 address	浙江省嘉兴市海宁市 ×× 路 ×× 号 ×× 层 58 室 Contact address：No.× × Road，Haining，Jiaxing，Zhejiang，China.
电　话 Tel	××××××××
海参捕捞区域 Sea cucumber fishing area: 北大西洋 FAO 区域 21（FAO area in the North Atlantic 21） 生产加工企业名称、地址及注册号 Name，registration number and address of production and processing enterprise: ×× International Ltd. ××，Scarborough，Ontario 捕捞渔船船名及编号 Catch vessel name and number: ×××××× 批次号 Batch No: 20230807 生产方式 Production mode: 海水捕捞 Wild Caught at sea 目的地 Destination: 中华人民共和国 The People's Republic of China	

续表

食品名称	干海参（叶瓜参） Dried Sea Cucumber（Cucumaria Frondosa）
生产日期 Production date	2023/08/07
保质期 Shelf life	5年 5 years
原产国 Country of origin	加拿大 Canada
贮存条件 Storage conditions	存放于阴凉干燥处 Store in a cool and dry place.
食用方法 Usage：熟制后食用 Serve cooked	

营养成分表		
项目	每100g	NRV%
能量	1300kJ	15%
蛋白质	65.0g	108%
脂肪	2.5g	4%
碳水化合物	6.0g	2%
钠	3230mg	162%

问题分析

标签未标示海参的盐分含量范围，不符合《食品安全国家标准　干海参》（GB 31602—2015）中4.1与《食品安全国家标准　预包装食品标签通则》（GB 7718—2011）中3.1的规定。

《食品安全国家标准　干海参》（GB 31602—2015）对干海参的定义为：以刺参等海参为原料，经去内脏、煮制、盐渍（或不盐渍）、脱盐（或不脱盐）、干燥等工序制成的产品；或以盐渍海参为原料，经脱盐（或不脱盐）、干燥等工序制成的产品。符合该定义的产品，应按标准要求标示盐分含量范围。由于很多进口商误以为干海参需符合《食品安全国家标准　动物性水产制品》（GB 10136—2015）要求，因此忽略了GB 31602—2015中关于盐分含量范围标示的要求，这是进口干海参标签中最常见的问题之一。

案例 90

食品名称	×× 炼乳
产品类型	调制加糖炼乳
配　料	白砂糖、水、脱脂奶粉、植物油、乳清粉、乳糖、无水奶油、磷脂
净含量	380 克
进口商	×× 乳业有限公司
地　址	湖南省长沙市雨花区 ×× 大道 ×× 号
电　话	××××××××
在华注册编号	××××××
生产日期	见罐底（日 / 月 / 年）
保质期至	见罐底（日 / 月 / 年）
贮存条件	阴凉干燥处保存
原产国	越南
生产商名称、地址及联系方式	××××××

营养成分表		
项目	每 100 克（g）	NRV%
能量	1391 千焦（kJ）	17%
蛋白质	4.7 克（g）	8%
脂肪	9.4 克（g）	16%
碳水化合物	59.6 克（g）	20%
钠	125 毫克（mg）	6%

问题分析

该炼乳未标示警示用语，不符合《食品安全国家标准　浓缩乳制品》（GB 13102—2022）中 4.1 与《食品安全国家标准　预包装食品标签通则》（GB 7718—2011）中 3.1 的规定。

《食品安全国家标准　浓缩乳制品》（GB 13102—2022）对炼乳的定义为：以生牛（羊）乳为原料经浓缩去除部分水分制成的产品，和（或）以乳制品为原料经加工制成的相同成分和特性的产品，包括淡炼乳、加糖炼乳、调制炼乳。炼乳属于普通食品，非特殊膳食用食品，为防止消费者使用不当，GB 13102—2022 中 4.1 规定，炼乳应标示“本产品不能作为婴幼儿的母乳代用品”或类似警语。应在该标签上增加该项内容的标注。

案例 91

食品名称	珍宝虾饺（速冻面米食品）
产品类型	
配　料	南美白对虾［凡纳（滨）对虾］34.43%，水、食用小麦淀粉，食用木薯淀粉，竹笋，大豆油，食用马铃薯淀粉，白砂糖，芝麻油，食用盐，蛋白粉，酵母抽提物，白胡椒
净含量	1 千克
进口商	×× 食品有限公司
地　址	广东省广州市番禺区 ×× 大道 ×× 号
电　话	××××××××
在华注册编号	××××××
生产日期	见包装背面（日 / 月 / 年）
保质期至	见包装背面（日 / 月 / 年）
贮存条件	−18℃以下冷冻保存
原产国	越南

营养成分表		
项目	每 100 克（g）	NRV%
能量	795 千焦（kJ）	9%
蛋白质	5.1 克（g）	9%
脂肪	6.6 克（g）	11%
碳水化合物	27.3 克（g）	9%
钠	307 毫克（mg）	15%

问题分析

该产品未注明速冻、生制或熟制、即食或非即食，以及烹调加工方式，不符合《食品安全国家标准　速冻面米与调制食品》（GB 19295—2021）中 4.1 与《食品安全国家标准　预包装食品标签通则》（GB 7718—2011）中 3.1 的规定。

《食品安全国家标准　速冻面米与调制食品》（GB 19295—2021）中对速冻面米食品的定义为：以小麦、大米、玉米、杂粮等一种或多种谷物及其制品为原料，或同时配以馅料 / 辅料，经加工、成型等，速冻而成的食品。该产品为以淀粉为原料，配以虾仁等馅料制成的速冻面米制品，应根据标准要求注明速冻、生制或熟制、即食或非即食，以及烹调加工方式，为消费者提供清晰的消费指引，以避免不准确的食用方式导致食品安全问题。

案例 92

食品名称	益生菌粉固体饮料
配　料	低聚果糖、嗜酸乳杆菌、罗伊氏黏液乳杆菌、植物乳植杆菌
净含量	30 克
进口商	广州 ×× 贸易有限公司
地　址	广东省广州市天河区 ×× 路 ×× 号
电　话	××××××××
在华注册编号	××××××
生产日期	见包装背面（日 / 月 / 年）
保质期至	见包装背面（日 / 月 / 年）
贮存条件	请置于阴凉干燥处
原产地	中国台湾

营养成分表		
项目	每 100 克（g）	NRV%
能量	1617 千焦（kJ）	19%
蛋白质	7.0 克（g）	12%
脂肪	0 克（g）	0%
碳水化合物	88.8 克（g）	30%
钠	439 毫克（mg）	22%
本产品不能代替特殊医学用途配方食品、婴幼儿配方食品、保健食品等特殊食品		

问题分析

该产品未标明活菌（未杀菌）型或非活菌（杀菌）型，不符合《食品安全国家标准　饮料》（GB 7101—2022）中 4.1 与《食品安全国家标准　预包装食品标签通则》（GB 7718—2011）中 3.1 的规定。

为确保消费者的知情权，便于消费者识别与选择，根据《食品安全国家标准　饮料》（GB 7101—2022）规定，添加菌种的产品标签应标明活菌（未杀菌）型或非活菌（杀菌）型，如果是活菌（未杀菌）型，还应确保乳酸菌数应大于 10^6CFU/g（mL），并在产品标签上标示乳酸菌含量。

案例 93

食品名称	白桃茉莉茶味凝胶果冻
配　料	水，白桃汁 7%，木糖醇，魔芋粉，柠檬酸钠，柠檬酸，DL- 苹果酸，食用香精，红茶粉，山梨酸钾，三氯蔗糖
净含量	130 克
进口商	×× 贸易有限公司
地　址	广东省广州市白云区 ×× 路 ×× 号
电　话	××××××××
在华注册编号	××××××
生产日期	见包装背面（日 / 月 / 年）
保质期至	见包装背面（日 / 月 / 年）
贮存条件	请置于阴凉干燥处
原产国	马来西亚

营养成分表		
项目	每 100 克（g）	NRV%
能量	31 千焦（kJ）	0%
蛋白质	0 克（g）	0%
脂肪	0 克（g）	0%
碳水化合物	1.8 克（g）	1%
钠	32 毫克（mg）	2%

问题分析

该产品未标示消费警示用语，不符合《食品安全国家标准　果冻》（GB 19299—2015）中 4.2 与《食品安全国家标准　预包装食品标签通则》（GB 7718—2011）中 3.1 的规定。

《食品安全国家标准　果冻》（GB 19299—2015）指出，果冻是以水、食糖等为主要原料，辅以增稠剂等食品添加剂，添加或不添加果蔬制品、乳及乳制品等原料经溶胶、调配、灌装、杀菌、冷却等工序加工而成的胶冻食品。凝胶果冻指内容物从包装容器倒出后，能基本保持原有形态，呈凝胶状的果冻。

由于儿童与老人在食用凝胶果冻时，存在噎住窒息的风险，因此标准规定，凝胶果冻应在外包装和最小食用包装的醒目位置处，用白底（或黄底）红字标示警示语和食用方法，且文字高度不应小于 3mm。警示语和食用方法应采用下列方法标示“勿一口吞食；三岁以下儿童不宜食用，老人儿童须监护下食用”。该标签未标注相关内容，应根据标准要求在标签上清晰标注，并确保杯形凝胶果冻杯口内径或杯口内侧最大长度≥ 3.5cm；其他凝胶果冻净含量≥ 30g 或内容物长度≥ 6.0cm。

案例 94

食品名称	×× 啤酒
原料与辅料	水、大麦麦芽、玉米、大米、酒花浸膏、海藻酸丙二醇酯、抗坏血酸
酒精度	4.5%vol
原麦汁浓度	11.3° P
净含量	500 毫升
进口商	×× 贸易有限公司
地　址	广东省广州市白云区 ×× 路 ×× 号
电　话	××××××××
在华注册编号	××××××
生产日期	见包装背面（日 / 月 / 年）
保质期至	见包装背面（日 / 月 / 年）
贮存条件	请置于阴凉干燥处
原产国	墨西哥
过量饮酒有害健康	

问题分析

该产品未标示警示语，不符合《食品安全国家标准　发酵酒及其配制酒》（GB 2758—2012）中 4.4 与《食品安全国家标准　预包装食品标签通则》（GB 7718—2011）中 3.1 的规定。

啤酒中含有二氧化碳，当温度升高，运输过程中又出现晃动时，溶解在啤酒里的二氧化碳溢出，导致瓶内气体膨胀、气压过高，在这样的情况下，如果受到外力的撞击，啤酒容易发生爆瓶。根据 GB 2758—2012 中 4.4 条款要求，用玻璃瓶包装的啤酒应标示如“切勿撞击，防止爆瓶”等警示语，给予消费者安全提醒。

第二节
进口预包装特殊膳食用食品标签不合格案例分析

一、基本要求

案例 1

Squeeze and serve right out of pouch at room temperature, or warm entire pouch in a bowl of hot water beforehand. DO NOT MICROWAVE. REFRIGERATE AFTER OPENING. Serve within 24 hours.	BANANA BLUEBERRY BABY FOOD PUREE NET WT 40Z（113g） DISTRIBUTED BY ××× GROUP, INC.
CAUTION: Keep cap out of reach of children. If cap seal is broken or punch looks damaged, discard. Always remember to use with adult supervision.	
INGREDIENTS: ORGANIC BANANA PUREE, WATER, ORGANIC BLUBERRY PUREE, CITRIC ACID	

↑ 中文标签加贴处

爱思贝香蕉蓝莓泥（婴幼儿罐装辅助食品）
配料：香蕉泥，水，蓝莓泥，柠檬酸
适宜人群：6～36 月龄婴幼儿　　　　生产日期：×××× 年 ×× 月 ×× 日
原产国：美国　　　　保质期至：×××× 年 ×× 月 ×× 日
建议食用量：每日食用 1 袋。具体食用可依据婴幼儿胃容量特点及宝宝的身体发育状况增减，或由医生及营养师指导调整。
食用方法：可于室温直接开盖食用。如需温热，可在食用前把整包袋装泥放入热水中加热，并在食用前先试温。
贮存条件：请贮存于室温下阴凉干燥处。开盖后需冷藏及于 24 小时内食用完毕，吃剩余份需丢弃。
注意事项：不要放入微波炉加热。如发现盖或包装损坏，请不要食用。食用过程须有成人全程监控。
经销商：广州 ×× 贸易有限公司
地址：广州市天河区 ×× 路 ×× 号 ×××× 房
电话：××××××
生产企业在华注册号：××××××
净含量：113 克

续表

营养成分表 Nutrition Information		
项目	每 100 克 /per100g	每 100 千焦 /per100kJ
能量 /Energy	353 千焦（kJ）	100 千焦（kJ）
蛋白质 /Protein	0.9 克（g）	0.3 克（g）
脂肪 /Fat	0.2 克（g）	0.1 克（g）
碳水化合物 /Carbohydrate	19.5 克（g）	5.5 克（g）
钠 /Sodium	0 毫克（mg）	0 毫克（mg）

问题分析

该产品未按《进出口食品安全管理办法》第三十条的规定执行，不符合《食品安全国家标准　预包装食品标签通则》（GB 7718—2011）中 3.1 的规定。

《进出口食品安全管理办法》第三十条规定，进口保健食品、特殊膳食用食品的中文标签必须印制在最小销售包装上，不得加贴。

该产品为婴幼儿罐装辅助食品，属于特殊膳食用食品，其中文标签采用在其原包装上进行加贴的模式，不符合《进出口食品安全管理办法》的要求，应当将中文标签印制在最小销售包装上，不得采用加贴的方式。

案例 2

<table>
<tr><th>食品名称</th><th>×× 婴幼儿有机大米粉</th></tr>
<tr><td>产品类别</td><td>婴幼儿谷物辅助食品</td></tr>
<tr><td>适宜人群</td><td>适合 6~36 个月宝宝</td></tr>
<tr><td>配　料</td><td>大米粉、钙、铁、锌、维生素 B_1、维生素 A、维生素 D</td></tr>
<tr><td>原产国</td><td>德国</td></tr>
<tr><td>生产日期</td><td>年 / 月 / 日（见盒身）</td></tr>
<tr><td>保质期至</td><td>年 / 月 / 日（见盒身）</td></tr>
<tr><td>建议喂哺用量表</td><td>
<table>
<tr><th rowspan="2"></th><th colspan="2">每次用量</th><th rowspan="2">每日餐数（次）</th></tr>
<tr><th>大米粉量（克）</th><th>加奶量（毫升）</th></tr>
<tr><td>第　次喂哺
日常喂哺</td><td>5（约 1 勺子）
25（约 5 勺子）</td><td>40
200</td><td>1
2</td></tr>
<tr><td colspan="4">您可以根据宝宝的月龄和食量，以“由稀至稠，由细到粗”的原则作适量调整。</td></tr>
</table>
</td></tr>
<tr><td>冲调方法</td><td>1. 取出 25 克（约 5 勺子）的大米粉倒入碗内。
2. 拌入 200 毫升配制好的配方奶或母乳。
3. 搅拌至合适的稀稠度。</td></tr>
</table>

续表

食品名称	×× 婴幼儿有机大米粉
冲调注意事项	需要牛奶或其他含蛋白质的适宜液体冲调。不要在微波炉中加热。丢弃任何剩余的大米糊。
贮存条件	开封后，确保袋口封好或放入密封容器中，避免受潮。开封后于 30 日内食用完毕。贮存于阴凉干燥处。
经销商	广州 ×× 贸易有限公司
地　址	广州市天河区 ×× 路 ×× 号 ×× 房
电　话	××××××××
在华注册编号	××××××
净含量	175 克 ×2
本品含有维生素 D，可以预防小儿佝偻病	

营养成分表			
项目	每 100 克	每 100 千焦	单位
能量	1589	100	kJ
蛋白质	7.8	0.5	g
脂肪	0.3	0.02	g
碳水化合物	85.0	5.4	g
维生素 A	281	18	μgRE
维生素 D	5.1	0.3	μg
维生素 B_1	248	15.6	μg
钙	238	15	mg
铁	5.0	0.3	mg
锌	3.38	0.21	mg
钠	0	0	mg

问题分析

标签标注“含有维生素 D，可以预防小儿佝偻病”，不符合《食品安全法》与《食品安全国家标准　预包装特殊膳食用食品标签》（GB 13432—2013）中 3.1 条款的规定。

该产品属于婴幼儿谷物辅助食品，根据《食品安全国家标准　婴幼儿谷类辅助食品》（GB 10769—2010），维生素 D 属于基本营养成分，其含量应符合 0.25 ~ 0.75μg/100kJ 的指标范围。通过标签营养成分表可知，该产品的维生素 D 含量为 0.3μg/100kJ，在上述指标范围以内，符合标准要求。GB 13432—2013 中 5.2.1 条款规定，能量或营养成分在产品中的含量达到相应产品标准的最小值或允许强化的最低值时，可进行含量声称，因此，该产品可以声称“含有维生素 D”。

但该产品标签标注“可以预防小儿佝偻病”，涉及了疾病的预防，《食品安全法》与 GB 13432—2013 均规定，食品标签不得涉及疾病预防、治疗功能，故应删除该声称内容。

根据 GB 13432—2013 中 5.3.1 条款，符合含量声称要求的预包装特殊膳食用食品，可对能量和（或）营养成分进行功能声称。功能声称的用语应选择使用 GB 28050—2011 中规定的功能声称标准用语。GB 28050—2011 中规定的关于维生素 D 的功能声称包括了“维生素 D 可促进钙的吸收”“维生素 D 有助于骨骼和牙齿的健康”“维生素 D 有助于骨骼形成”，可选择其中的一条或者多条用语进行功能声称。可标示如“本品含有维生素 D。维生素 D 可促进钙的吸收。”

案例 3

食品名称	×× 叶酸营养补充片（孕妇营养补充食品）
产品类型	特殊膳食用食品
适宜人群	孕期妇女
配　料	麦芽糊精、浓缩乳清蛋白粉、焦磷酸铁、6s - 5 - 甲基四氢叶酸钙、醋酸视黄酯、胆钙化醇、盐酸吡多醇、氰钴胺
食用方法	直接食用
每日食用量	每日 1 片（0.6g）
贮存条件	请置于阴凉干燥处，避免阳光直射
注意事项	1. 请置于儿童无法取得之处 2. 本品不能代替正常膳食
原产国	新西兰
生产日期	年 / 月 / 日（见包装喷码处）
保质期	24 个月
所在国家注册编号	××××××
中国总代理商	×× 健康产业集团有限公司
地　址	山东省济南市 ×× 路 ×× 号
电　话	××××××××
净含量	18g（0.6g × 30）

续表

营养成分表	
项目	每份（0.6g）
能量	10kJ
蛋白质	0.12g
脂肪	0.005g
碳水化合物	0.44g
钠	3mg
维生素 A	260μg
维生素 D	6.0μg
维生素 B_6	2.00mg
维生素 B_{12}	3.00μg
叶酸	400μg
铁	12.0mg

问题分析

标签未标示关于用量的警示用语，不符合《食品安全国家标准　预包装特殊膳食用食品标签》（GB 13432—2013）中 3.2 条款内容，以及《食品安全国家标准　孕妇及乳母营养补充食品》（GB 31601—2015）中 4.2 条款的要求。

孕妇及乳母营养补充食品是一种以补充蛋白质和微量营养素为目的的食品，其产品中营养素含量是根据《中国居民膳食营养素参考摄入量》，结合目标人群的膳食营养素摄入量数据等确定的。当目标人群同时食用其他营养素类补充品时（如营养素补充剂等），可能会带来微量营养素摄入过多的风险。为了充分保证使用安全性，GB 31601—2015 要求产品必须在标签上标示“本品添加多种微量营养素，与其他同类产品同时食用时应注意用量”。GB 13432—2013 中 3.2 条款规定，应符合预包装特殊膳食用食品相应产品标准中标签、说明书的有关规定。该产品未标注此项警示用语，不符合 GB 13432—2013 及 GB 31601—2015 的要求。

案例 4

<table>
<tr><th>食品名称</th><th>早产 / 低出生体重婴儿配方粉</th></tr>
<tr><td>产品类别</td><td>早产 / 低出生体重婴儿配方</td></tr>
<tr><td>适宜人群</td><td>早产 / 低出生体重婴儿</td></tr>
<tr><td>配　料</td><td>精炼植物油［葵花籽油、大豆油、中链甘油三酯（MCT，添加量：50%）、椰子油］、浓缩乳清蛋白粉、葡萄糖浆、脱脂乳粉、乳糖、矿物质（碳酸钙、磷酸三钙、硫酸铜、硫酸亚铁、氯化镁、硫酸锰、氯化钠、柠檬酸钠、碘化钠、亚硫酸钠、硫酸锌）、花生四烯酸油脂（ARA）、二十二碳六烯酸油脂（DHA）、维生素（d-α-醋酸生育酚、D-生物素、D-泛酸钙、抗坏血酸棕榈酸酯、L-抗坏血酸、维生素 D_3、氧化胆碱、氰钴胺、叶酸、烟酰胺、植物甲奈酯、盐酸吡多醇、核黄素、L-抗坏血酸钠、盐酸硫胺素、棕榈酸维生素 A、肌醇）、牛磺酸、核苷酸（5'-单磷酸腺苷、5'-鸟苷酸二钠、5'-尿苷酸二钠）、左旋肉碱、磷脂</td></tr>
<tr><td>配方特点 / 营养学特征</td><td>本产品能够帮助满足早产 / 低出生体重婴儿追赶生长的营养需求。能量密度为 315kJ/100mL（75kcal/100mL），蛋白质含量约为 2.7g/100kcal。本产品采用容易消化吸收的中链脂肪作为脂肪的部分来源，中链甘油三酯（MCT）约占总脂肪的 20%。含二十二碳六烯酸（DHA）和胆碱。</td></tr>
<tr><td>建议喂哺表</td><td>
<table>
<tr><th>婴儿当前体重（公斤）</th><th>喂哺量（mL）</th><th>喂哺频率</th></tr>
<tr><td>2~2.5</td><td>40~55</td><td>大约每 3 小时一次</td></tr>
<tr><td>2.5~3.5</td><td>50~80</td><td>大约每 3 小时一次</td></tr>
<tr><td>3.5~4.5</td><td>65~100</td><td>大约每 3 小时一次</td></tr>
<tr><td>4.5~5.5</td><td>80~120</td><td>每 3~4 小时一次</td></tr>
<tr><td>5.5~6.5</td><td>120~150</td><td>每 4~5 小时一次</td></tr>
<tr><td>6.5~8</td><td>150~180</td><td>醒着时每 4~6 小时一次</td></tr>
<tr><td>8~10</td><td>180~240</td><td>醒着时每 4~6 小时一次</td></tr>
</table>
</td></tr>
<tr><td>冲调说明</td><td>
<table>
<tr><th>量匙匙数</th><th>已沸温开水（40℃，mL）</th></tr>
<tr><td>3</td><td>90</td></tr>
<tr><td>4</td><td>120</td></tr>
<tr><td>5</td><td>150</td></tr>
<tr><td>6</td><td>180</td></tr>
<tr><td>8</td><td>240</td></tr>
<tr><td colspan="2">一平匙约含 5g 本产品，用 30mL 水冲调</td></tr>
</table>
</td></tr>
<tr><td colspan="2">以上喂哺建议仅供参考</td></tr>
<tr><td>重要说明</td><td>母乳喂养是首选。根据您宝宝的成长，请向医生咨询关于宝宝辅助食品的添加问题。</td></tr>
<tr><td>警示说明和注意事项</td><td>本品禁止用于肠外营养支持和静脉注射。0~6 月龄特殊医学状况婴儿食用本品时，可作为唯一营养来源单独食用。6 月龄以上特殊医学状况婴儿食用本品时，应配合添加辅助食品。牛奶蛋白过敏者慎用。不得使用微波炉加热冲调好的配方奶，以免烫伤。配制不当和使用不当可能引起健康危害。如包装有任何破损（包括铝箔），请勿使用。</td></tr>
<tr><td>贮存条件</td><td>室温下于阴凉干燥处储存。用后请将罐盖紧，开封后 1 个月内用完。请勿冷冻配方粉。请在罐底标示的产品保质期内使用此产品。</td></tr>
<tr><td>原产国</td><td>荷兰</td></tr>
</table>

续表 1

食品名称	早产 / 低出生体重婴儿配方粉
冲调和使用说明	本产品仅供口服。为确保宝宝的健康，请认真遵循以下说明： 冲调配方奶时，适当的卫生状况、冲调、稀释、使用和储存方式非常重要。 冲调配方粉前应使用肥皂和清水将手彻底洗净。 将洗净的奶瓶、奶嘴、奶瓶盖及器具用沸水煮沸 5 分钟杀菌。 将水煮沸 5 分钟，冷却至 40℃预备使用。 参照冲调说明将需要的水量倒入奶瓶。用罐中的量匙量取配方粉。 盖紧奶瓶，摇匀。 使用后的量匙保持干燥放回罐中。
生产商名称	××××××
生产商地址	××××××
生产商注册编号	××××××
生产日期	见罐底
保质期	见罐底
出口商	×× 营养品有限公司
地　址	广州经济技术开发区 ×× 号
邮政编码	××××××
净含量	400 克

每 100mL 配方奶约含 14.9g 配方粉
标准冲调后配方奶的渗透压约为 312mOsm/kg · H_2O

营养成分表

营养成分 / 单位	每 100 克配方粉平均含量	每 100 毫升平均含量	每 100 千焦平均含量
能量，千焦	2113	315	100
蛋白质，克	13.5	2	0.64
脂肪，克	27	4.0	1.28
亚油酸，克	5.1	0.76	0.24
α- 亚麻酸，毫克	470	70	22
亚油酸与 α- 亚麻酸比值	11 ：1	11 ：1	11 ：1
碳水化合物，克	52	7.7	2.5
维生素 A，微克视黄醇当量	690	103	33
维生素 D，微克	10.6	1.58	0.50
维生素 E，毫克 α- 生育酚当量	15.4	2.3	0.73
维生素 B_1，微克	700	104	33
维生素 B_2，微克	950	142	45
维生素 B_6，微克	520	77	25.0
维生素 B_{12}，微克	2.2	0.33	0.100
烟酸，微克	4800	715	227
叶酸，微克	140	21	6.7
泛酸，微克	4900	730	232

续表 2

营养成分表			
营养成分 / 单位	每 100 克配方粉平均含量	每 100 毫升平均含量	每 100 千焦平均含量
生物素，微克	15	2.2	0.7
维生素 C，毫克	88	13	4.2
钠，毫克	230	34	11
钾，毫克	620	92	29
氯，毫克	430	64	20
钙，毫克	550	82	26
磷，毫克	320	48	15
钙磷比值	1.7 ∶ 1	1.7 ∶ 1	1.7 ∶ 1
镁，毫克	38	5.7	1.8
碘，微克	100	14.9	4.7
铁，毫克	9.2	1.37	0.44
铜，微克	460	69	22.0
锌，毫克	4.9	0.73	0.23
锰，微克	58	8.6	2/7
硒，微克	12	1.79	0.57
胆碱，毫克	120	19.9	5.7
肌醇，毫克	105	15.6	5.0
牛磺酸，毫克	27	4	1.28
左旋肉碱，毫克	11.5	1.71	0.5
二十碳四烯酸（ARA），毫克	170	25	8.0
二十碳四烯酸（ARA）（% 总脂肪酸）	0.64	0.64	0.64
二十二碳六烯酸（DHA），毫克	85	12.7	4.0
二十二碳六烯酸（DHA% 总脂肪酸）	0.32	0.32	0.32
核苷酸，毫克	14.2	2.1	0.67

问题分析

标签未标注“请在医生或临床营养师指导下使用”，不符合《食品安全国家标准　预包装特殊膳食用食品标签》（GB 13432—2013）中 3.2 条款的要求，以及《食品安全国家标准　特殊医学用途婴儿配方食品通则》（GB 25596—2010）中 5.1.3 条款的要求。

部分婴儿由于各种疾病影响，不能喂养母乳或普通婴儿配方食品。特殊医学用途婴儿配方食品是针对这类患有特殊紊乱、疾病或医疗状况等特殊医学状况婴儿的营养需求而设计制成的粉状或液态配方食品，是这些婴儿生命早期或相当长时间内赖以生存的主要食物来源。该类产品使用时需要根据患儿的实际身体情况进行使用量调整，因此必须在医生和临床营养师的指导下使用，标签上应按 GB 25596—2010 的要求，明确标示“请在医生或临床营养师指导下使用”。

案例 5

食品名称	×× 橘子味耐力胶（运动营养食品）
产品类别	耐力类
适宜人群	适用于中长跑、慢跑、快走、自行车、游泳、划船、有氧健身操、舞蹈、户外运动等人群
不适宜人群	儿童、孕妇、哺乳期妇女及对咖啡因敏感的人群
配　料	麦芽糊精、水、果糖、柠檬酸、柠檬酸钠、柠檬酸钾、食用香料、绿茶粉、结冷胶、葵花籽油、山梨酸钾、辣椒红、维生素 B_1、维生素 B_2
原产国	美国
生产日期	见包装正面（年 / 月 / 日）
食用方法	运动前 5 分钟吃一包（32g），如运动量超过 45 分钟建议再吃一包。每日不超过 2 包
贮存条件	请置于阴凉干燥处，避免高温及阳光直射
经销商	深圳 ×× 体育有限公司
地　址	深圳市龙岗区 ×× 路 ×× 号
电　话	××××××××
在华注册编号	××××××
净含量	32 克
本产品每包（32g）含咖啡因 33.6mg	

营养成分表	
项目	每份（32 克）
能量	456 千焦（kJ）
蛋白质	0 克（g）
脂肪	0 克（g）
碳水化合物	26.8 克（g）
钠	55 毫克（mg）
维生素 B_1	0.9 毫克（mg）
维生素 B_2	0.9 毫克（mg）

问题分析

该产品中钠的含量不符合《食品安全国家标准　运动营养食品通则》（GB

24154—2015）第 1 号修改单的要求。

《食品安全国家标准　运动营养食品通则》（GB 24154—2015）对运动营养食品的定义是为满足运动人群（指每周参加体育锻炼 3 次及以上、每次持续时间 30min 及以上、每次运动强度达到中等及以上的人群）的生理代谢状态、运动能力及对某些营养成分的特殊需求而专门加工的食品。该产品属于运动营养食品中的耐力类食品，即以维生素 B_1 与维生素 B_2 为特征成分，适用于中长跑、慢跑、快走、自行车、游泳、划船、有氧健身操、舞蹈、户外运动等人群使用的运动营养食品。

根据 GB 24154—2015，耐力类运动营养食品必须添加的成分是维生素 B_1 与维生素 B_2，建议添加成分包括肽类、左旋肉碱、咖啡因与维生素 B_6，此外，还可以添加附录 A 中的其他营养素，每一种营养素的含量都应符合标准中含量（以每日计）范围要求。该产品每包含量为 32 克，每日食用量为 1 ~ 2 包，通过计算可知，该产品中维生素 B_1、维生素 B_2 及咖啡因的含量均符合 GB 24154—2015 的要求，但钠的含量未在标准范围以内。

2021 年 9 月 7 日开始实施的《食品安全国家标准　运动营养食品通则》（GB 24154—2015）第 1 号修改单中提出，对于添加了钠营养素的运动营养食品，其钠含量（以每日计）应在 700 ~ 1600mg 范围以内。该产品添加了柠檬酸钠，柠檬酸钠是钠的化合物来源，即该产品属于添加钠营养素的食品，每包（32g）含钠 55mg，结合其食用方法，即钠含量（以每日计）为 55 ~ 110mg，远低于标准规定范围。因此，该产品不符合《食品安全国家标准　运动营养食品通则》（GB 24154—2015），以及《食品安全国家标准　预包装特殊膳食用食品标签》（GB 13432—2013）中第 4 条款的要求。

二、能量和营养成分

案例 6

食品名称	××复合维生素运动营养食品（特殊膳食用食品）
产品类别	耐力类
适宜人群	运动人群（中长跑、慢跑、快走、自行车、游泳、划船、有氧健身操、舞蹈、户外运动等人群）

续表

食品名称	××复合维生素运动营养食品（特殊膳食用食品）
配　料	左旋肉碱，麦芽糊精，牛磺酸，乳糖，L-抗坏血酸，葡萄糖酸锌，羧甲基纤维素钠，微晶纤维素，包衣（磷脂，羟丙基甲基纤维素，日落黄铝色淀），d-α-生育粉，盐酸硫胺素、β-胡萝卜素，核黄素，盐酸吡多醇，6s-5-甲基四氢叶酸钙，亚硒酸钠，胆钙化醇，氰钴胺
原产国	加拿大
生产日期	见包装喷码处（月/日/年）
保质期	3年
食用方法	直接食用，无须咀嚼
每日食用量	每日一次，每次三片（2.55克）
贮存条件	储存在阴凉干燥地方
注意事项	远离儿童可触及之处，包装如有破损请勿使用
进口商	北京××科技有限公司
地　址	北京市朝阳区××路××号
电　话	××××××××
在华注册编号	××××××
净含量	81.6g（850mg×96）
营养成分表	
项目	每份（2.55克）
能量	28千焦
蛋白质	0.47克
脂肪	0.06克
碳水化合物	1.05克
钠	4毫克
维生素A	350微克
维生素D	10微克
维生素E	20毫克α-生育酚当量
维生素B_2	1.8毫克
维生素B_6	1.5毫克
维生素B_{12}	3微克
维生素C	90毫克
叶酸	260微克
锌	11毫克
硒	50微克
左旋肉碱	1000毫克
牛磺酸	500毫克

问题分析

产品标签营养成分表未标注维生素 B_1 的含量，不符合《食品安全国家标准　预包装特殊膳食用食品标签》（GB 13432—2013）中 4.3.1 条款的要求。

GB 13432—2013 中 4.3.1 条款规定，如果产品根据相关法规或标准，添加了可选择性成分或强化了某些物质，应标示这些成分及其含量。

该产品为耐力类运动营养食品，通过标签配料表可见该产品添加了维生素 B_1 的化合物盐酸硫胺素，但营养成分表中未标注维生素 B_1 的含量，不符合上述条款的要求。应对产品中的维生素 B_1 进行检测，确保其含量符合《食品安全国家标准　运动营养食品》（GB 24154—2015）的要求，并在营养成分表中准确标注。

三、食用方法和适宜人群

案例 7

食品名称	苹果梨西梅香蕉泥（婴幼儿罐装辅助食品）
产品类型	泥（糊）状罐装食品
适宜人群	6 个月以上婴幼儿
配　料	苹果泥、梨泥、西梅泥、香蕉泥、柠檬汁
原产国	西班牙
食用方法	2 岁以下的宝宝，建议挤出置于卫生餐具中由家长喂食。2 岁以上的宝宝可开盖直接吸食，并由专人看护。如需加热，请将铝箔袋放置于温水中温热，食用前请试温。
注意事项	如包装破损或膨胀，请勿食用。请勿放置于微波炉中加热本品。开盖后请妥善保管盖子，勿让宝宝接触，以防吞食。
贮存条件	请将本品存放于干燥阴凉处；开封后，请冷藏并于 24 小时内食用完。
生产日期	年 / 月 / 日（见包装背面）
保质期至	年 / 月 / 日（见包装背面）
经销商	×× 食品有限公司
地　址	广州市天河区 ×× 路 ×× 号
电　话	××××××××
在华注册编号	××××××
净含量	90 克

续表

营养成分表			
项目	每 100 克	每 100kJ	单位
能量	269	100	kJ
蛋白质	0	0	g
脂肪	0	0	g
碳水化合物	15.8	5.9	g
钠	0	0	mg

问题分析

产品标签未标注每日食用量，不符合《食品安全国家标准　预包装特殊膳食用食品标签》（GB 13432—2013）中 4.4.1 条款的要求。

GB 13432—2013 规定，特殊膳食用食品应标示食用方法、每日或每餐食用量。该产品为婴幼儿罐装辅助食品，属于特殊膳食用食品，标签中标注了食用方法，但未标注每日或每餐食用量，不符合 GB 13432—2013 中 4.4.1 条款的要求。

案例 8

食品名称	×× 辅食营养补充品（辅食营养素撒剂）
配　料	柠檬酸钙，结晶果糖，全脂乳粉，低聚异麦芽糖，椰子粉，蓝莓粉，焦磷酸铁，乳酸锌，醋酸视黄酯，胆钙化醇，盐酸硫胺素，核黄素，N - 乙酰神经氨酸，水苏糖，食用螺旋藻粉。 每袋（2 克）添加 2.04 毫克 N - 乙酰神经氨酸，N - 乙酰神经氨酸推荐食用量≤ 500 毫克 / 天
每袋（2 克）添加 2.04 毫克 N- 乙酰神经氨酸 N- 乙酰神经氨酸推荐食用量≤ 500 毫克 / 天	
食用方法及食用量	每天 1 袋（2 克），与温度适宜的牛奶、水或辅食混合食用。
贮存条件	请放置于阴凉干燥处，避免阳光直射。
注意事项	1. 请置于儿童无法取得之处。 2. 本品不能代替母乳及婴幼儿辅助食品。 3. 本品添加多种微量营养素，与其他同类产品同时食用时应注意用量。 4. 本品添加多种营养素，出现轻微沉淀与浑浊属正常现象，可放心食用。 5. 包装如有破损或产品结块请勿食用。
原产国	新西兰
生产日期	见盒底（年 / 月 / 日）

续表

食品名称	××辅食营养补充品（辅食营养素撒剂）
保质期	24个月
进口商	广州××生物科技有限公司
进口商地址	广州市番禺区市桥街×××号×××室
进口商服务电话	××××××××
净含量	60克（2克×30）
在华注册编号	××××××

营养成分表	
项目	每份（2g）
能量	6kJ
蛋白质	0.1g
脂肪	0g
碳水化合物	0.4g
钠	0.2mg
维生素A	250μg RE
维生素D	5.0μg
维生素B_1	0.30mg
维生素B_2	0.3mg
钙	200mg
铁	7.0mg
锌	5.0mg

问题分析

标签未标注适宜人群，不符合《食品安全国家标准　预包装特殊膳食用食品标签》（GB 13432—2013）4.4.2条款的要求，以及《食品安全国家标准　辅食营养补充品》（GB 22570—2014）中4.2条款的要求。

GB 22570—2014中对辅食营养补充品的定义为一种含多种微量营养素（维生素和矿物质等）的补充品，其中含或不含食物基质和其他辅料，添加在6~36月龄婴幼儿即食辅食中食用，也可用于37~60月龄儿童。该标准对于辅食营养补充品中的必需成分与可选择成分根据适宜人群作出了明确的要求，并规定标签上应按月龄标明适宜人群。

该产品属于辅食营养补充品中的辅食营养撒剂，即由多种微量营养素混合成的粉状或颗粒状辅食营养补充品。通过对标签中营养成分表信息和GB 22570—2014的营养素含量要求的对比可知，该产品对于6~36月龄婴幼儿及

37～60 月龄儿童都是适合的，应当在标签上明确标示适宜人群。

四、贮存条件

案例 9

<table>
<tr><th>食品名称</th><th>××香蕉泥</th><th>×× purée de bananes</th></tr>
<tr><td>适宜人群</td><td>6 个月及以上宝宝</td><td rowspan="9">Groupe approprié: bébé de 4 mois et plus
Ingrédients: 85% banane, 14.9% eau, jus de citron concentré. Sansautres ingrédients. Sansgluten
Comment servir: bien secouer. Verser dans un bol ou directement sur une cuillère. Savourez le délicieux!
Condition de conservation: avant ouverture, conserver à température ambiante. Après ouverture, conserver au réfrigérateur. Manger en 24 heures
Avertissement: ne laissez pas les enfants de moins de 36 ans jouer seuls avec le couvercle sans la surveillance d'un adulte. Ne mettez pas le sac directement au micro-ondes.
Pays d'origine: France
Code du produit: ××××××
Contenu net: 120 g</td></tr>
<tr><td>配　料</td><td>85% 的香蕉，14.9% 的水，浓缩柠檬汁，不含其他配料，不含麸质</td></tr>
<tr><td>食用方法</td><td>摇匀。倒进碗里或直接倒在勺子上。享用美味吧！</td></tr>
<tr><td>贮存条件</td><td>开封前可在室温下保存，开封后请在冰箱中保存</td></tr>
<tr><td>警告</td><td>不要让 36 个月以下的儿童在没有大人监护的情况下独自玩盖子。
不要直接把袋子放进微波炉里</td></tr>
<tr><td>原产国</td><td>法国</td></tr>
<tr><td>产品编号</td><td>×××××</td></tr>
<tr><td>净含量</td><td>120g</td></tr>
<tr><td></td><td></td></tr>
</table>

营养成分表			
项目	单位	每 100g	每 100kJ
能量	kJ	254	100
蛋白质	g	0.31	0.12
脂肪	g	0.06	0.02
碳水化合物	g	13.9	5.5
钠	mg	0.3	0.1

问题分析

标签标注的贮存条件不符合《食品安全国家标准　预包装特殊膳食用食品标签》（GB 13432—2013）中 4.5.1 条款的要求。

GB 13432—2013 规定，如果开封后的预包装特殊膳食用食品不宜贮存或不宜在原包装容器内贮存，应向消费者特别提示。该产品的原文法语标签标注 "Condition de conservation：avant ouverture，conserver à température ambiante. Après ouverture，conserver au réfrigérateur. Manger en 24 heures"（贮存条件：打开前，在室温下储存。打开后，储存在冰箱中，24 小时内食用完），中文标签仅标注"开封前可在室温下保存，开封后请在冰箱中保存"，未提示消费者应在 24 小时内食用完，使消费者在不清楚该产品不宜长时间贮存的情况下，可能存在食用安全风险。

对于此类涉及食品安全的关键信息，中文标签应当对其进行明确标示。应按 GB 13432—2013 的要求，在中文标签的贮存条件中提示消费者在开启包装后于 24 小时内食用完等相关内容。

五、能量和营养成分

案例 10

食品名称	×× 有机婴幼儿混合营养面
产品类型	婴幼儿生制类谷物辅助食品
适宜人群	6 ~ 36 个月婴幼儿食用
过敏原信息	本产品含有小麦粉
配　料	有机小麦粉（99%）、复合矿物质（钙、铁、锌）、复合维生素［维生素 A、维生素 D（维生素 D 可促进钙的吸收，并且有助于骨骼和牙齿的健康，还有助于骨骼形成）、维生素 B_1］ 南瓜面：有机小麦粉（95.5%）、南瓜粉（4%）、复合矿物质（钙、铁、锌）、复合维生素（维生素 A、维生素 D、维生素 B_1） 胡萝卜面：有机小麦粉（95.5%）、胡萝卜粉（4%）、复合矿物质（钙、铁、锌）、复合维生素（维生素 A、维生素 D、维生素 B_1） 甜菜根面：有机小麦粉（95.5%）、甜菜根粉（4%）、复合矿物质（钙、铁、锌）、复合维生素（维生素 A、维生素 D、维生素 B_1） 菠菜面：有机小麦粉（95.5%）、菠菜粉（4%）、复合矿物质（钙、铁、锌）、复合维生素（维生素 A、维生素 D、维生素 B_1） 原味面：有机小麦粉（99%）、复合矿物质（钙、铁、锌）、复合维生素（维生素 A、维生素 D、维生素 B_1）
温馨提示	初次喂食此款面条，可适当延长烹煮时间；添加量应当由少到多，逐步适应，谨防被噎着；除本品外，请同步搭配其他食物；部分产品面体可见食材颗粒，属正常现象，请放心食用。
食用方法	将适量水烧至完全沸腾，将本品分散放入，用筷子略搅拌。 保持水微沸煮 2 ~ 3 分钟，把火力减弱，将面条煮至口感适度即可。 可根据需求，适量添加鱼肉、鸡蛋等。

续表

<table>
<tr><th>食品名称</th><th>×× 有机婴幼儿混合营养面</th></tr>
<tr><td>建议每餐食用量</td><td>6~9 月龄　20~30g/ 餐
10~36 月龄　30~40g/ 餐
具体食用量可根据宝宝个体情况调整</td></tr>
<tr><td>贮存条件</td><td>放置于阴凉干燥处储存，开封后应密封储存，避免受潮，请尽早食用</td></tr>
<tr><td>生产日期</td><td>见盒身喷码</td></tr>
<tr><td>保质期</td><td>12 个月</td></tr>
<tr><td>委托商</td><td>×× 食品有限公司</td></tr>
<tr><td>地　址</td><td>广州市天河区 ×× 路 ×× 号</td></tr>
<tr><td>受委托生产商</td><td>青岛 ×× 食品有限公司</td></tr>
<tr><td>地　址</td><td>青岛市城阳区 ×× 路 ×× 号</td></tr>
<tr><td>电　话</td><td>××××××××</td></tr>
<tr><td>产品标准代号</td><td>×××××</td></tr>
<tr><td>食品生产许可证编号</td><td>××××××</td></tr>
<tr><td>净含量</td><td>800 克</td></tr>
<tr><td colspan="2">矿物质铁的化合物来源是富马酸亚铁。富马酸亚铁能促进机体合成血红蛋白，使血红蛋白含量增加，有效补充铁缺失</td></tr>
</table>

<table>
<tr><th colspan="4">营养成分表</th></tr>
<tr><th>项目</th><th>单位</th><th>每 100g</th><th>每 100kJ</th></tr>
<tr><td>能量</td><td>kJ</td><td>1480</td><td>100</td></tr>
<tr><td>蛋白质</td><td>g</td><td>10.5</td><td>0.71</td></tr>
<tr><td>脂肪</td><td>g</td><td>0.6</td><td>0.04</td></tr>
<tr><td>碳水化合物</td><td>g</td><td>75.2</td><td>5.1</td></tr>
<tr><td>钠</td><td>mg</td><td>0.5</td><td>0.03</td></tr>
<tr><td>维生素 A</td><td>μgRE</td><td>270</td><td>18.2</td></tr>
<tr><td>维生素 D</td><td>μg</td><td>4.7</td><td>0.32</td></tr>
<tr><td>维生素 B_1</td><td>μg</td><td>270</td><td>18.2</td></tr>
<tr><td>钙</td><td>mg</td><td>280</td><td>18.9</td></tr>
<tr><td>铁</td><td>mg</td><td>5.4</td><td>0.36</td></tr>
<tr><td>锌</td><td>mg</td><td>3.40</td><td>0.23</td></tr>
</table>

问题分析

产品标签标示的营养成分功能声称不符合《食品安全国家标准　预包装特殊膳食用食品标签》（GB 13432—2013）中 5.3.1 条款的要求。

GB 13432—2013 中 5.3.1 条款规定，符合含量声称要求的预包装特殊膳食用食品，可对能量和（或）营养成分进行功能声称。功能声称的用语应选择使用《食品安全国家标准　预包装食品营养标签通则》（GB 28050—2011）中规定的功能声称标准用语。产品标签标注的“富马酸亚铁能促进机体合成血红蛋白，使血红蛋白含量增加，有效补充铁缺失”，非GB 28050—2011中规定的功能声称标准用语。

GB 28050—2011中关于铁的功能声称标准用语包括：“铁是血红细胞形成的重要成分。”“铁是血红细胞形成的必需元素。”“铁对血红蛋白的产生是必需的。”可选择其中的一条或者多条进行功能声称。

CHAPTER 3

第三章

食品安全国家标准（产品标准）中的标签要求汇总

标准号及标准名称	适用范围	定义	标签标示
GB 10765—2021 食品安全国家标准　婴儿配方食品	本标准适用于0~6月龄婴儿食用的配方食品	1. 婴儿配方食品 适用于正常婴儿食用，其能量和营养成分能满足0~6月龄婴儿正常营养需要的配方食品。 2. 乳基婴儿配方食品 以乳类及乳蛋白制品为主要蛋白来源，加入适量的维生素、矿物质和（或）其他原料，仅用物理方法生产加工制成的产品。 3. 豆基婴儿配方食品 以大豆及大豆蛋白制品为主要蛋白来源，加入适量的维生素、矿物质和（或）其他原料，仅用物理方法生产加工制成的产品	1. 产品标签应符合 GB 13432 和（或）有关规定，必需成分和可选择成分含量标示应增加“100 千焦（100kJ）”含量的标示。 2. 标签中应注明产品的类别、属性（如乳基或豆基产品以及产品状态）和适用年龄。 3. 婴儿配方食品应标明：“对于0~6月龄的婴儿最理想的食品是母乳，在母乳不足或无母乳时可食用本产品”。 4 标签上不能有婴儿和妇女的形象，不能使用“人乳化”“母乳化”或近似术语表述
GB 10766—2021 食品安全国家标准　较大婴儿配方食品	本标准适用于6~12月龄较大婴儿食用的配方食品	1. 较大婴儿配方食品 适用于正常较大婴儿食用，其能量和营养成分能满足6~12月龄较大婴儿部分营养需要的配方食品。 2. 乳基较大婴儿配方食品 以乳类及乳蛋白制品为主要蛋白来源，加入适量的维生素、矿物质和（或）其他原料，仅用物理方法生产加工制成的产品。 3. 豆基较大婴儿配方食品 以大豆及大豆蛋白制品为主要蛋白来源，加入适量的维生素、矿物质和（或）其他原料，仅用物理方法生产加工制成的产品	1. 产品标签应符合 GB 13432 和（或）有关规定，必需成分和可选择成分含量标示应增加“100 千焦（100kJ）”含量的标示。 2. 标签中应注明产品的类别、属性（如乳基或豆基产品以及产品状态）和适用年龄。同时，应标明“须配合添加辅助食品”。 3. 标签上不能有婴儿和妇女的形象，不能使用“人乳化”“母乳化”或近似术语表述。 4. 有关产品使用、配制指导说明及图解、贮存条件应在标签上明确说明。当包装最大表面积小于 $100cm^2$ 或产品质量小于100g时，可以不标示图解。 5. 指导说明应对不当配制和使用不当可能引起的健康危害给予警示说明
GB 10767—2021 食品安全国家标准　幼儿配方食品	本标准适用于12~36月龄幼儿食用的配方食品	幼儿配方食品 以乳类及乳蛋白制品和（或）大豆及大豆蛋白制品为主要蛋白来源，加入适量的维生素、矿物质和（或）其他原料，仅用物理方法生产加工制成的产品。适用于幼儿食用，其能量和营养成分能满足正常幼儿的部分营养需要	1. 产品标签应符合 GB 13432 和（或）有关规定，必需成分和可选择成分含量标示应增加“100 千焦（100kJ）”含量的标示。 2. 标签中应注明产品的类别、属（如产品状态）和适用年龄。 3. 有关产品使用、配制指导说明及图解、贮存条件应在标签上明确说明。当包装最大表面积小于 $100cm^2$ 或产品质量小于100g时，可以不标示图解。 4. 指导说明应对不当配制和使用不当可能引起的健康危害给予警示说明
GB 10770—2010 食品安全国家标准　婴幼儿罐装辅助食品	本标准适用于6月龄以上婴儿和幼儿食用的婴幼儿罐装辅助食品	1. 婴幼儿罐装辅助食品 食品原料经处理、灌装、密封、杀菌或无菌灌装后达到商业无菌，可在常温下保存的适于6月龄以上婴幼儿食用的食品。 2. 泥（糊）状罐装食品 吞咽前不需咀嚼的泥（糊）状婴幼儿罐装食品。 3. 颗粒状罐装食品 含有5mm以下的碎块，颗粒大小应保障不会引起婴幼儿吞咽困难、稀适中的婴幼儿罐装食品。 4. 汁类罐装食品 呈液体状态的婴幼儿罐装食品	1. 产品标签应符合 GB 13432 的规定，营养成分表的标示应增加“100 千焦（100kJ）”含量的标示。 2. 标签中应标明适宜食用的婴幼儿月龄、食用方法及食用注意事项。 3. 汁类罐装食品应标明产品中所含果蔬原汁或原浆的含量

续表 1

标准号及标准名称	适用范围	定义	标签标示
GB 10769—2010 食品安全国家标准　婴幼儿谷类辅助食品	本标准适用于 6 月龄以上婴儿和幼儿食用的婴幼儿谷类辅助食品	1. 婴幼儿谷类辅助食品 以一种或多种谷物（如小麦、大米、大麦、燕麦、黑麦、玉米等）为主要原料，且谷物占干物质组成的 25% 以上，添加适量的营养强化剂和（或）其他辅料，经加工制成的适于 6 月龄以上婴儿和幼儿食用的辅助食品。 2. 婴幼儿谷物辅助食品 用牛奶或其他含蛋白质的适宜液体冲调后食用的婴幼儿谷类辅助食品。 3. 婴幼儿高蛋白谷物辅助食品 添加了高蛋白质原料，用水或其他不含蛋白质的适宜液体冲调后食用的婴幼儿谷类辅助食品。 4. 婴幼儿生制类谷物辅助食品 煮熟后方可食用的婴幼儿谷类辅助食品。 5. 婴幼儿饼干或其他婴幼儿谷物辅助食品 可直接食用或粉碎后加水、牛奶或其他适宜液体冲调后食用的婴幼儿谷类辅助食品	1. 产品标签应符合 GB 13432 的规定，营养成分表的标识应增加“100 千焦（100kJ）”含量的标示。 2. 标签中应按 4.1～4.4 的规定标明产品的类别名称，如“婴幼儿高蛋白谷物辅助食品”等。 3. 对 4.1 婴幼儿谷物辅助食品应在标签中标明“需用牛奶或其他含蛋白质的适宜液体冲调”或类似文字
GB 25596—2010 食品安全国家标准　特殊医学用途婴儿配方食品通则	本标准适用于特殊医学用途婴儿配方食品	特殊医学用途婴儿配方食品 指针对患有特殊紊乱、疾病或医疗状况等特殊医学状况婴儿的营养需求而设计制成的粉状或液态配方食品。在医生或临床营养师的指导下，单独食用或与其他食物配合食用时，其能量和营养成分能够满足 0～6 月龄特殊医学状况婴儿的生长发育需求	1. 产品标签应符合 GB 13432 的规定，营养素和可选择成分应增加“每 100 千焦（100kJ）”含量的标示。 2. 标签中应明确注明特殊医学用途婴儿配方食品的类别（如无乳糖配方）和适用的特殊医学状况。早产 / 低出生体重儿配方食品，还应标示产品的渗透压。可供 6 月龄以上婴儿食用的特殊医学用途配方食品，应标明“6 月龄以上特殊医学状况婴儿食用本品时，应配合添加辅助食品”。 3. 标签上应明确标示“请在医生或临床营养师指导下使用”。 4. 标签上不能有婴儿和妇女的形象，不能使用“人乳化”“母乳化”或近似术语表述。 5. 有关产品使用、配制指导说明及图解、贮存条件应在标签上明确说明。当包装最大表面积小于 $100cm^2$ 或产品质量小于 100g 时，可以不标示图解。 6. 指导说明应对不当配制和使用不当可能引起的健康危害给予警示说明

续表 2

标准号及标准名称	适用范围	定义	标签标示
GB 29922—2013 食品安全国家标准　特殊医学用途配方食品通则	本标准适用于 1 岁以上人群的特殊医学用途配方食品	1. 特殊医学用途配方食品 为了满足进食受限、消化吸收障碍、代谢紊乱或特定疾病状态人群对营养素或膳食的特殊需要，专门加工配制而成的配方食品。该类产品必须在医生或临床营养师指导下，单独食用或与其他食品配合食用。 2. 全营养配方食品 可作为单一营养来源满足目标人群营养需求的特殊医学用途配方食品。 3. 特定全营养配方食品 可作为单一营养来源能够满足目标人群在特定疾病或医学状况下营养需求的特殊医学用途配方食品。 4. 非全营养配方食品 可满足目标人群部分营养需求的特殊医学用途配方食品，不适用于作为单一营养来源	1. 产品标签应符合 GB 13432 的规定，营养素和可选择成分含量标示应增加“每 100 千焦（/100kJ）”含量的标示。 2. 标签中应对产品的配方特点或营养学特征进行描述，并应标示产品的类别和适用人群，同时还应标示“不适用于非目标人群使用”。 3. 标签中应在醒目位置标示“请在医生或临床营养师指导下使用”。 4. 标签中应标示“本品禁止用于肠外营养支持和静脉注射”。 5. 有关产品使用、配制指导说明及图解、贮存条件应在标签上明确说明。当包装最大表面积小于 100cm^2 或产品质量小于 100 g 时，可以不标示图解。 6. 指导说明应对不当配制和使用不当可能引起的健康危害给予警示说明
GB 22570—2014 食品安全国家标准　辅食营养补充品	本标准适用于 6～36 月龄婴幼儿及 37～60 月龄儿童食用的辅食营养补充品	1. 辅食（辅助食品） 婴幼儿在 6 月龄后继续母乳喂养的同时，为了满足营养需要而添加的食品，包括家庭配制的和工厂生产的。 2. 辅食营养补充品 一种含多种微量营养素（维生素和矿物质等）的补充品，其中含或不含食物基质和其他辅料，添加在 6～36 月龄婴幼儿即食辅食中食用，也可用于 37～60 月龄儿童。目前常用的形式有辅食营养素补充食品、辅食营养素补充片、辅食营养素撒剂。 3. 辅食营养素补充食品 以大豆、大豆蛋白制品、乳类、乳蛋白制品中的一种或以上为食物基质，添加多种微量营养素和（或）其他辅料制成的辅食营养补充品。食物形态可以是粉状或颗粒状或半固态等，且食物基质可提供部分优质蛋白质。 4. 辅食营养素补充片 以大豆、大豆蛋白制品、乳类、乳蛋白制品中的一种或以上为食物基质，添加多种微量营养素和（或）其他辅料制成的片状辅食营养补充品，易碎或易分散。 5. 辅食营养素撒剂 由多种微量营养素混合成的粉状或颗粒状辅食营养补充品，可不含食物基质	1. 产品标签应符合 GB 13432 的规定，并标注“辅食营养补充品”和/或相应类别（“辅食营养素补充食品”“辅食营养素补充片”“辅食营养素撒剂”）。 2. 标签上应按月龄标明适宜人群，并标注“本品添加多种微量营养素，与其他同类产品同时食用时应注意用量”。供 6～36 月龄婴幼儿食用的产品，还应标明“本品不能代替母乳及婴幼儿辅助食品”

续表 3

标准号及标准名称	适用范围	定义	标签标示
GB 31601—2015 食品安全国家标准　孕妇及乳母营养补充食品	本标准适用于孕期妇女和哺乳期妇女的营养补充食品，国家法律、法规和/或标准另有规定的除外	孕妇及乳母营养补充食品 添加优质蛋白质和多种微量营养素（维生素和矿物质等）制成的适宜孕妇及乳母补充营养素的特殊膳食用食品	1. 产品标签应符合 GB 13432 的规定。食品名称应根据适宜人群标注“孕妇营养补充食品”“乳母营养补充食品”或“孕妇及乳母营养补充食品”。 2. 标签上还应标注“本品不能代替正常膳食”“本品添加多种微量营养素，与其他同类产品同时食用时应注意用量”
GB 24154—2015 食品安全国家标准　运动营养食品通则	本标准适用于运动营养食品	1. 运动营养食品 为满足运动人群（指每周参加体育锻炼 3 次及以上、每次持续时间 30 min 及以上、每次运动强度达到中等及以上的人群）的生理代谢状态、运动能力及对某些营养成分的特殊需求而专门加工的食品。 2. 补充能量类 以碳水化合物为主要成分，能够快速或持续提供能量的运动营养食品。 3. 控制能量类 能够满足运动控制体重需求的运动营养食品，含促进能量消耗和能量替代两种。 4. 补充蛋白质类 以蛋白质和/或蛋白质水解物为主要成分，能够满足机体组织生长和修复需求的运动营养食品。 5. 速度力量类 以肌酸为特征成分，适用于短跑、跳高、球类、举重、摔跤、柔道、跆拳道、健美及力量器械练习等人群使用的运动营养食品。 6. 耐力类 以维生素 B_1 和维生素 B_2 为特征成分，适用于中长跑、慢跑、快走、自行车、游泳、划船、有氧健身操、舞蹈、户外运动等人群使用的运动营养食品。 7. 运动后恢复类 以肽类为特征成分，适用于中、高强度或长时间运动后恢复的人群使用的运动营养食品	1. 产品标签应符合 GB 13432 的规定。 2. 标签中应在主要展示面标示“运动营养食品”及产品所属分类。 3. 如有不适宜人群，应在标签中标示。 4. 对于添加了肌酸的产品应在标签中标示“孕妇、哺乳期妇女、儿童及婴幼儿不适宜食用”

续表 4

标准号及标准名称	适用范围	定义	标签标示
GB 5420—2021 食品安全国家标准　干酪	本标准适用于干酪	1. 干酪 成熟或未成熟的软质、半硬质、硬质或特硬质、可有包衣的乳制品，其中乳清蛋白 / 酪蛋白的比例不超过牛（或其他奶畜）乳中的相应比例（乳清干酪除外）。干酪由下述任一方法获得：a）乳和（或）乳制品中的蛋白质在凝乳酶或其他适当的凝乳剂的作用下凝固或部分凝固后（或直接使用凝乳后的凝乳块为原料），添加或不添加发酵菌种、食用盐、食品添加剂、食品营养强化剂，排出或不排出（以凝乳后的蛋白质凝块为原料时）乳清，经发酵或不发酵等工序制得的固态或半固态产品；b）加工工艺中包含乳和（或）乳制品中蛋白质的凝固过程，并赋予成品与 a）所描述产品类似的物理、化学和感官特性。注：工艺 a）和 b）均可以添加有特定风味的其他食品原料（添加量不超过 8%），如白砂糖、大蒜、辣椒等；所得固态产品可加工为多种形态，且可以添加其他食品原料（添加量不超过 8%）防止产品粘连。有特定风味的其他食品原料和防止产品粘连的其他食品原料总量不超过 8%。 2. 成熟干酪 生产后不马上使（食）用，应在特定的温度等条件下存放一定时间，以通过生化和物理变化产生该类产品特性的干酪。 3. 霉菌成熟干酪 主要通过干酪内部和（或）表面的特征霉菌生长而促进其成熟的干酪。 4. 未成熟干酪（包括新鲜干酪） 生产后不久即可使（食）用的干酪	1. 干酪也可称为“奶酪”。 2. 产品标签应明确标示运输和贮存温度。 3. 产品名称可以参照附录 A 在名称“干酪”前增加对硬度或脂肪含量的描述性用语
GB 25192—2022 食品安全国家标准　再制干酪和干酪制品	本标准适用于再制干酪和干酪制品	1. 再制干酪 以干酪（比例大于 50%）为主要原料，添加其他原料，添加或不添加食品添加剂和营养强化剂，经加热、搅拌、乳化（干燥）等工艺制成的产品。 2. 干酪制品 以干酪（比例 15%～50%）为主要原料，添加其他原料，添加或不添加食品添加剂和营养强化剂，经加热、搅拌、乳化（干燥）等工艺制成的产品	1. 产品标签应明确标示干酪使用比例。 2. 产品应标明“再制干酪”或“干酪制品”。再制干酪也可称为“再制奶酪”。干酪制品也可称为“奶酪制品”。 3. 产品标签应明确标示运输和贮存温度

续表 5

标准号及标准名称	适用范围	定义	标签标示
GB 19302—2010 食品安全国家标准　发酵乳	本标准适用于全脂、脱脂和部分脱脂发酵乳	1. 发酵乳 以生牛（羊）乳或乳粉为原料，经杀菌、发酵后制成的 pH 值降低的产品。 2. 酸乳 以生牛（羊）乳或乳粉为原料，经杀菌、接种嗜热链球菌和保加利亚乳杆菌（德氏乳杆菌保加利亚亚种）发酵制成的产品。 3. 风味发酵乳 以 80% 以上生牛（羊）乳或乳粉为原料，添加其他原料，经杀菌、发酵后 pH 值降低，发酵前或后添加或不添加食品添加剂、营养强化剂、果蔬、谷物等制成的产品。 4. 风味酸乳 以 80% 以上生牛（羊）乳或乳粉为原料，添加其他原料，经杀菌、接种嗜热链球菌和保加利亚乳杆菌（德氏乳杆菌保加利亚亚种）发酵前或后添加或不添加食品添加剂、营养强化剂、果蔬、谷物等制成的产品	1. 发酵后经热处理的产品应标示“×× 热处理发酵乳”“×× 热处理风味发酵乳”“×× 热处理酸乳 / 奶”或“×× 热处理风味酸乳 / 奶”。 2. 全部用乳粉生产的产品应在产品名称紧邻部位标明“复原乳”或“复原奶”；在生牛（羊）乳中添加部分乳粉生产的产品应在产品名称紧邻部位标明“含 ××% 复原乳”或“含 ××% 复原奶”。 注：“××%”是指所添加乳粉占产品中全乳固体的质量分数。 3.“复原乳”或“复原奶”与产品名称应标示在包装容器的同一主要展示版面；标示的“复原乳”或“复原奶”字样应醒目，其字号不小于产品名称的字号，字体高度不小于主要展示版面高度的五分之一
GB 19645—2010 食品安全国家标准　巴氏杀菌乳	本标准适用于全脂、脱脂和部分脱脂巴氏杀菌乳	巴氏杀菌乳 仅以生牛（羊）乳为原料，经巴氏杀菌等工序制得的液体产品	应在产品包装主要展示面上紧邻产品名称的位置，使用不小于产品名称字号且字体高度不小于主要展示面高度五分之一的汉字标注“鲜牛（羊）奶”或“鲜牛（羊）乳”
GB 25190—2010 食品安全国家标准　灭菌乳	本标准适用于全脂、脱脂和部分脱脂灭菌乳	1. 超高温灭菌乳 以生牛（羊）乳为原料，添加或不添加复原乳，在连续流动的状态下，加热到至少 132℃并保持很短时间的灭菌，再经无菌灌装等工序制成的液体产品。 2. 保持灭菌乳 以生牛（羊）乳为原料，添加或不添加复原乳，无论是否经过预热处理，在灌装并密封之后经灭菌等工序制成的液体产品	1. 仅以生牛（羊）乳为原料的超高温灭菌乳应在产品包装主要展示面上紧邻产品名称的位置，使用不小于产品名称字号且字体高度不小于主要展示面高度五分之一的汉字标注“纯牛（羊）奶”或“纯牛（羊）乳”。 2. 全部用乳粉生产的灭菌乳应在产品名称紧邻部位标明“复原乳”或“复原奶”；在生牛（羊）乳中添加部分乳粉生产的灭菌乳应在产品名称紧邻部位标明“含 ××% 复原乳”或“含 ××% 复原奶”。 注：“××%”是指所添加乳粉占灭菌乳中全乳固体的质量分数。 3.“复原乳”或“复原奶”与产品名称应标示在包装容器的同一主要展示版面；标示的“复原乳”或“复原奶”字样应醒目，其字号不小于产品名称的字号，字体高度不小于主要展示版面高度的五分之一
GB 25191—2010 食品安全国家标准　调制乳	本标准适用于全脂、脱脂和部分脱脂调制乳	调制乳 以不低于 80% 的生牛（羊）乳或复原乳为主要原料，添加其他原料或食品添加剂或营养强化剂，采用适当的杀菌或灭菌等工艺制成的液体产品	1. 全部用乳粉生产的调制乳应在产品名称紧邻部位标明“复原乳”或“复原奶”；在生牛（羊）乳中添加部分乳粉生产的调制乳应在产品名称紧邻部位标明“含 ××% 复原乳”或“含 ××% 复原奶”。 注：“××%”是指所添加乳粉占调制乳中全乳固体的质量分数。 2.“复原乳”或“复原奶”与产品名称应标示在包装容器的同一主要展示版面；标示的“复原乳”或“复原奶”字样应醒目，其字号不小于产品名称的字号，字体高度不小于主要展示版面高度的五分之一

续表 6

标准号及标准名称	适用范围	定义	标签标示
GB 13102—2022 食品安全国家标准　浓缩乳制品	本标准适用于炼乳和食品工业用浓缩乳	1. 炼乳 以生牛（羊）乳为原料经浓缩去除部分水分制成的产品，和（或）以乳制品为原料经加工制成的相同成分和特性的产品，包括淡炼乳、加糖炼乳、调制炼乳。 2. 淡炼乳 以生牛（羊）乳和（或）其制品为原料，脱脂或不脱脂，添加或不添加食品添加剂和营养强化剂，经加工制成的商业无菌状态的液体产品。 3. 加糖炼乳（甜炼乳） 以生牛（羊）乳和（或）其制品为原料，脱脂或不脱脂，添加食糖，添加或不添加食品添加剂和营养强化剂，经加工制成的黏稠状产品。 4. 调制炼乳 以生牛（羊）乳和（或）其制品为主要原料，脱脂或不脱脂，添加或不添加食糖、食品添加剂和营养强化剂，添加其他原料，经加工制成的液体或黏稠状产品。包括调制淡炼乳和调制加糖炼乳（调制甜炼乳）。 5. 食品工业用浓缩乳 仅以生牛（羊）乳为原料，脱脂或不脱脂，经浓缩等工序只去除部分水分制成，用于食品工业原料的产品，包括浓缩牛乳、浓缩羊乳	1. 炼乳应标示“本产品不能作为婴幼儿的母乳代用品”或类似警语。 2. 食品工业用浓缩乳应在冷藏或冷冻状态下贮存和运输。食品工业用浓缩乳应在包装或说明书上明确标示“热处理工艺”或“非热处理工艺”
GB 2757—2012 食品安全国家标准　蒸馏酒及其配制酒	本标准适用于蒸馏酒及其配制酒	1. 蒸馏酒 以粮谷、薯类、水果、乳类等为主要原料，经发酵、蒸馏、勾兑而成的饮料酒。 2. 蒸馏酒的配制酒 以蒸馏酒和（或）食用酒精为酒基，加入可食用的辅料或食品添加剂，进行调配、混合或再加工制成的，已改变了其原酒基风格的饮料酒	1. 蒸馏酒及其配制酒标签除酒精度、警示语和保质期的标示外，应符合 GB 7718 的规定。 2. 应以“%vol”为单位标示酒精度。 3. 应标示“过量饮酒有害健康”，可同时标示其他警示语。 4. 酒精度大于等于 10%vol 的饮料酒可免于标示保质期
GB 2758—2012 食品安全国家标准　发酵酒及其配制酒	本标准适用于发酵酒及其配制酒	1. 发酵酒 以粮谷、水果、乳类等为主要原料，经发酵或部分发酵酿制而成的饮料酒。 2. 发酵酒的配制酒 以发酵酒为酒基，加入可食用的辅料或食品添加剂，进行调配、混合或加工制成的，已改变了其原酒基风格的饮料酒	1. 发酵酒及其配制酒标签除酒精度、原麦汁浓度、原果汁含量、警示语和保质期的标示外，应符合 GB 7718 的规定。 2. 应以“%vol”为单位标示酒精度。 3. 啤酒应标示原麦汁浓度，以“原麦汁浓度”为标题，以柏拉图度符号“° P”为单位。果酒（葡萄酒除外）应标示原果汁含量，在配料表中以“× × %”表示。 4. 应标示“过量饮酒有害健康”，可同时标示其他警示语。用玻璃瓶包装的啤酒应标示如“切勿撞击，防止爆瓶”等警示语。 5. 葡萄酒和其他酒精度大于等于 10%vol 的发酵酒及其配制酒可免于标示保质期
GB 7101—2022 食品安全国家标准　饮料	本标准适用于饮料，不适用于包装饮用水（含饮用天然矿泉水）	用一种或几种食用原料，添加或不添加辅料、食品添加剂、食品营养强化剂，经加工制成定量包装的、供直接饮用或冲调饮用、乙醇含量不超过质量分数为 0.5% 的制品，也可称为饮品，如碳酸饮料、果蔬汁类及其饮料、蛋白饮料、固体饮料等	1. 添加菌种的产品标签应标明活菌（未杀菌）型或非活菌（杀菌）型。 2. 添加乳酸菌的活菌（未杀菌）型产品乳酸菌数应 >10'CFU/g(ml)，并在产品标签上标示乳酸菌含量。乳酸菌按 GB4789.35 规定的方法检验。 3. 需冷藏或冷冻贮存和运输的产品应在标签上标示贮存和运输条件

续表 7

标准号及标准名称	适用范围	定义	标签标示
GB 19298—2014 食品安全国家标准　包装饮用水	本标准适用于直接饮用的包装饮用水。本标准不适用于饮用天然矿泉水	1. 包装饮用水 密封于符合食品安全标准和相关规定的包装容器中，可供直接饮用的水。 2. 饮用纯净水 以符合本标准 3.1 原料要求的水为生产用源水，采用蒸馏法、电渗析法、离子交换法、反渗透法或其他适当的水净化工艺，加工制成的包装饮用水。 3. 其他饮用水 以符合本标准原料要求的水为生产用源水，仅允许通过脱气、曝气、倾析、过滤、臭氧化作用或紫外线消毒杀菌过程等有限的处理方法，不改变水的基本物理化学特征的自然来源饮用水。 以符合本标准原料要求的水为生产用源水，经适当的加工处理，可适量添加食品添加剂，但不得添加糖、甜味剂、香精香料或者其他食品配料加工制成的包装饮用水	1. 当包装饮用水中添加食品添加剂时，应在产品名称的邻近位置标示“添加食品添加剂用于调节口味”等类似字样。 2. 包装饮用水名称应当真实、科学，不得以水以外的一种或若干种成分来命名包装饮用水
GB 8537—2018 食品安全国家标准　饮用天然矿泉水	本标准适用于饮用天然矿泉水	1. 饮用天然矿泉水 从地下深处自然涌出的或经钻井采集的，含有一定量的矿物质、微量元素或其他成分，在一定区域未受污染并采取预防措施避免污染的水；在通常情况下，其化学成分、流量、水温等动态指标在天然周期波动范围内相对稳定。 2. 含气天然矿泉水 在不改变饮用天然矿泉水水源水基本特性和主要成分含量的前提下，在加工工艺上，允许通过曝气、倾析、过滤等方法去除不稳定组分，允许回收和填充同源二氧化碳，包装后，在正常温度和压力下有可见同源二氧化碳自然释放起泡的天然矿泉水。 3. 充气天然矿泉水 在不改变饮用天然矿泉水水源水基本特性和主要成分含量的前提下，在加工工艺上，允许通过曝气、倾析、过滤等方法去除不稳定组分，充入食品添加剂二氧化碳而起泡的天然矿泉水。 4. 无气天然矿泉水 在不改变饮用天然矿泉水水源水基本特性和主要成分含量的前提下，在加工工艺上，允许通过曝气、倾析、过滤等方法去除不稳定组分，包装后，其游离二氧化碳含量不超过为保持溶解在水中的碳酸氢盐所必需的二氧化碳含量的天然矿泉水。 5. 脱气天然矿泉水 在不改变饮用天然矿泉水水源水基本特性和主要成分含量的前提下，在加工工艺上，允许通过曝气、倾析、过滤等方法去除不稳定组分，除去水中的二氧化碳，包装后，在正常的温度和压力下无可见的二氧化碳自然释放的天然矿泉水	预包装产品标签除应符合 GB 7718 的规定外，还应符合下列要求： 标示天然矿泉水水源点； 标示产品达标的界限指标、溶解性总固体以及主要阳离子（K^+、Na^+、Ca^{2+}、Mg^{2+}）的含量范围； 当氟含量大于 1.0mg/L 时，应标注“含氟”字样

续表 8

标准号及标准名称	适用范围	定义	标签标示
GB 2719—2018 食品安全国家标准　食醋	本标准适用于食醋	1. 食醋 单独或混合使用各种含有淀粉、糖的物料、食用酒精，经微生物发酵酿制而成的液体酸性调味品。 2. 甜醋 单独或混合使用糯米、大米等粮食、酒类或食用酒精，经微生物发酵后再添加食糖等辅料制成的食醋	1. 预包装食醋的标签应标示总酸含量，产品的包装标示上应醒目标出“食醋”或“甜醋”字样。 2. 散装食醋应在容器或包装外侧标示本标准 4.1 中的内容
GB 2721—2015 食品安全国家标准　食用盐	本标准适用于食用盐	1. 食用盐 以氯化钠为主要成分，用于食用的盐。 2. 精制盐 以卤水或盐为原料，用真空蒸发制盐工艺、机械热压缩蒸发制盐工艺或粉碎、洗涤、干燥工艺制得的食用盐。 3. 粉碎洗涤盐 以海盐、湖盐或岩盐为原料，用粉碎、洗涤工艺制得的食用盐。 4. 日晒盐 以日晒卤水浓缩结晶工艺制得的食用盐。 5. 低钠盐 以精制盐、粉碎洗涤盐、日晒盐等中的一种或几种为原料，为降低钠离子浓度而添加国家允许使用的食品添加剂（如氯化钾等）经加工而成的食用盐	低钠盐的产品标签中应标示钾的含量，并应清晰标示：“高温作业者、重体力劳动强度工作者、肾功能障碍者及服用降压药物的高血压患者等不适宜高钾摄入的人群应慎用。”
GB 19295—2021 食品安全国家标准　速冻面米与调制食品	本标准适用于预包装速冻面米制品	1. 速冻面米食品 以小麦、大米、玉米、杂粮等一种或多种谷物及其制品为原料，或同时配以馅料 / 辅料，经加工、成型等，速冻而成的食品。 2. 速冻调制食品 以谷物、豆类、薯类、畜禽肉、蛋类、生乳、水产品、果蔬、食用菌等一种或多种为原料，或同时配以馅料 / 辅料，经调制、加工、成型等，速冻而成的食品。 3. 生制品 冻结前未经加热成熟的即食或非即食速冻食品。 4. 熟制品 冻结前经加热成熟的即食或非即食速冻食品	产品标示应注明速冻、生制或熟制、即食或非即食，以及烹调加工方式

续表 9

标准号及标准名称	适用范围	定义	标签标示
GB 2716—2018 食品安全国家标准　植物油	本标准适用于植物原油、食用植物油、食用植物调和油和食品煎炸过程中的各种食用植物油。本标准不适用于食用油脂制品	1. 植物原油 以食用植物油料为原料制取的用于加工食用植物油的不直接食用的原料油。 2. 食用植物油 以食用植物油料或植物原油为原料制成的食用油脂。 3. 食用植物调和油 用两种及两种以上的食用植物油调配制成的食用油脂	1. 单一品种的食用植物油中不应掺有其他油脂。 2. 食用植物调和油产品应以“食用植物调和油"命名。 3. 食用植物调和油的标签标示应注明各种食用植物油的比例。 4. 食用植物调和油的标签标示可以注明产品中大于 2% 脂肪酸组成的名称和含量（占总脂肪酸的质量分数），格式和要求按附录 A 操作
GB 15196—2015 食品安全国家标准　食用油脂制品	本标准适用于食用氢化油、人造奶油（人造黄油）、起酥油、代可可脂（类可可脂）、植脂奶油、粉末油脂等食用油脂制品	1. 食用油脂制品 经精炼、氢化、酯交换、分提中一种或几种方式加工的动、植物油脂的单品或混合物，添加（或不添加）水及其他辅料，经（或不经过）乳化急冷捏合制造的固状、半固状或流动状的具有某种性能的油脂制品。包括食用氢化油、人造奶油（人造黄油）、起酥油、代可可脂（包括类可可脂）植脂奶油、粉末油脂等。 2. 食用氢化油 以食用动、植物油为原料，经氢化和精炼等工艺处理后制得的食品工业用原料油。 3. 人造奶油（人造黄油） 以食用动、植物油脂及氢化、分提、酯交换油脂中的一种或几种油脂的混合物为主要原料，添加或不添加水和其他辅料，经乳化、急冷或不经急冷捏合而制成的具有类似天然奶油特色的可塑性或流动性的食用油脂制品	经氢化工艺加工的食用油脂制品应标示反式脂肪酸的含量
GB 31602—2015 食品安全国家标准　干海参	本标准适用于干海参	干海参 以刺参等海参为原料，经去内脏、煮制、盐渍（或不盐渍）、脱盐（或不脱盐）、干燥等工序制成的产品；或以盐渍海参为原料，经脱盐（或不脱盐）、干燥等工序制成的产品。 注：在刺参收获的季节，通常的做法是将鲜刺参煮制、盐渍，制成半成品（即盐渍海参），贮存于冷库中，作为干海参生产的原料贮备	标签中应标示产品盐分含量范围

续表 10

标准号及标准名称	适用范围	定义	标签标示
GB 10136—2015 食品安全国家标准　动物性水产制品	本标准适用于动物性水产制品	1. 动物性水产制品 以鲜、冻动物性水产品为主要原料，添加或不添加辅料，经相应工艺加工制成的水产制品，包括即食动物性水产制品、预制动物性水产制品以及其他动物性水产制品，不包括动物性水产罐头制品。 2. 即食动物性水产制品 可直接食用，无需进一步热处理的动物性水产制品，包括即食生制动物性水产制品和熟制动物性水产制品。 3. 即食生制动物性水产制品 以鲜、冻动物性水产品为原料，食用前经洁净加工而不经加热熟制即可直接食用的水产制品，包括腌制生食动物性水产品和即食生食动物性水产品。 4. 腌制生食动物性水产品 以活的泥螺、贝类、淡水蟹和新鲜或冷冻海蟹、鱼籽等动物性水产品为原料，采用盐渍或糟、醉加工制成的可直接食用的腌制品。 5. 即食生食动物性水产品 以鲜、活、冷藏、冷冻的鱼类、甲壳类、贝类、头足类等动物性水产品为原料，经洁净加工而未经腌制或熟制的可直接食用的水产品。 6. 熟制动物性水产制品 以鲜、冻动物性水产品为原料，添加或不添加辅料，经烹调、油炸、熏烤、干制等工艺熟制而成的可直接食用的水产制品。 7. 预制动物性水产制品 以鲜、冻动物性水产品为原料，添加或不添加辅料，经腌制、干制、调制、上浆挂糊等工艺加工制成的不可直接食用的产品，包括盐渍水产制品、预制水产干制品、鱼糜制品、冷冻挂浆制品、面包屑或面糊包裹鱼块和鱼片等半成品，不包括经清洗（切制或去壳）后冷冻制成的原料水产品。 8. 盐渍鱼 以鲜、冻鱼为原料，经盐腌加工，制成的不可直接食用的盐渍水产制品。 9. 预制水产干制品 以鲜、冻动物性水产品为原料，添加或不添加辅料，经干燥工艺而制成的不可直接食用的水产干制品	产品标示应符合 GB 7718 的规定，并注明食用方法

续表 11

标准号及标准名称	适用范围	定义	标签标示
GB 19299—2015 食品安全国家标准　果冻	本标准适用于果冻	1. 果冻 以水、食糖等为主要原料，辅以增稠剂等食品添加剂，添加或不添加果蔬制品、乳及乳制品等原料，经溶胶、调配、灌装、杀菌、冷却等工序加工而成的胶冻食品。 2. 含乳果冻 添加乳或乳制品，且蛋白质含量不低于 1% 的果冻。 3. 凝胶果冻 内容物从包装容器倒出后，能基本保持原有形态，呈凝胶状的果冻。 4. 杯形凝胶果冻 以杯形材料包装，且杯口用盖膜经热封口的凝胶果冻。 5. 其他凝胶果冻 除杯形凝胶果冻以外的凝胶果冻。 6. 可吸果冻 内容物从包装容器倒出后，呈半流体凝胶状，能够用吸管或吸嘴直接吸食的果冻	凝胶果冻应在外包装和最小食用包装的醒目位置处，用白底（或黄底）红字标示警示语和食用方法，且文字高度不应小于 3mm。警示语和食用方法应采用下列方法标示“勿一口吞食；三岁以下儿童不宜食用，老人儿童须监护下食用”
GB 9678.2—2014 食品安全国家标准　巧克力、代可可脂巧克力及其制品	本标准适用于巧克力、代可可脂巧克力及其制品	1. 巧克力 以可可制品（可可脂、可可块或可可液块／巧克力浆、可可油饼、可可粉）和（或）白砂糖为主要原料，添加或不添加乳制品、食品添加剂，经特定工艺制成的在常温下保持固体或半固体状态的食品。 2. 巧克力制品 巧克力与其他食品按一定比例，经特定工艺制成的在常温下保持固体或半固体状态的食品。 3. 代可可脂巧克力 以白砂糖、代可可脂等为主要原料（按原始配料计算，代可可脂添加量超过 5%），添加或不添加可可制品（可可脂、可可块或可可液块／巧克力浆、可可油饼、可可粉）、乳制品及食品添加剂，经特定工艺制成的在常温下保持固体或半固体状态，并具有巧克力风味和性状的食品。 4. 代可可脂巧克力制品 代可可脂巧克力与其他食品按一定比例，经特定工艺制成的在常温下保持固体或半固体状态的食品。 5. 可可脂 可可豆中的脂肪。 6. 代可可脂 可全部或部分替代可可脂，来源于非可可的植物油脂	1. 代可可脂添加量超过 5%（按原始配料计算）的产品应命名为代可可脂巧克力。 2. 巧克力成分含量不足 25%的制品不应命名为巧克力制品

续表 12

标准号及标准名称	适用范围	定义	标签标示
GB 17401—2014 食品安全国家标准　膨化食品	本标准适用于预包装膨化食品	1. 膨化食品 以谷类、薯类、豆类、果蔬类或坚果籽类等为主要原料，采用膨化工艺制成的组织疏松或松脆的食品。 2. 膨化 原料受热或压差变化后使体积膨胀或组织疏松的过程。 3. 含油型膨化食品 用食用油脂煎炸或产品中添加和（或）喷洒食用油脂的膨化食品。 4. 非含油型膨化食品 产品中不添加或不喷洒食用油脂的膨化食品	非食用物品上应标注“非食用”字样，但与食用方式有关且符合相关要求的餐饮具等物品除外
GB 31636—2016 食品安全国家标准　花粉	本标准适用于以工蜂采集形成的团粒（颗粒）状蜂花粉或碎蜂花粉、以人工采集的松花粉和以花粉为单一原料，经净选、干燥、杀菌而制成的花粉产品。 本标准不适用于破壁花粉	1. 花粉 显花植物雄性生殖细胞。 2. 蜂花粉 工蜂采集的花粉。 3. 单一品种蜂花粉 工蜂采集一种植物的花粉形成的蜂花粉。 4. 杂花粉 工蜂采集两种或两种以上植物的花粉形成的蜂花粉，或两种及两种以上单一品种蜂花粉的混合物。 5. 碎蜂花粉 蜂花粉团粒破碎后形成的粉末。 6. 松花粉 松科松属植物马尾松（*Pinusmassoniana Lamb.*）、油松（*P.tabulaeformis Carr.*）或同属数种植物的雄性生殖细胞。 7. 破壁花粉 经加工，花粉细胞壁被打破的花粉	单一品种蜂花粉，应在标签中标示蜂花粉的品种
GB 19641—2015 食品安全国家标准　食用植物油料	本标准适用于制取食用植物油的油料	霉变粒 粒面明显生霉并伤及胚或胚乳或子叶、无食用价值的颗粒	转基因食用植物油料的标示应符合国家有关规定

续表 13

标准号及标准名称	适用范围	定义	标签标示
GB 20371—2016 食品安全国家标准　食品加工用植物蛋白	本标准适用于食品加工用途的植物蛋白产品。本标准不适用于棉籽蛋白和菜籽蛋白	1. 植物蛋白 以植物为原料，去除或部分去除植物原料中的非蛋白成分（如水分、脂肪、碳水化合物等），蛋白质含量不低于 40% 的产品。其主要产品有豆类（如大豆、豌豆、蚕豆）蛋白、谷类（如小麦、玉米、大米、燕麦）蛋白、坚果及籽类（如花生）蛋白、薯类（如马铃薯）蛋白及其他植物类蛋白。 2. 粗提蛋白 通过初级提取，部分去除植物原料中的非蛋白成分（如水分、脂肪、碳水化合物等）而制得的产品。 3. 浓缩蛋白 通过提取、浓缩、分离等工艺，去除或部分去除植物原料中的非蛋白成分（如水分、脂肪、碳水化合物等）而制得的产品，包括通过提取、加热凝固等工艺制得的马铃薯凝固蛋白。 4. 分离蛋白 通过提取、浓缩、分离、精制等工艺，去除或部分去除植物原料中的非蛋白成分（如水分、脂肪、碳水化合物等）而制得的产品。 5. 植物水解蛋白 植物蛋白经酶适度水解制得的以蛋白质为主要成分的产品。 6. 组织蛋白 以植物蛋白为原料，经挤压或纺丝工艺加工制成的、具有特定组织结构的产品	1. 产品名称应标注具体植物来源，如大豆蛋白、小麦蛋白、玉米蛋白、豌豆蛋白、马铃薯蛋白等。 2. 产品名称可标注具体的分类，以大豆、花生为例，如大豆粗提蛋白、大豆浓缩蛋白、大豆分离蛋白、大豆组织蛋白、花生粗提蛋白、花生浓缩蛋白、花生分离蛋白、花生组织蛋白等。 3. 产品名称中可包含描述产品成型后物理形态的词语，如颗粒、碎片、粉等。 4. 植物水解蛋白名称应依据具体植物来源进行标注，如大豆水解蛋白、小麦水解蛋白、玉米水解蛋白、豌豆水解蛋白、马铃薯水解蛋白等。 5. 大豆蛋白产品应按照下列方式标示脲酶活性和安全性文字说明：脲酶活性为阴性；脲酶活性为非阴性（需加热灭酶处理后方可食用的产品）
GB 31639—2023 食品安全国家标准　食品加工用菌种制剂	本标准适用于食品加工用菌种制剂，包括用于食品发酵或作为原料添加到食品中的菌种制剂，不适用于直接食用的产品以及固态发酵工艺生产的酒曲、红曲等	食品加工用菌种制剂 可用于食品中的一种或多种活的微生物（包括细菌、丝状真菌、酵母），经发酵、富集、乳化或不乳化干燥或不干燥、混合或不混合、包装等工序制成的食品原料制剂	标签应符合 GB 7718 的规定，标示菌种的中文名称和拉丁学名，用于婴幼儿食品的菌种需要标示到菌株
GB 14932—2016 食品安全国家标准　食品加工用粕类	本标准适用于食品加工用途的粕类产品。本标准不适用于菜籽粕和棉籽粕	食品加工用粕类 以豆类、谷类、坚果及籽类等为主要原料，去除（或提取）油脂或淀粉后制得的作为食品加工用原料的含有蛋白质的物质。其中主要包括大豆粕、豌豆粕、蚕豆粕、小麦粕、玉米粕、大米粕、核桃粕、杏仁粕、花生粕等产品	产品标签应标示产品的生产工艺（溶剂浸出工艺或压榨工艺等）

续表 14

标准号及标准名称	适用范围	定义	标签标示
GB 31611—2023 食品安全国家标准 食品加工用植物蛋白肽	本标准适用于食品加工用途的植物蛋白肽。本标准不适用于以菜籽和棉籽为蛋白原料生产的植物蛋白肽	食品加工用植物蛋白肽 以富含蛋白的可食用植物（豆类、谷类、坚果及籽类等）、食品加工用粕类或食品加工用植物蛋白等单一物质为原料，经过提取、酶解和（或）微生物发酵、过滤、杀菌、干燥等工序生产的，相对分子质量在 189～10 000 的肽为主要成分的产品	产品标签应标示具体植物蛋白的来源和产品状态，如大豆蛋白肽（粉或颗粒）、小麦蛋白肽（粉或颗粒）、玉米蛋白肽（粉或颗粒）等

CHAPTER 4

第四章

2008—2025 年新资源食品（新食品原料）名单

序号	食品名称	食用量或推荐食用量	标签要求	使用范围 / 不适宜人群 / 食用方法	产品基本信息	生产工艺	公告号
1	低聚木糖	食用量：≤ 1.2 克 / 天（以木二糖—木七糖计）	无	使用范围：各类食品，但不包括婴幼儿食品	英文名称：Xylo-oligosaccharide； 主要成分：木二糖—木七糖； 来源：小麦秸秆	以小麦秸秆为原料采用蒸汽爆破法，经木聚糖酶酶解生产而成	2008 年第 12 号
2	透明质酸钠	推荐食用量：≤ 200 毫克 / 天	无	使用范围：保健食品原料	英文名称：Sodium Hyaluronate； 来源：马链球菌兽疫亚种（*Streptococus equi subsp. zooepidemicus*）	以葡萄糖、酵母粉、蛋白胨等为培养基，由马链球菌兽疫亚种经发酵生产而成	
3	叶黄素酯	食用量：≤ 12 毫克 / 天	无	使用范围：焙烤食品、乳制品、饮料、即食谷物、冷冻饮品、调味品和糖果，但不包括婴幼儿食品	英文名称：Lutein Esters； 主要成分：叶黄素二棕榈酸酯； 来源：万寿菊花	以万寿菊花为原料，经过脱水粉碎、溶剂提取、低分子量醇纯化和真空浓缩等步骤生产而成	
4	L- 阿拉伯糖	无	无	使用范围：各类食品，但不包括婴幼儿食品	英文名称：L-Arabinose； 来源：玉米芯、玉米皮等禾本科植物纤维	以玉米芯、玉米皮等禾本科植物纤维为原料经稀酸水解、脱色、脱酸、生物发酵、分离净化、结晶、干燥得到	
5	短梗五加	食用量：≤ 4.5 克 / 天	无	使用范围：饮料类、酒类； 不适宜人群：哺乳期妇女、孕妇、婴幼儿及儿童	拉丁名称：*Acantho-panax sessiliflorus*； 来源：人工种植； 食用部位：茎、叶、果	以短梗五加全株鲜品为原料，经清洗、切片、干燥、杀菌、粉碎等步骤制成	
6	库拉索芦荟凝胶	食用量：≤ 30 克 / 天	标签标注“本品添加芦荟，孕妇与婴幼儿慎用”。在配料表中标注“库拉索芦荟凝胶”。若无法确保消费者芦荟日摄入量在安全范围内，应在包装上标注每日食用量警示语	使用范围：各类食品； 不适宜人群：孕妇、婴幼儿	拉丁名称：*Aloe Vera Gel*； 来源：库拉索芦荟叶片； 食用部位：凝胶肉	以库拉索芦荟叶片为原料，经沥醌清洗、去皮、漂烫、杀菌等步骤制成	2008 年第 12 号、2009 年第 1 号
7	低聚半乳糖	食用量：≤ 15 克 / 天	无	使用范围：婴幼儿食品、乳制品、饮料、焙烤食品、糖果	英文名称：Galacto-Oligosaccharides； 来源：牛乳中的乳糖	以牛乳中的乳糖为原料，经 β- 半乳糖苷酶催化水解半乳糖苷键，生成半乳糖和葡萄糖，并通过转半乳糖苷的作用，将水解下来的半乳糖苷转移到乳糖分子，生成低聚半乳糖	2008 年第 20 号
8	水解蛋黄粉	食用量：≤ 1 克 / 天	无	使用范围：乳制品、冷冻饮品、豆类制品、可可制品，巧克力及其制品（包括类巧克力和代巧克力）以及糖果、焙烤食品、饮料类、果冻、油炸食品、膨化食品，但不包括婴幼儿食品	英文名称：Bonepep； 来源：鸡蛋蛋黄	以鸡蛋蛋黄为原料，经蛋白酶处理、加热、离心分离、喷雾干燥等步骤生产而成	

续表 1

序号	食品名称	食用量或推荐食用量	标签要求	使用范围 / 不适宜人群 / 食用方法	产品基本信息	生产工艺	公告号
9	异麦芽酮糖醇	食用量：≤ 100 克 / 天	无	使用范围：各类食品，但不包括婴幼儿食品	英文名称：Isomaltitol； 主要成分：由 α-D-吡喃葡萄糖基 -1，6-山梨醇（GPS）和 α-D-吡喃葡萄糖基 -1，1-甘露醇（GPM）以大致相同的比例组成的混合物； 来源：白砂糖	以白砂糖为原料，经蔗糖异构酶转化产生异麦芽酮糖，异麦芽酮糖溶液经催化生成异麦芽酮糖醇溶液；然后经过脱色、过滤、离子交换工艺去杂质，得到澄清透明的异麦芽酮糖醇溶液；再经浓缩、固化、结晶造粒、分筛工艺，即得到固体异麦芽酮糖醇	2008 年第 20 号
10	植物甾烷醇酯	食用量：< 5 克 / 天	无	使用范围：植物油、植物黄油、人造黄油、乳制品、植物蛋白饮料、调味品、沙拉酱、蛋黄酱、果汁、通心粉、面条和速食麦片； 不适宜人群：孕妇和 5 岁以下儿童	英文名称：Plant stanol ester； 来源：大豆油提取的甾醇和食用低芥酸菜籽油制取的脂肪酸甲酯	植物油甾醇经饱和工艺转化为植物甾烷醇，植物甾烷醇与脂肪酸甲酯进行酯化反应生成植物甾烷醇酯后再进行清洗、漂白和脱臭处理生产而成	
11	珠肽粉	食用量：≤ 3 克 / 天	无	使用范围：保健食品原料	英文名称：Globin Peptide； 来源：猪血红细胞	以检疫合格猪的血红细胞为原料，经黑曲霉蛋白酶酶解猪血红蛋白得到的寡肽混合物	
12	菊粉	食用量：≤ 15 克 / 天	无	使用范围：各类食品，但不包括婴幼儿食品	英文名称：Inulin； 来源：菊苣根（拉丁学名：*Cichorium intybus var. sativum*，*Asteraceae*）、菊芋	以菊苣根为原料，去除蛋白质和矿物质后，经喷雾干燥等步骤获得菊粉	2009 年第 5 号、2012 年第 16 号
13	多聚果糖	食用量：≤ 8.4 克 / 天	无	使用范围：儿童奶粉、孕产妇奶粉	英文名称：Polyfructo-se； 来源：菊苣根（拉丁学名：*Cichorium intybus var. sativum*，*Asteraceae*）	以菊苣根为原料，经提取过滤，去除蛋白质、矿物质及短链果聚糖，喷雾干燥等步骤制成多聚果糖	2009 年第 5 号
14	γ-氨基丁酸	食用量：≤ 500 毫克 / 天	无	使用范围：饮料、可可制品、巧克力和巧克力制品、糖果、焙烤食品、膨化食品，但不包括婴幼儿食品	英文名称：Gamma aminobutyric acid； 来源：L-谷氨酸钠	以 L-谷氨酸钠为原料经希氏乳杆菌（Lactoba-cillus hilgardii）发酵、加热杀菌、冷却、活性炭处理、过滤、加入调配辅料（淀粉）、喷雾干燥等步骤生产而成	2009 年第 12 号

续表 2

序号	食品名称	食用量或推荐食用量	标签要求	使用范围 / 不适宜人群 / 食用方法	产品基本信息	生产工艺	公告号
15	初乳碱性蛋白	食用量：≤ 100 毫克 / 天	无	使用范围：乳制品、含乳饮料、糖果、糕点、冰淇淋，但不包括婴幼儿食品	英文名称：Colostrum Basic Protein； 来源：牛初乳	以牛初乳为原料，经杀菌、脱脂、离心分离、去除酪蛋白、α- 乳白蛋白、β- 乳球蛋白，微滤、超滤、冷冻干燥等工艺而制成的	2009 年第 12 号
16	共轭亚油酸	食用量：< 6 克 / 天	无	使用范围：直接食用；脂肪、食用油和乳化脂肪制品，但不包括婴幼儿食品	英文名称：Conjugated Linoleic Acid； 主要成分：共轭亚油酸（C18：2），（主要的异构体为 9c，11t 和 10t，12c 的异构体）； 来源：红花籽油	以食品级的红花籽油为原料，通过共轭化反应将其中的亚油酸转化成共轭亚油酸	
17	共轭亚油酸甘油酯	食用量：< 6 克 / 天	无	使用范围：直接食用；乳及乳制品（纯乳除外）；脂肪、食用油和乳化脂肪制品；饮料类；冷冻饮品；可可制品、巧克力和巧克力制品以及糖果；杂粮粉及其制品；即食谷物、焙烤食品、咖啡，但不包括婴幼儿食品	英文名称：Conjugated Linoleic Acid Glycerides； 主要成分：共轭亚油酸甘油三酯； 来源：红花籽油	以食品级的红花籽油为原料，通过共轭化反应将其中的亚油酸转化成共轭亚油酸。然后以食品级脂肪酶为催化剂，将共轭亚油酸脂肪酸与甘油进行酯化，生成共轭亚油酸甘油酯	
18	杜仲籽油	食用量：≤ 3 毫升 / 天	无	使用范围：婴幼儿食品除外	英文名称：Eucommia ulmoides Oliv. Seed Oil； 来源：杜仲籽	以杜仲籽为原料，经去杂、分离壳仁，对籽仁进行物理压榨、过滤等工艺而制成	
19	茶叶籽油	食用量：≤ 15 克 / 天	无	使用范围：不包括婴幼儿食品	英文名称：Tea Came-llia Seed Oil； 来源：山茶科（Theaceae）植物茶（*Camellia sinensis OK.tez*）的种子	以茶叶籽为原料，经烘干、脱壳、脱色、脱臭等步骤而制成	2009 年第 18 号
20	盐藻及提取物	食用量：≤ 15 毫克 / 天（以 β- 胡萝卜素计）	产品的胡萝卜素含量 2%～8%，其标签、说明书标注为盐藻；产品的胡萝卜素含量≥ 8%，其标签、说明书标注为盐藻提取物	使用范围：不包括婴幼儿食品	英文名称：Dunaliella Salina（extract）； 种属：绿藻门、团藻目、盐藻属	盐藻藻种经养殖、藻液净化、离心分离、洗盐脱水、提纯等工艺而制成的半流体或粉状产品	
21	鱼油及提取物	食用量：≤ 3 克 / 天	DHA 含量 36～125mg/g，标签及说明书中标注鱼油；DHA 含量≥ 125mg/g，标签及说明书中标注鱼油提取物	无	英文名称：Fish Oil（extract）； 主要成分：二十二碳六烯酸（DHA）、二十碳五烯酸（EPA）； 来源：可食用海洋鱼	可食用海洋鱼经加热烹煮、压榨、离心、提纯、脱色、除臭等工艺而制成的油状液体或粉状产品	

续表 3

序号	食品名称	食用量或推荐食用量	标签要求	使用范围 / 不适宜人群 / 食用方法	产品基本信息	生产工艺	公告号
22	甘油二酯油	食用量：≤ 30 克 / 天	无	使用范围：不包括婴幼儿食品	英文名称：Diacylglycerol Oil; 主要成分：甘油二酯； 来源：大豆油、菜籽油、花生油、玉米油	以大豆油、菜籽油等为原料，以脂肪酶制剂、水、甘油等为主要辅料，通过脂肪酶催化，经蒸馏分离、脱色、脱臭等工艺而制成	2009 年第 18 号
23	地龙蛋白	食用量：≤ 10 克 / 天	标签、说明书中应标注“婴幼儿、少年儿童、孕产妇、过敏体质者不宜食用”	不适宜人群：婴幼儿、少年儿童、孕产妇、过敏体质者等人群	英文名称：Earthworm Protein; 来源：赤子爱胜蚓（*Eisenia foetida Savigny*）	以地龙（蚯蚓）经挑选洗涤、水解自溶、离心分离、微滤、喷雾干燥、包装等工艺制成	
24	乳矿物盐	食用量：≤ 5 克 / 天	无	使用范围：不包括婴幼儿食品	英文名称：Milk Minerals; 来源：乳清	以乳清为原料，经去除蛋白质、乳糖等成分而制成	
25	牛奶碱性蛋白	食用量：≤ 200 毫克 / 天	无	使用范围：不包括婴幼儿食品	英文名称：Milk Basic Protein; 来源：鲜牛乳	以鲜牛乳为原料，经脱脂、过滤、浓缩、去除酪蛋白等酸性蛋白、阳离子层析、冷冻干燥等工艺制成	
26	DHA 藻油	推荐食用量：≤ 300 毫克 / 天（以纯 DHA 计）	无	无	英文名称：DHA Algal Oil; 主要成分：二十二碳六烯酸（DHA）； 来源：裂壶藻（*Schizochytrium* sp.）、吾肯氏壶藻（*Ulkenia amoeb-oida*）、寇氏隐甲藻（*Crypthecodinium cohnii*）	以裂壶藻（或吾肯氏壶藻或寇氏隐甲藻）种为原料，通过发酵、分离、提纯等工艺生产 DHA	2010 年第 3 号
27	棉子低聚糖	食用量：≤ 5 克 / 天	无	使用范围：不包括婴幼儿食品	英文名称：Raffino-oligosaccharide; 主要成分：棉子糖； 来源：棉花的种子（棉籽）	以棉籽为原料，经浸油、脱酚、提糖、脱色、快速降温、干燥粉碎等步骤获得棉子低聚糖	
28	植物甾醇	食用量：≤ 2.4 克 / 天	无	使用范围：不包括婴幼儿食品	英文名称：Plant sterol; 来源：大豆油、菜籽油、玉米油、葵花籽油、塔罗油	利用大豆油等植物油馏分或者塔罗油为原料，通过皂化、萃取、结晶等工艺生产制得	
29	植物甾醇酯	食用量：≤ 3.9 克 / 天	无	使用范围：不包括婴幼儿食品	英文名称：Plant sterol ester; 来源：大豆油、菜籽油、玉米油、葵花籽油、塔罗油	利用大豆油等植物油馏分或塔罗油为原料，通过皂化、萃取、结晶等工艺得到植物甾醇，然后将植物甾醇和葵花籽油脂肪酸进行酯化生产得到植物甾醇酯	
30	花生四烯酸油脂	食用量：≤ 600 毫克 / 天（以纯花生四烯酸计）	无	无	英文名称：Arochidonic Acid Oil; 主要来源：花生四烯酸； 来源：高山被孢霉（*Mortierella alpine*）	以高山被孢霉为菌种，经发酵培养制得菌丝体，菌丝体经过滤、压榨、干燥、萃取及精制后得到花生四烯酸油脂	

续表 4

序号	食品名称	食用量或推荐食用量	标签要求	使用范围 / 不适宜人群 / 食用方法	产品基本信息	生产工艺	公告号
31	白子菜	无	无	无	拉丁名称：Gynura divaricata（L.）DC； 来源：人工种植的白子菜； 种属：菊科、土三七属； 食用部位：茎、叶	无	2010 年第 3 号
32	御米油	食用量：≤ 25 克 / 天	标签、说明书中应当标注不适宜人群和食用限量	使用范围：仅限用于食用油，不得再生产加工其他食品、食品添加剂； 不适宜人群：婴幼儿	英文名称：Poppyseed oil； 来源：罂粟的种子	罂粟籽经清理、去壳，采用压榨等方法制油，并经脱水、脱色、脱臭、精滤等工艺精制而成	
33	金花茶	食用量：≤ 20 克 / 天	标签、说明书中应当标注不适宜人群和食用限量	不适宜人群：婴幼儿、孕妇	英文名称：Camellia chrysantha（Hu）Tuyama； 来源：人工种植的金花茶； 种属：山茶科、山茶属； 食用部位：叶	无	2010 年第 9 号
34	显脉旋覆花（小黑药）	食用量：≤ 5 克 / 天	本品作为调味品使用，标签、说明书中应当标注不适宜人群和食用限量	使用范围：作为调味品使用； 不适宜人群：婴幼儿	英文名称：Inula nervo-sa wall.ex DC.； 来源：人工种植的显脉旋覆花； 种属：菊科、旋覆花属； 食用部位：根茎	以显脉旋覆花的干燥根茎为原料，经精选、清洗、干燥、机械粉碎等步骤生产而成	
35	诺丽果浆	无	无	使用范围：不包括婴幼儿食品	英文名称：Noni Pur-ee； 来源：海巴戟天（*Morinda citrifolia* L.）的果实；	优选的诺丽果放置后熟、洗净、打浆、去皮籽、杀菌后，灌装密封	
36	酵母 β - 葡聚糖（β-1，3 - /1，6 - 葡聚糖）	食用量：≤ 250 毫克 / 天	无	使用范围：不包括婴幼儿食品	英文名称：Yeast β - glucan； 主要成分：β -1，3-/1，6- 葡聚糖； 来源：酿酒酵母（*Saccharomyces cerevisiae*）	以酿酒酵母为原料，经提取、酸碱处理、喷雾干燥等步骤生产而成	
37	雪莲培养物	食用量：鲜品≤ 80 克 / 天，干品≤ 4 克 / 天	标签、说明书中应当标注不适宜人群和建议食用量	不适宜人群：婴幼儿、孕妇	英文名称：Tissue culture of Saussurea involucrata； 来源：菊科植物天山雪莲（*Saussurea involucrata*）的愈伤组织	选取雪莲离体组织，经脱分化形成的愈伤组织作为继代种子，给予一定条件进行继代培养而获得的团块状颗粒，或该颗粒经干燥粉碎得到的粉末	
38	玉米低聚肽粉	食用量：≤ 4.5 克 / 天	标签、说明书中应当标注不适宜人群和食用限量	不适宜人群：婴幼儿	英文名称：Corn oligo-peptides powder； 来源：玉米蛋白粉	以玉米蛋白粉为原料，经调浆、蛋白酶酶解、分离、过滤、喷雾干燥等工艺生产而成的	2010 年第 15 号

续表 5

序号	食品名称	食用量或推荐食用量	标签要求	使用范围 / 不适宜人群 / 食用方法	产品基本信息	生产工艺	公告号
39	磷脂酰丝氨酸	食用量：≤ 600 毫克 / 天	无	使用范围：不包括婴幼儿食品	英文名称：Phosphatidylserine； 来源：大豆	以大豆卵磷脂和 L- 丝氨酸为原料，采用磷脂酶转化反应后，纯化浓缩，再经过二次纯化，干燥后包装制得	2010 年第 15 号
40	雨生红球藻	食用量：≤ 0.8 克 / 天	无	使用范围：不包括婴幼儿食品	拉丁名称：*Haematococcus pluvialis*； 种属：绿藻门、团藻目、红球藻属	选育优良雨生红球藻藻种进行人工养殖，采收雨生红球藻孢子，经破壁、干燥等工艺制成	2010 年第 17 号
41	表没食子儿茶素没食子酸酯	食用量：≤ 300 毫克 / 天（以 EGCG 计）	标签、说明书中应当标注食用限量	使用范围：不包括婴幼儿食品	英文名称：Epigallocatechin Gallate（EGCG）； 来源：绿茶叶	绿茶叶经提取、层析分离、蒸发浓缩、真空蒸馏、冷却、结晶、干燥等工艺而制成	
42	翅果油	食用量：≤ 15 克 / 天	标签、说明书中应当标注食用限量	使用范围：不包括婴幼儿食品	英文名称：Elaeagnus Mollis Diels Oil； 来源：翅果油树种仁	以翅果仁为原料，经粉碎、萃取、过滤等工艺而制成	2011 年第 1 号
43	β- 羟基 -β- 甲基丁酸钙	食用量：≤ 3 克 / 天	标签、说明书中应当标注不适宜人群和食用限量	使用范围：运动营养食品、特殊医学用途配方食品、饮料、乳及乳制品、可可制品、糖果、烘焙食品； 不适宜人群：孕妇、哺乳期妇女、婴幼儿及儿童	英文名称：Calcium β - hydroxy - β - methyl butyrate（CaHMB）	以次氯酸钠、二丙酮醇、盐酸、乙酸乙酯、乙醇、氢氧化钙为主要原料，经氧化合成、酸化、萃取、中和反应、离心、干燥等步骤生产而成	2011 年第 1 号、2017 年第 7 号
44	元宝枫籽油	食用量：≤ 3 克 / 天	无	使用范围：不包括婴幼儿食品	英文名称：Acer truncatum Bunge Seed Oil； 来源：元宝枫树种仁	以元宝枫种仁为原料，经压榨、脱色、脱臭等工艺制成	2011 年第 9 号
45	牡丹籽油	食用量：≤ 10 克 / 天	无	使用范围：不包括婴幼儿食品	英文名称：Peony Seed Oil； 来源：丹凤牡丹（*Paeonia ostii T.Hong et J.X.Zhang*）和紫斑牡丹（*Paeonia rockii*）的籽仁	以牡丹籽仁为原料，经压榨、脱色、脱臭等工艺制成	
46	玛咖粉	食用量：≤ 25 克 / 天	标签、说明书中应当标注不适宜人群和食用限量	不适宜人群：婴幼儿、哺乳期妇女、孕妇不宜食用	英文名称：Lepidium meyenii Walp； 种属：人工种植的玛咖（十字花科独行菜属）； 食用部位：根茎	以玛咖为原料，经切片、干燥、粉碎、灭菌等步骤制成	2011 年第 13 号
47	蚌肉多糖	食用量：≤ 2.5 克 / 天	无	使用范围：调味品、汤料、饮料、冷冻食品	英文名称：Hyriopsis cumingii polysacchride； 来源：三角帆蚌（拉丁学名 *Hyriopsis cumingii*）	以三角帆蚌肉为原料，经提取、酶解、超滤、醇沉、干燥、粉碎等步骤制成	2012 年第 2 号

续表 6

序号	食品名称	食用量或推荐食用量	标签要求	使用范围 / 不适宜人群 / 食用方法	产品基本信息	生产工艺	公告号
48	中长链脂肪酸食用油	食用量：≤ 30 克 / 天	无	无	英文名称：Medium-and long-chain triacylglycerol oil； 来源：食用植物油、中链甘油三酯（来源于食用椰子油、棕榈仁油）	以食用植物油和中链甘油三酯为原料，通过脂肪酶进行酯交换反应，经蒸馏分离、脱色、脱臭等工艺而制成	2012 年第 16 号
49	小麦低聚肽	食用量：≤ 6 克 / 天	标签、说明书中应当标注不适宜人群	不适宜人群：婴幼儿	英文名称：Wheat oligopeptides； 来源：小麦谷朊粉	以小麦谷朊粉为原料，经调浆、蛋白酶酶解、分离、过滤、喷雾干燥等工艺制成	
50	人参（人工种植）	食用量：≤ 3 克 / 天	标签、说明书中应当标注不适宜人群和食用限量	不适宜人群：孕妇、哺乳期妇女及 14 周岁以下儿童	英文名称：Panax Ginseng C.A.Meyer； 来源：5 年及 5 年以下人工种植的人参； 种属：五加科、人参属； 食用部位：根及根茎	无	2012 年第 17 号
51	蛋白核小球藻	食用量：≤ 20 克 / 天	无	使用范围：不包括婴幼儿食品	拉丁名称：*Chlorella pyrenoidesa*； 种属：绿藻目、小球藻属	人工养殖的蛋白核小球藻经离心、洗涤、分离、干燥等工艺制成	2012 年第 19 号
52	乌药叶	食用量：≤ 5 克 / 天	标签、说明书中应当标注不适宜人群	不适宜人群：婴幼儿、儿童、孕期及哺乳期妇女	拉丁名称：*Linderae aggregate leaf*； 来源：樟科植物乌药（*Linde-rae aggregate*）； 食用部位：嫩叶	无	
53	辣木叶	无	无	无	拉丁名称：*Moringa oleifera leaf*； 来源：辣木（*Moringa oleifera*）； 食用部位：带柄的羽状复叶	无	
54	蔗糖聚酯	食用量：≤ 10.6 克 / 天	标签、说明书中应当标注不适宜人群和食用限量	不适宜人群：婴幼儿	英文名称：Sucrose Ployesters； 主要成分：蔗糖聚酯（6、7、8 酯）； 来源：大豆油	大豆油经精炼、氢化，与甲醇反应生成甲酯，甲酯和蔗糖在一定条件下再发生反应，生成蔗糖聚酯粗品；然后经精炼、水洗涤、干燥、蒸发等过程精制而成	
55	茶树花	无	无	无	拉丁名称：*Tea bloss-om*； 来源：山茶科山茶属茶树［*Camellia sinensis*（L.）*O.Kun-tze*］； 食用部位：花	无	2013 年第 1 号
56	盐地碱蓬籽油	无	无	使用范围：不包括婴幼儿食品	拉丁名称：*Suaeda salsa seed Oil*； 来源：藜科碱蓬属盐地碱蓬［*Suaeda salsa*（L.）pall］种子	以盐地碱蓬种子为原料，经萃取、脱色、过滤等工艺而制成	

续表 7

序号	食品名称	食用量或推荐食用量	标签要求	使用范围 / 不适宜人群 / 食用方法	产品基本信息	生产工艺	公告号
57	美藤果油	无	无	使用范围：不包括婴幼儿食品	拉丁名称：*Sacha Inchi Oil*; 来源：大戟科美藤果（*Plukenetia volubilis* L.）种子	以美藤果种子为原料，经脱壳、粉碎、压榨、过滤等工艺而制成	2013 年第 1 号
58	盐肤木果油	无	无	使用范围：不包括婴幼儿食品	拉丁名称：*Sumac Fruit Oil*; 来源：漆树科盐肤木属盐肤木（*Rhus chinensis* Mill.）果实	以盐肤木果实为原料，经气爆、压榨、浸提、过滤等工艺而制成	
59	广东虫草子实体	食用量：≤ 3 克 / 天	标签、说明书中应当标注不适宜人群	不适宜人群：婴幼儿、儿童及食用真菌过敏者	拉丁名称：*Cordyceps guangdongensis*; 来源：人工培养的广东虫草子实体； 种属：子囊菌亚纲、麦角菌科、虫草属	广东虫草菌种经接种、培养，采收子实体后烘干制成	
60	阿萨伊果	无	无	无	来源：棕榈科植物阿萨伊棕榈树（*Euterpe oleraceae* Mart.）的果实； 英文名称：Acai 中文译名：阿萨伊	无	
61	茶藨子叶状层菌发酵菌丝体	食用量：≤ 50 克 / 天	标签、说明书中应当标注不适宜人群和食用限量	不适宜人群：婴幼儿、儿童及食用真菌过敏者	来源：茶藨子叶状层菌［*Phylloporia ribis*（Schumach：Fr.）*Ryvarden*］，也称金银花菌	茶藨子叶状层菌（从金银花植株上分离）经接种培养、发酵、干燥、粉碎等步骤制得	
62	裸藻	无	无	使用范围：不包括婴幼儿食品	拉丁名称：*Euglena gracilis*，种属：裸藻门、裸藻目、裸藻属	无	2013 年第 10 号
63	1，6- 二磷酸果糖三钠盐	食用量：≤ 300 毫克 / 天	标签、说明书中应当标注不适宜人群和食用限量	使用范围：运动饮料； 不适宜人群：婴幼儿、孕妇	英文名称：D-Fructose 1，6-diphosphate trisodium salt; 来源：葡萄糖	以葡萄糖为原料，经酿酒酵母发酵后，经过离子交换、分离、浓缩、喷干等步骤而制成	
64	丹凤牡丹花	无	无	无	拉丁名称：*Paeonia ostii* T.Hong et J.X. Zhang; 来源：丹凤牡丹； 食用部位：花	无	
65	狭基线纹香茶菜	食用量：≤ 8 克 / 天	标签、说明书中应当标注不适宜人群和食用限量	使用范围：茶饮料类； 不适宜人群：婴幼儿、少年儿童及孕妇	拉丁名称：*Isodon lophanthoides*（*Buchanan-Hamilton ex D.Don*）H.Hara var. *gerardianus*（Bentham）H.Hara; 来源：人工种植的狭基线纹香茶菜； 种属：唇形科、香茶菜属	无	
66	长柄扁桃油	无	无	使用范围：不包括婴幼儿食品	英文名称：Amygdalus pedunculata Oil; 来源：蔷薇科桃属扁桃亚属长柄扁桃（*Amygdalus pedunculata* Pall.）种仁	以长柄扁桃种仁为原料，经炒制、冷榨、过滤等工艺而制成	

续表 8

序号	食品名称	食用量或推荐食用量	标签要求	使用范围 / 不适宜人群 / 食用方法	产品基本信息	生产工艺	公告号
67	光皮梾木果油	无	无	使用范围：不包括婴幼儿食品	英文名称：Swida wilsoniana Oil； 来源：山茱萸科梾木属光皮梾木（*Swida wilsoniana*）果实	以光皮梾木果实为原料，经压榨、过滤、脱色、脱臭等工艺而制成	2013 年第 10 号
68	青钱柳叶	无	无	食用方式：冲泡	拉丁名称：*Cyclocarya paliurus*； 来源：胡桃科植物青钱柳； 食用部位：叶	无	
69	低聚甘露糖	食用量：≤ 1.5 克 / 天	无	使用范围：不包括婴幼儿食品	英文名称：Mannan oligosaccharide（MOS）； 主要成分：甘露二糖—甘露十糖； 来源：魔芋粉	以魔芋粉为原料，经半纤维素酶酶解、分离、提纯生产而成	
70	显齿蛇葡萄叶	无	无	食用方式：冲泡	拉丁学名：*Ampelopsis grossedentata*； 来源：葡萄科蛇葡萄属显齿蛇葡萄； 食用部位：叶	无	2013 年第 16 号
71	磷虾油	食用量：≤ 3 克 / 天	标签、说明书中应当标注不适宜人群	不适宜人群：婴幼儿、孕妇、哺乳期妇女及海鲜过敏者	英文名称：Krill Oil； 来源：磷虾科磷虾属南极大磷虾（*Euphausia superba Dana*）	以磷虾为原料，经水洗、破碎、提取、浓缩、过滤等步骤制得	
72	壳寡糖	食用量：≤ 0.5 克 / 天	无	使用范围：不包括婴幼儿食品	英文名称：Chitosan Oligosaccharide； 主要成分：2～10 个聚合度的寡聚氨基葡萄糖； 来源：壳聚糖	以壳聚糖为原料，经木瓜蛋白酶（或木瓜蛋白酶和纤维素酶）酶解、过滤、喷雾干燥等工艺制成。2～10 个聚合度的寡聚氨基葡萄糖	2014 年第 6 号
73	水飞蓟籽油	无	无	使用范围：不包括婴幼儿食品	英文名称：Silybum marianum Seed oil； 来源：菊科水飞蓟属水飞蓟（*Silybum marianum*）籽	以水飞蓟籽为原料，经冷榨、过滤等工艺制成	
74	柳叶蜡梅	无	标签、说明书中应当标注不适宜人群	食用方式：冲泡； 不适宜人群：婴幼儿、孕妇	拉丁名称：*Chmonathus salicifolius* S.Y.H； 来源：人工种植的柳叶蜡梅； 种属：蜡梅科、蜡梅属； 食用部位：茎叶	无	
75	杜仲雄花	食用量：≤ 6 克 / 天	标签、说明书中应当标注不适宜人群	不适宜人群：婴幼儿、孕妇	拉丁名称：*Male flower of Eucommia ulmoides*； 来源：人工种植的杜仲雄株树（*Eucommia ulmoides* Oliv.）； 食用部位：雄花	无	

续表 9

序号	食品名称	食用量或推荐食用量	标签要求	使用范围 / 不适宜人群 / 食用方法	产品基本信息	生产工艺	公告号
76	塔格糖	无	无	使用范围：不包括婴幼儿食品	英文名称：Tagatose； 来源：半乳糖	以半乳糖为原料，经异构化、脱色、脱盐、浓缩、结晶等步骤制成	2014 年第 10 号
77	奇亚籽	无	无	使用范围：不包括婴幼儿食品	拉丁名称：*Chia seed*； 来源：唇形科鼠尾草属芡欧鼠尾草（*Salvia hispanica* L.）； 食用部位：种子	无	
78	圆苞车前子壳	无	无	使用范围：不包括婴幼儿食品	英文名称：Psyllium seed husk； 来源：人工种植的车前科车前属圆苞车前（*Plantago ovata*）； 食用部位：种子外壳	以圆苞车前种子外壳为原料，经碾磨后制得	
79	蛹虫草	无	标签、说明书中应当标注不适宜人群	不适宜人群：婴幼儿、儿童、食用真菌过敏者	拉丁名称：*Cordyceps militaris*； 来源：人工培养的蛹虫草子实体； 种属：子囊菌亚纲、麦角菌科、虫草属	接种蛹虫草菌种到培养基上进行人工培养，采收蛹虫草子实体，经烘干等步骤而制成	
80	植物甾烷醇酯	食用量：< 5 克 / 天	标签、说明书中应当标注不适宜人群	不适宜人群：孕妇和 5 岁以下儿童	英文名称：Plant stanol ester； 来源：植物油或塔罗油提取的甾醇和植物油制取的脂肪酸甲酯	植物油甾醇经饱和工艺转化为植物甾烷醇，植物甾烷醇与脂肪酸甲酯进行酯化反应生成植物甾烷醇酯后再进行清洗、漂白和脱臭处理生产而成	
81	线叶金雀花	无	无	食用方式：冲泡	拉丁学名：*Aspalathus Linearis*（Brum. f.）R.Dahlgren； 来源：南非的豆科（Legu-minosae）植物； 食用部位：叶子和细茎	无	2014 年第 12 号
82	茶叶茶氨酸	食用量：≤ 0.4 克 / 天	无	使用范围：不包括婴幼儿食品	英文名称：Theanine； 来源：山茶科山茶属茶树（*Camellia sinensis*）	以茶叶为原料，经提取、过滤、浓缩等工艺制成	2014 年第 15 号
83	番茄籽油	无	无	无	英文名称：Tomato Seed Oil； 来源：番茄籽	以番茄籽为原料，经萃取、精炼等工艺而制成	2014 年第 20 号
84	枇杷叶	食用量：≤ 10 克 / 天	无	无	拉丁学名：*Eriobotrya japonica*（Thunb.）Lindl.； 种属：蔷薇科、枇杷属； 食用部位：叶	无	
85	阿拉伯半乳聚糖	食用量：≤ 15 克 / 天	无	使用范围：不包括婴幼儿食品	英文名称：Arabinogalactan； 来源：落叶松	以落叶松木为原料，经切碎、热水提取、过滤、浓缩和干燥等工序制成	

续表 10

序号	食品名称	食用量或推荐食用量	标签要求	使用范围 / 不适宜人群 / 食用方法	产品基本信息	生产工艺	公告号
86	湖北海棠（茶海棠）叶	食用量：≤ 15 克 / 天	标签、说明书中应当标注不适宜人群	食用方式：冲泡； 不适宜人群：孕妇、哺乳期妇女及婴幼儿	拉丁学名：*Malus hup-ehensis*（Pamp.）Rehd. Leaf; 种属：蔷薇科、苹果属； 食用部位：叶	无	2014 年第 20 号
87	竹叶黄酮	食用量：≤ 2 克 / 天	无	使用范围：不包括婴幼儿食品	英文名称：Bamboo leaf flavone； 来源：禾本科刚竹属毛环竹（*Phyllostachys meyeri*）	以竹叶为原料，经水提、萃取、浓缩、喷雾干燥等工艺制成	
88	燕麦 β - 葡聚糖	食用量：≤ 5 克 / 天	无	使用范围：不包括婴幼儿食品	英文名称：Oat β - glucan； 主要成分：β - 1，3 - / 1，4 - 葡聚糖； 来源：燕麦麸	以燕麦麸为原料，经水解、提取、沉淀、干燥、灭菌等工艺制成	
89	低聚木糖	食用量：≤ 3.0 克 / 天（以木二糖—木七糖计）	无	使用范围：不包括婴幼儿食品	英文名称：Xylo-oligosaccharide； 主要成分：木二糖—木七糖； 来源：小麦秸秆、玉米秸秆（玉米芯）	以小麦秸秆或玉米秸秆为原料采用蒸汽爆破法或高压蒸煮法，经木聚糖酶酶解生产而成	
90	乳木果油	无	无	使用范围：巧克力、糖果、冰淇淋、烘焙产品及煎炸油，但不包括婴幼儿食品	英文名称：Shea butter（Sheanut oil，Shea oil）； 来源：山榄科乳油木树（*Butyrospermum parkii*）果仁	以乳油木树果仁为原料，经预处理压榨、浸提、脱乳木果胶和精炼等工艺而制成	2017 年第 7 号
91	（3R，3'R）- 二羟基 - β - 胡萝卜素	食用量：≤ 4 毫克 / 天（以（3R，3'R）- 二羟基 - β - 胡萝卜素计），通过微囊化和 / 或其他稀释工艺生产的低浓度（3R，3'R）- 二羟基 - β - 胡萝卜素，其食用量应当按产品浓度折合计算	无	使用范围：不包括婴幼儿食品	英文名称：Zeaxanthin； 主要成分：（3R，3'R）- 二羟基 - β - 胡萝卜素； 来源：万寿菊花（*Tagetes erecta* L.）	以万寿菊花来源的万寿菊油树脂为原料，经皂化、离心、过滤、干燥等工艺制成	

续表 11

序号	食品名称	食用量或推荐食用量	标签要求	使用范围 / 不适宜人群 / 食用方法	产品基本信息	生产工艺	公告号
92	宝乐果粉	推荐食用量：≤ 30 克 / 天	标签及说明书中应当标注不适宜人群	不适宜人群：婴幼儿	英文名称：Borojo powder； 来源：茜草科宝乐果（*Borojo patinoi Cuatrec*）的果实	以宝乐果的果肉为原料，经去皮、去籽，果胶酶酶解浓缩、喷雾干燥成粉	2017 年第 7 号
93	N- 乙酰神经氨酸	推荐食用量：≤ 500 毫克 / 天	无	无	英文名称：Sialic acid	以食品级葡萄糖和玉米浆为原料，经大肠埃希氏菌（菌株号 SA-8）发酵、过滤、灭菌、水解、提纯等工艺制成	
94	顺 -15-二十四碳烯酸	推荐食用量：≤ 300 毫克 / 天	标签及说明书中应当标注不适宜人群	使用范围：食用油、脂肪和乳化脂肪制品、固体饮料、乳制品、糖果、方便食品； 不适宜人群：婴幼儿不宜食用	英文名称：Cis-15-Tetracosenoic Acid； 来源：菜籽油	以菜籽油为原料，经过皂化、酸化、萃取、分离、结晶、干燥等工艺制得	
95	西兰花种子水提物	推荐食用量：≤ 1.8 克 / 天	无	使用范围：不包括婴幼儿食品	英文名称：Aqueous Extract of Seed of Broccoli； 来源：十字花科西兰花（*Brassica oleracea* var. *italica Plenck*）的种子	西兰花种子经热水提取、固液分离、浓缩、喷雾干燥等步骤制成	
96	米糠脂肪烷醇	推荐食用量：≤ 300 毫克 / 天	标签及说明书中应当标注不适宜人群	不适宜人群：婴幼儿、孕妇	英文名称：Rice bran fatty alcohol； 来源：米糠； 主要成分：二十八碳脂肪烷醇、三十碳脂肪烷醇、三十二碳脂肪烷醇	以米糠为原料制得米糠蜡经皂化、提取、过滤等工艺制成	
97	γ- 亚麻酸油脂（来源于刺孢小克银汉霉）	推荐食用量：≤ 6 克 / 天	无	无	英文名称：Gamma-linolenic Acid Oil； 来源：刺孢小克银汉霉（*Cunninghamella echinulata*（*Thaxter*）*Thaxter*）	以刺孢小克银汉霉为菌种，经发酵培养制得菌丝体，菌丝体经过滤、干燥、萃取及精制后制得	
98	β - 羟基 - β - 甲基丁酸钙	食用量：≤ 3 克 / 天	标签、说明书中应当标注不适宜人群和食用限量	使用范围：饮料、乳及乳制品、可可制品、巧克力及巧克力制品、糖果、烘焙食品、运动营养食品、特殊医学用途配方食品； 不适宜人群：婴幼儿、儿童、孕妇及哺乳期妇女	英文名称：Calcium β - hydroxy - β - methyl butyrate（CaHMB）	以次氯酸钠、二丙酮醇、盐酸、乙酸乙酯、乙醇、氢氧化钙为主要原料，经氧化合成、酸化、萃取、中和反应、离心、干燥等步骤生产而成	

续表 12

序号	食品名称	食用量或推荐食用量	标签要求	使用范围 / 不适宜人群 / 食用方法	产品基本信息	生产工艺	公告号
99	木姜叶柯	推荐食用量：≤ 10 克 / 天（以干品计）	标签及说明书中应当标注不适宜人群	食用方式：冲泡； 不适宜人群：婴幼儿	英文名称：Lithocarpus litseifolius folium； 来源：壳斗科柯属木姜叶柯 [*Lithocarpus litseifolius*（*Hance*）*Chun*]； 食用部位：嫩叶（芽）	以壳斗科柯属木姜叶柯 [Lithocarpus litseifolius（Hance）Chun] 的嫩叶（芽）为原料，经杀青、揉捻、烘干等步骤生产而成	2017 年第 7 号
100	黑果腺肋花楸果	推荐食用量：≤ 10 克 / 天（以鲜品计）	标签及说明书中应当标注不适宜人群	不适宜人群：婴幼儿、孕妇及哺乳期妇女	来源：蔷薇科、腺肋花楸属黑果腺肋花楸 [*Aronia melanocarpa*（Michx.）*Elliott*]； 食用部位：果实	无	2018 年第 10 号
101	球状念珠藻（葛仙米）	推荐食用量：≤ 3 克 / 天（以干品计）	标签及说明书中应当标注不适宜人群	不适宜人群：婴幼儿、孕妇及哺乳期妇女	拉丁名称：Nostoc sphaeroides； 种属：念珠藻科、念珠藻属	无	
102	明日叶	推荐食用量：鲜品≤ 50 克 / 天（干品推荐食用量以鲜品折算）	标签及说明书中应当标注不适宜人群	不适宜人群：婴幼儿、孕妇及哺乳期妇女	英文名称：Ashitaba stem and leaf； 来源：伞形科、当归属明日叶（*Angelica keiskei*）； 食用部位：茎和叶	无	2019 年第 2 号
103	枇杷花	推荐食用量：干品≤ 8 克 / 天	标签及说明书中应当标注不适宜人群	不适宜人群：婴幼儿、孕妇及哺乳期妇女	英文名称：Loquat flower； 来源：蔷薇科、枇杷属枇杷 [*Eriobotrya japonica*（Thunb.）*Lindl.*]； 食用部位：花	以枇杷花为原料，经去梗、清洗、烘干等工艺制成	
104	赶黄草	推荐食用量：≤ 8 克 / 天	标签、说明书中应当标注不适宜人群	食用方式：泡饮； 不适宜人群：婴幼儿、少年儿童、孕妇及哺乳期妇女	拉丁名称：*Penthorumchinense* Pursh.； 种属：虎耳草科、扯根菜属； 食用部位：茎和叶	由人工种植的赶黄草的茎和叶经拣选、净制、淋润、切制、干燥等工艺制成	2020 年第 4 号
105	蝉花子实体（人工培植）	推荐食用量：≤ 3 克 / 天（以干品计）	标签及说明书中应当标注不适宜人群	不适宜人群：婴幼儿、孕妇、哺乳期妇女及食用菌过敏者	来源：人工培养的蝉花子实体； 种属：虫草科、棒束孢属	将蝉花（即蝉棒束孢）（*Isaria cicadae* Miq.）菌种接种到培养基上进行人工培养，经采收子座（即孢梗束）、干燥等工艺制成	2020 年第 9 号

续表 13

序号	食品名称	食用量或推荐食用量	标签要求	使用范围 / 不适宜人群 / 食用方法	产品基本信息	生产工艺	公告号
106	透明质酸钠	推荐食用量：≤ 200 毫克 / 天	标签及说明书中应当标注不适宜人群，并标注推荐食用量≤ 200 毫克 / 天	使用范围：乳及乳制品，饮料类，酒类，可可制品、巧克力和巧克力制品以及糖果，冷冻饮品； 推荐最大使用量：乳及乳制品（0.2g/kg），饮料类（液体饮料≤ 50 mL 包装 2.0 g/kg，51～500 mL 包装 0.20 g/kg，固体饮料按照冲调后液体体积折算），酒类（1.0 g/kg），可可制品、巧克力和巧克力制品（包括代可可脂巧克力及制品）以及糖果（3.0 g/kg），冷冻饮品（2.0 g/kg）； 不适宜人群：婴幼儿、孕妇及哺乳期妇女	来源：马链球菌兽疫亚种（*Streptococcus equi* subsp.*zooepidemicus*）	以葡萄糖、酵母粉、蛋白胨等为培养基，由马链球菌兽疫亚种经发酵生产而成	2020 年第 9 号
107	β-1,3/α-1,3- 葡聚糖	推荐食用量：≤ 3 克 / 天	标签、说明书中应当标注不适宜人群	不适宜人群：婴幼儿、孕妇及哺乳期妇女	英文名称：β-1,3/α-1,3-glucan； 来源：蔗糖	以蔗糖为原料，经普沙根瘤菌（Rhizobium pusense）发酵、醇沉、过滤、分离、干燥、粉碎等工艺制成	2021 年第 5 号
108	二氢槲皮素	推荐食用量：≤ 100 毫克 / 天	标签、说明书中应当标注不适宜人群	使用范围：饮料，发酵乳和风味发酵乳，可可制品、巧克力和巧克力制品； 最大使用量：饮料（20mg/L），发酵乳和风味发酵乳（20mg/kg），可可制品、巧克力和巧克力制品（70mg/kg）； 不适宜人群：婴幼儿、儿童（14 岁及以下）、孕妇、哺乳期妇女	英文名称：Dihydroquercetin； 来源：松科、落叶松亚科、落叶松属、落叶松组长白落叶松根部	以人工种植的长白落叶松的根部为原料，经去皮、撕裂处理，进行提取、浓缩、醇沉、上清液浓缩、萃取、再浓缩、结晶、离心分离、冷冻真空干燥、粉碎过筛等工艺制成	
109	拟微球藻	推荐食用量：≤ 2 克 / 天（以干品计）	标签及说明书中应当标注不适宜人群	不适宜人群：婴幼儿、孕妇及哺乳期妇女	英文名称：Nannochloropsis gaditana； 种属：单胞藻科、拟微球藻属	经接种、培养、浓缩、干燥等工艺制成	

续表 14

序号	食品名称	食用量或推荐食用量	标签要求	使用范围 / 不适宜人群 / 食用方法	产品基本信息	生产工艺	公告号
110	食叶草	无	标签、说明书中应当标注不适宜人群	不适宜人群：婴幼儿、孕妇、哺乳期妇女	拉丁名称：*Rumexpatientia* L. × *Rumex tianshanicus* A. Los； 种属：蓼科、酸模属； 食用部位：茎和叶	无	2021 年第 9 号
111	关山樱花	无	标签及说明书中应当标注不适宜人群	不适宜人群：婴幼儿、孕妇、哺乳期妇女	英文名称：Kanzan flowe，蔷薇科李亚科樱属关山樱（*Cerasus serrulate 'Sekiyama'*）的花	采集花期为花蕾开放 3/4 以上至全开	2022 年第 1 号
112	吡咯并喹啉醌二钠盐	推荐食用量：≤ 20 毫克 / 天	标签、说明书中应当标注不适宜人群	使用范围：饮料，发酵乳和风味发酵乳，可可制品、巧克力和巧克力制品； 最大使用量：饮料（40mg/kg，固体饮料按照冲调后液体质量折算）； 不适宜人群：婴幼儿、孕妇、哺乳期妇女	英文名称：Pyrroloquinoline quinone disodium（PQQ）salt	以 6- 氨基 -5- 甲氧基 -1H- 吲哚 -2- 羧酸乙酯和 2- 氧代戊烯二酸二甲酯为原料，经偶联成环反应、喹啉环的形成、氧化反应、酯水解反应以及精制等工艺制成	
113	莱茵衣藻	无	无	使用范围：婴幼儿食品	拉丁名称：*Chlamydomonas reinhardtii*； 种属：衣藻科、衣藻属	经藻种培养、发酵罐异养扩大培养、干燥等工艺制成	2022 年第 2 号
114	甘蔗多酚	推荐食用量：≤ 1 克 / 天（粉体）；≤ 10 克 / 天（液体）（总多酚含量为 200g/kg 的粉体推荐食用量为 1 克 / 天，总多酚含量为 14.8g/kg 的液体推荐食用量为 10 克 / 天，超过上述含量的按照实际含量折算）	标签、说明书中应当标注不适宜人群	不适宜人群：婴幼儿、孕妇、哺乳期妇女	英文名称：Sugarcane Polyphenol	以甘蔗为原料，经压榨、过滤、提取，且除去多余糖分和盐分后得到甘蔗糖蜜，再以水、乙醇为提取溶剂，经过滤、真空浓缩、离子交换和喷雾干燥等工艺制成粉体；或经过滤、真空蒸馏等工艺制成液体	

续表 15

序号	食品名称	食用量或推荐食用量	标签要求	使用范围 / 不适宜人群 / 食用方法	产品基本信息	生产工艺	公告号
115	蓝莓花色苷	推荐食用量：≤ 800 毫克 / 天	标签、说明书中应当标注不适宜人群和食用限量	使用范围和最大使用量：乳及乳制品（调制乳和风味发酵乳 0.8g/kg，调制乳粉按照冲调后液体质量折算，干酪、再制干酪、干酪制品、炼乳按照生乳原料倍数折算），饮料类（液体饮料 0.8g/kg，固体饮料按照冲调后液体质量折算），果冻（14g/kg），可可制品、巧克力和巧克力制品（包括代可可脂巧克力及制品）（14g/kg），糖果（40g/kg），冷冻饮品（8g/kg），焙烤食品（4g/kg），酒类（4g/kg）。适用于乳及乳制品，饮料类，果冻，可可制品、巧克力和巧克力制品，糖果，冷冻饮品，焙烤食品，酒类； 不适宜人群：婴幼儿、孕妇、哺乳期妇女	英文名称：Blueberry anthocyanins； 来源：杜鹃花科越橘属蓝莓（*Vaccinium corymbosum* L.）	以蓝莓果实为原料，经酶解、水提取、纯化、浓缩、干燥等工艺制成	2023 年第 3 号
116	黑麦花粉	推荐食用量：≤ 1.5 克 / 天	标签、说明书中应当标注不适宜人群和食用限量	不适宜人群：婴幼儿、孕妇、哺乳期妇女，以及花粉过敏者	英文名称：Rye poll-en； 来源：禾本科黑麦属植物黑麦（*Secale Cereale* L.）	以黑麦为基原植物，经过花粉采收、干燥、分离等工艺制成	
117	文冠果种仁	无	标签、说明书中应当标注不适宜人群	不适宜人群：婴幼儿、孕妇、哺乳期妇女	英文名称 Yellowhorn seed kernel； 来源：无患子科文冠果属文冠果（*Xantho-cerassor-bifolium Bunge*）的种子	以文冠果种子为原料，经干燥、磁选、脱壳、筛选等工艺制成	2023 年第 5 号
118	文冠果叶	推荐食用量：≤ 6 克 / 天	标签、说明书中应当标注不适宜人群	食用方式：泡饮； 不适宜人群：婴幼儿、孕妇、哺乳期妇女	英文名称 Yellowhorn leaf； 来源：无患子科文冠果属文冠果（*Xantho-cerassorbi-folium Bunge*）的嫩叶	以文冠果嫩叶为原料，经杀青、揉捻、干燥等工艺制成	
119	桃胶	推荐食用量：≤ 30 克 / 天	标签、说明书中应当标注不适宜人群和食用限量	不适宜人群：婴幼儿、孕妇、哺乳期妇女	无	以蔷薇科李属植物桃树［*Prunus persica*（L.）*Batsch*］分泌的胶状物为原料，经采摘、分选、晾晒、清洗、干燥等工艺制成	2023 年第 8 号

续表 16

序号	食品名称	食用量或推荐食用量	标签要求	使用范围 / 不适宜人群 / 食用方法	产品基本信息	生产工艺	公告号
120	油莎豆	无	无	无	基源植物：莎草科莎草属植物油莎草（*Cyperusesculentus* L.var.*sativus* Boeck.），油莎豆为其地下块茎	无	2023 年第 8 号
121	吡咯并喹啉醌二钠盐	推荐食用量：≤ 20 毫克 / 天（即含量为 98% 的吡咯并喹啉醌二钠盐推荐食用量为≤ 20 毫克 / 天，超过该含量的按照实际含量折算）	标签、说明书中应当标注不适宜人群和食用限量	不适宜人群：婴幼儿、孕妇、哺乳期妇女	无	以食葡萄糖食甲基菌（Methylovorus glucosotrophus）为发酵菌种，经发酵、提取、纯化、结晶、干燥等工艺制成	
122	巴拉圭冬青叶（马黛茶叶）	无	标签、说明书中应当标注不适宜人群	食用方式：泡饮； 不适宜人群：婴幼儿、孕妇、哺乳期妇女	英文名称：Yerba mate； 来源：冬青科冬青属植物巴拉圭冬青（*Ilex paraguariensis* A.St.-Hil.）的叶	以巴拉圭冬青的叶为原料，经采摘、烘烤、切碎、干燥等工艺制成	2023 年第 10 号
123	酵母蛋白	无	标签、说明书中应当标注不适宜人群	不适宜人群：婴幼儿、孕妇、哺乳期妇女	英文名称：Yeast protein	以酿酒酵母（*Saccharomyces Cerevisiae*）为菌种，经培养、发酵、离心后收集获得菌体原料，经去除核酸、离心、酶解、提取、纯化、分离、灭菌、干燥等工艺制成	
124	儿茶素	推荐食用量：≤ 300 毫克 / 天（以儿茶素类总量计），本产品与 2010 年第 17 号公告中表没食子儿茶素没食子酸酯（EGCG）同时使用和食用时，推荐总摄入量≤ 300 毫克 / 天（以儿茶素类总量计）	标签、说明书中应当标注不适宜人群和食用限量	使用范围和最大使用量：饮料（0.6g/kg，固体饮料按照冲调后液体质量折算），糖果（0.2g/kg）； 不适宜人群：婴幼儿、孕妇、哺乳期妇女	英文名称：Catechins； 来源：山茶科山茶属植物茶［*Camellia sinensis*（L.）O. Ktze.］的叶	以茶叶为原料，经醇提取、浓缩、分离、萃取、酶解、浓缩、干燥等工艺制成	

续表 17

序号	食品名称	食用量或推荐食用量	标签要求	使用范围 / 不适宜人群 / 食用方法	产品基本信息	生产工艺	公告号
125	石斛原球茎	推荐食用量：干品≤ 3.5 克 / 天	标签、说明书中应当标注不适宜人群和食用限量	不适宜人群：婴幼儿、孕妇和哺乳期妇女	英文名称：Dendrobium protocorm; 来源：兰科石斛属铁皮石斛 (Dendrobium oficinale Kimura etMigo) 或霍山石斛 (Dendrobium huoshanense C.Z. Tang etS.J. Cheng)	以铁皮石斛或霍山石斛的种子或茎部为原料，经组织培养获得原球茎，再经收集、干燥等工艺制成	2024 第 2 号
126	(3R,3'S)–二羟基 –β–胡萝卜素	推荐食用量：≤ 8 毫克 / 天［以（3R,3'S）–二羟基 –β–胡萝卜素计］	无	使用范围：不包括婴幼儿食品	英文名称：Meso–zeaxanthin; 来源：万寿菊 (Tagetes erecta L.)	以天然万寿菊的花为原料，经脱水、粉碎、提取、异构化、纯化、干燥等工艺制成	
127	L–α– 甘磷酸胆碱	推荐食用量：≤ 600 毫克 / 天（以干基计）	标签、说明书中应当标注不适宜人群和食用限量	不适宜人群：婴幼儿、孕妇和哺乳期妇女	英文名称：L–alpha–Glycerylphosphorylcholine	以多聚磷酸、氯化胆碱、R–3– 氯 –1,2– 丙二醇、氢氧化钠和水为原料，经缩合和酯化反应后，再经脱色、除杂、浓缩、精制、干燥等工艺制成	
128	阿拉伯木聚糖	推荐食用量：≤ 15 克 / 天（以阿拉伯木聚糖含量 85g/100g 计，超过该含量的按照实际含量折算）	标签、说明书中应当标注不适宜人群和食用限量	不适宜人群：婴幼儿、孕妇和哺乳期妇女	英文名称：Arabinoxylan	以甘蔗渣为原料，经清洗、压榨、氢氧化钠提取、沉淀、纯化、干燥等工艺制成	2024 第 3 号
129	N– 乙酰氨基葡萄糖	推荐食用量：≤ 500 毫克 / 天（以干基计）	标签、说明书中应当标注不适宜人群和食用限量	不适宜人群：婴幼儿、孕妇和哺乳期妇女	英文名称：N–acetylglucosamine	以葡萄糖、玉米浆干粉、硫酸铵、磷酸二氢钾、硫酸镁为原料，经谷氨酸棒杆菌 RDG–2110（Corynebacterium glutamicum RDG–2110）发酵、过滤、浓缩、结晶、离心、醇洗、干燥等工艺制成	
130	拟微球藻油	推荐食用量：≤ 2 克 / 天	标签、说明书中应当标注不适宜人群和食用限量	不适宜人群：婴幼儿、孕妇和哺乳期妇女	英文名称：Nannochloropsis gaditana oil； 来源：拟微球藻 (Nannochloropsis gaditana)	以拟微球藻 (Nannochloropsis gaditana) 为原料，经乙醇提取、过滤、纯化、浓缩等工艺制成	2024 年第 5 号

续表 18

序号	食品名称	食用量或推荐食用量	标签要求	使用范围 / 不适宜人群 / 食用方法	产品基本信息	生产工艺	公告号
131	前花青素	推荐食用量：≤150 毫克 / 天（以前花青素含量 50 g/100 g 计，超过该含量的按照实际含量折算）	标签、说明书中应当标注不适宜人群和食用限量	使用范围和最大使用量：乳及乳制品（调制乳和风味发酵乳 0.2g/kg，乳粉及其调制品按照冲调后液体质量折算），饮料类（液体饮料 0.08g/kg，固体饮料按照冲调后液体质量折算），果冻（1.4g/kg）； 不适宜人群：婴幼儿、孕妇和哺乳期妇女	英文名称：Procyanidins； 来源：松科松属植物海岸松（Pinus pinaster Aiton）的树皮	以海岸松的树皮为原料，经研磨、乙醇提取、过滤、浓缩、干燥等工艺制成	2024 年第 5 号
132	金花茶培养物	推荐食用量：≤1.5 克 / 天	标签、说明书中应当标注不适宜人群和食用限量	不适宜人群：婴幼儿、孕妇和哺乳期妇女	英文名称：Camellia petelotii culture； 来源：山茶科山茶属植物金花茶［（Camellia petelotii (Merrill) Sealy，曾用名 Camellia chrysantha (Hu) Tuyama）］	以金花茶的叶为原料，经消毒、愈伤组织诱导、培养、收集、干燥、粉碎等工艺制成	2024 年第 6 号
133	甜叶菊多酚	推荐食用量：≤500 毫克 / 天（以总多酚含量 40g/100g 计，超过该含量的按照实际含量折算）	标签、说明书中应当标注不适宜人群和食用限量	使用范围和最大使用量：乳及乳制品（调制乳和风味发酵乳 0.5g/kg，调制乳粉按照冲调后液体质量折算，干酪、再制干酪、干酪制品、炼乳按照生乳原料倍数折算），饮料类（液体饮料≤ 50 mL 包装 5 g/kg，51-500mL 包装 0.5g/kg，固体饮料按照冲调后液体质量折算），果冻（8g/kg），可可制品、巧克力和巧克力制品（包括代可可脂巧克力及制品）（8g/kg），糖果（25 g/kg），冷冻饮品（5g/kg），酒类（2.5g/kg），蜜饯（5g/kg）； 不适宜人群：婴幼儿、孕妇和哺乳期妇女	英文名称：Stevia polyphenols； 来源：菊科甜菊属植物甜叶菊（Stevia rebaudiana Bertoni）的叶	以甜叶菊的叶为原料，经乙醇提取、过滤、纯化、浓缩、干燥等工艺制成	2025 年第 1 号
134	柠檬香桃叶	无	标签、说明书中应当标注不适宜人群	不适宜人群：婴幼儿、孕妇和哺乳期妇女	英文名称：Lemon myrtle leaf； 来源：桃金娘科檬香桃属植物柠檬香桃（Backhousia citriodora F. Muell.）的叶	以柠檬香桃的叶为原料，经采摘、筛选、清洗、干燥等工艺制成	

续表 19

序号	食品名称	食用量或推荐食用量	标签要求	使用范围 / 不适宜人群 / 食用方法	产品基本信息	生产工艺	公告号
135	马基莓花色苷	推荐食用量：≤ 900 毫克 / 天（以总花色苷含量 35g/100g 计，超过该含量的按照实际含量折算）	标签、说明书中应当标注不适宜人群和食用限量	使用范围和最大使用量：乳及乳制品（调制乳和风味发酵乳 0.8 g/kg，乳粉及调制乳粉按照冲调后液体质量折算），饮料类（液体饮料≤ 50ml 包装 8g/kg，51~500ml 包装 0.8 g/kg，固体饮料按照冲调后液体质量折算），果冻（14g/kg），可可制品、巧克力和巧克力制品（包括代可可脂巧克力及制品）（14 g/kg），糖果（40g/kg），冷冻饮品（8g/kg），焙烤食品（4g/kg），酒类（4g/kg）； 不适宜人群：婴幼儿、孕妇和哺乳期妇女	英文名称：Maqui berry anthocyanins； 来源：杜英科酒果属植物马基莓（Aristotelia chilensis）的果实	以马基莓的果实为原料，经水提取、过滤、纯化、浓缩、干燥等工艺制成	2025 年第 1号
136	小麦极性脂质	推荐食用量：≤ 30 毫克 / 天（以双半乳糖甘油二酯含量 40 g/100g 计，超过该含量的按照实际含量折算）	标签、说明书中应当标注不适宜人群和食用限量	使用范围和最大使用量：饮料类（液体饮料≤ 50mL 包装 0.6g/kg，51~500mL 包装 0.06 g/kg，固体饮料按照冲调后液体质量折算）； 不适宜人群：婴幼儿、孕妇和哺乳期妇女	英文名称：Wheat polar lipids	以小麦粉为原料，经乙醇提取、丙酮沉淀、分离、干燥、粉碎等工艺制成	
137	β－羟基－β－甲基丁酸钙	推荐食用量：≤ 6 克 / 天	标签、说明书中应当标注不适宜人群和食用限量	使用范围：饮料、乳及乳制品、可可制品、巧克力及巧克力制品、糖果、烘焙食品、运动营养食品、特殊医学用途配方食品； 不适宜人群：婴幼儿、儿童、孕妇和哺乳期妇女	英文名称：Calcium β-hydroxy-β-methyl butyrate (CaHMB)	以次氯酸钠、二丙酮醇、盐酸、乙酸乙酯、乙醇、氢氧化钙为主要原料，经氧化合成、酸化、萃取、中和反应、离心、干燥等工艺制成	

CHAPTER 5

第五章

进口预包装食品标签相关标准、公告及文件

中华人民共和国国家标准

GB 7718—2011

食品安全国家标准
预包装食品标签通则

2011-04-20 发布　　2012-04-20 实施

中华人民共和国卫生部　发布

前　言

本标准代替 GB 7718—2004《预包装食品标签通则》。

本标准与 GB 7718—2004 相比，主要变化如下：

——修改了适用范围；

——修改了预包装食品和生产日期的定义，增加了规格的定义，取消了保存期的定义；

——修改了食品添加剂的标示方式；

——增加了规格的标示方式；

——修改了生产者、经销者的名称、地址和联系方式的标示方式；

——修改了强制标示内容的文字、符号、数字的高度不小于 1.8mm 时的包装物或包装容器的最大表面面积；

——增加了食品中可能含有致敏物质时的推荐标示要求；

——修改了附录 A 中最大表面面积的计算方法；

——增加了附录 B 和附录 C。

食品安全国家标准　预包装食品标签通则

1　范围

本标准适用于直接提供给消费者的预包装食品标签和非直接提供给消费者的预包装食品标签。

本标准不适用于为预包装食品在储藏运输过程中提供保护的食品储运包装标签、散装食品和现制现售食品的标识。

2　术语和定义

2.1　预包装食品

预先定量包装或者制作在包装材料和容器中的食品，包括预先定量包装以及预先定量制作在包装材料和容器中并且在一定量限范围内具有统一的质量或体积标识的食品。

2.2　食品标签

食品包装上的文字、图形、符号及一切说明物。

2.3　配料

在制造或加工食品时使用的，并存在（包括以改性的形式存在）于产品中的任何物质，包括食品添加剂。

2.4　生产日期（制造日期）

食品成为最终产品的日期，也包括包装或灌装日期，即将食品装入（灌入）包装物或容器中，形成最终销售单元的日期。

2.5　保质期

预包装食品在标签指明的贮存条件下，保持品质的期限。在此期限内，产品完全适于销售，并保持标签中不必说明或已经说明的特有品质。

2.6　规格

同一预包装内含有多件预包装食品时，对净含量和内含件数关系的表述。

2.7　主要展示版面

预包装食品包装物或包装容器上容易被观察到的版面。

3　基本要求

3.1　应符合法律、法规的规定，并符合相应食品安全标准的规定。

3.2　应清晰、醒目、持久，应使消费者购买时易于辨认和识读。

3.3　应通俗易懂、有科学依据，不得标示封建迷信、色情、贬低其他食品或违背营养科学常识的内容。

3.4　应真实、准确，不得以虚假、夸大、使消费者误解或欺骗性的文字、图形等方式介绍食品，也不得利用字号大小或色差误导消费者。

3.5　不应直接或以暗示性的语言、图形、符号，误导消费者将购买的食品或食品的某一性质与另一产品混淆。

3.6　不应标注或者暗示具有预防、治疗疾病作用的内容，非保健食品不得明示或者暗示具有保健作用。

3.7　不应与食品或者其包装物（容器）分离。

3.8　应使用规范的汉字（商标除外）。具有装饰作用的各种艺术字，应书写正确，易于辨认。

3.8.1　可以同时使用拼音或少数民族文字，拼音不得大于相应汉字。

3.8.2　可以同时使用外文，但应与中文有对应关系（商标、进口食品的制造者和地址、国外经销者的名称和地址、网址除外）。所有外文不得大于相应的汉字（商标除外）。

3.9　预包装食品包装物或包装容器最大表面面积大于 $35cm^2$ 时（最大表面面积计算方法见附录 A），强制标示内容的文字、符号、数字的高度不得小于 1.8mm。

3.10　一个销售单元的包装中含有不同品种、多个独立包装可单独销售的食品，每件独立包装的食品标识应当分别标注。

3.11　若外包装易于开启识别或透过外包装物能清晰地识别内包装物（容器）上的所有强制标示内容或部分强制标示内容，可不在外包装物上重复标示相应的内容；否则应在外包装物上按要求标示所有强制标示内容。

4 标示内容

4.1 直接向消费者提供的预包装食品标签标示内容

4.1.1 一般要求

直接向消费者提供的预包装食品标签标示应包括食品名称、配料表、净含量和规格、生产者和（或）经销者的名称、地址和联系方式、生产日期和保质期、贮存条件、食品生产许可证编号、产品标准代号及其他需要标示的内容。

4.1.2 食品名称

4.1.2.1 应在食品标签的醒目位置，清晰地标示反映食品真实属性的专用名称。

4.1.2.1.1 当国家标准、行业标准或地方标准中已规定了某食品的一个或几个名称时，应选用其中的一个，或等效的名称。

4.1.2.1.2 无国家标准、行业标准或地方标准规定的名称时，应使用不使消费者误解或混淆的常用名称或通俗名称。

4.1.2.2 标示“新创名称”“奇特名称”“音译名称”“牌号名称”“地区俚语名称”或“商标名称”时，应在所示名称的同一展示版面标示 4.1.2.1 规定的名称。

4.1.2.2.1 当“新创名称”“奇特名称”“音译名称”“牌号名称”“地区俚语名称”或“商标名称”含有易使人误解食品属性的文字或术语（词语）时，应在所示名称的同一展示版面邻近部位使用同一字号标示食品真实属性的专用名称。

4.1.2.2.2 当食品真实属性的专用名称因字号或字体颜色不同易使人误解食品属性时，也应使用同一字号及同一字体颜色标示食品真实属性的专用名称。

4.1.2.3 为不使消费者误解或混淆食品的真实属性、物理状态或制作方法，可以在食品名称前或食品名称后附加相应的词或短语。如干燥的、浓缩的、复原的、熏制的、油炸的、粉末的、粒状的等。

4.1.3 配料表

4.1.3.1 预包装食品的标签上应标示配料表，配料表中的各种配料应按 4.1.2 的要求标示具体名称，食品添加剂按照 4.1.3.1.4 的要求标示名称。

4.1.3.1.1 配料表应以“配料”或“配料表”为引导词。当加工过程中所用的原料已改变为其他成分（如酒、酱油、食醋等发酵产品）时，可用“原料”或“原料与辅料”代替“配料”“配料表”，并按本标准相应条款的要求标示各种原料、辅料和食品添加剂。加工助剂不需要标示。

4.1.3.1.2 各种配料应按制造或加工食品时加入量的递减顺序一一排列；加入量不超过 2% 的配料可以不按递减顺序排列。

4.1.3.1.3 如果某种配料是由两种或两种以上的其他配料构成的复合配料（不包括复合食品添加剂），应在配料表中标示复合配料的名称，随后将复合配料的原始配料在括号内按加入量的递减顺序标示。当某种复合配料已有国家标准、行业标准或地方标准，且其加入量小于食品总量的 25% 时，不需要标示复合配料的原始配料。

4.1.3.1.4 食品添加剂应当标示其在 GB 2760 中的食品添加剂通用名称。食品添加剂通用名称可以标示为食品添加剂的具体名称，也可标示为食品添加剂的功能类别名称并同时标示食品添加剂的具体名称或国际编码（INS 号）（标示形式见附录 B）。在同一预包装食品的标签上，应选择附录 B 中的一种形式标示食品添加剂。当采用同时标示食品添加剂的功能类别名称和国际编码的形式时，若某种食品添加剂尚不存在相应的国际编码，或因致敏物质标示需要，可以标示其具体名称。食品添加剂的名称不包括其制法。加入量小于食品总量 25% 的复合配料中含有的食品添加剂，若符合 GB 2760 规定的带入原则且在最终产品中不起工艺作用的，不需要标示。

4.1.3.1.5 在食品制造或加工过程中，加入的水应在配料表中标示。在加工过程中已挥发的水或其他挥发性配料不需要标示。

4.1.3.1.6 可食用的包装物也应在配料表中标示原始配料，国家另有法律法规规定的除外。

4.1.3.2 下列食品配料，可以选择按表 1 的方式标示。

表 1 配料标示方式

配料类别	标示方式
各种植物油或精炼植物油，不包括橄榄油	“植物油”或“精炼植物油”；如经过氢化处理，应标示为“氢化”或“部分氢化”
各种淀粉，不包括化学改性淀粉	“淀粉”
加入量不超过 2% 的各种香辛料或香辛料浸出物（单一的或合计的）	“香辛料”“香辛料类”或“复合香辛料”

续表

配料类别	标示方式
胶基糖果的各种胶基物质制剂	“胶姆糖基础剂”“胶基”
添加量不超过 10% 的各种果脯蜜饯水果	“蜜饯”“果脯”
食用香精、香料	“食用香精”“食用香料”“食用香精香料”

4.1.4 配料的定量标示

4.1.4.1 如果在食品标签或食品说明书上特别强调添加了或含有一种或多种有价值、有特性的配料或成分，应标示所强调配料或成分的添加量或在成品中的含量。

4.1.4.2 如果在食品的标签上特别强调一种或多种配料或成分的含量较低或无时，应标示所强调配料或成分在成品中的含量。

4.1.4.3 食品名称中提及的某种配料或成分而未在标签上特别强调，不需要标示该种配料或成分的添加量或在成品中的含量。

4.1.5 净含量和规格

4.1.5.1 净含量的标示应由净含量、数字和法定计量单位组成（标示形式参见附录 C）。

4.1.5.2 应依据法定计量单位，按以下形式标示包装物（容器）中食品的净含量：

a）液态食品，用体积升（L）(l)、毫升（mL）(ml)，或用质量克（g）、千克（kg）；

b）固态食品，用质量克（g）、千克（kg）；

c）半固态或黏性食品，用质量克（g）、千克（kg）或体积升（L）(l)、毫升（mL）(mL)。

4.1.5.3 净含量的计量单位应按表 2 标示。

表 2 净含量计量单位的标示方式

计量方式	净含量（Q）的范围	计量单位
体积	Q < 1000mL Q ≥ 1000mL	毫升（mL）(ml) 升（L）(l)
质量	Q < 1000g Q ≥ 1000g	克（g） 千克（kg）

4.1.5.4　净含量字符的最小高度应符合表 3 的规定。

表 3　净含量字符的最小高度

净含量（Q）的范围	字符的最小高度 mm
Q ≤ 50mL；Q ≤ 50g	2
50mL < Q ≤ 200mL；50g < Q ≤ 200g	3
200mL < Q ≤ 1L；200g < Q ≤ lkg	4
Q > 1kg；Q > 1L	6

4.1.5.5　净含量应与食品名称在包装物或容器的同一展示版面标示。

4.1.5.6　容器中含有固、液两相物质的食品，且固相物质为主要食品配料时，除标示净含量外，还应以质量或质量分数的形式标示沥干物（固形物）的含量（标示形式参见附录 C）。

4.1.5.7　同一预包装内含有多个单件预包装食品时，大包装在标示净含量的同时还应标示规格。

4.1.5.8　规格的标示应由单件预包装食品净含量和件数组成，或只标示件数，可不标示“规格”二字。单件预包装食品的规格即指净含量（标示形式参见附录 C）。

4.1.6　生产者、经销者的名称、地址和联系方式

4.1.6.1　应当标注生产者的名称、地址和联系方式。生产者名称和地址应当是依法登记注册、能够承担产品安全质量责任的生产者的名称、地址。有下列情形之一的，应按下列要求予以标示。

4.1.6.1.1　依法独立承担法律责任的集团公司、集团公司的子公司，应标示各自的名称和地址。

4.1.6.1.2　不能依法独立承担法律责任的集团公司的分公司或集团公司的生产基地，应标示集团公司和分公司（生产基地）的名称、地址；或仅标示集团公司的名称、地址及产地，产地应当按照行政区划标注到地市级地域。

4.1.6.1.3　受其他单位委托加工预包装食品的，应标示委托单位和受委托单位的名称和地址；或仅标示委托单位的名称和地址及产地，产地应当按照行政区划标注到地市级地域。

4.1.6.2　依法承担法律责任的生产者或经销者的联系方式应标示以下至少一

项内容：电话、传真、网络联系方式等，或与地址一并标示的邮政地址。

4.1.6.3　进口预包装食品应标示原产国国名或地区区名（如香港、澳门、台湾），以及在中国依法登记注册的代理商、进口商或经销者的名称、地址和联系方式，可不标示生产者的名称、地址和联系方式。

4.1.7　日期标示

4.1.7.1　应清晰标示预包装食品的生产日期和保质期。如日期标示采用“见包装物某部位”的形式，应标示所在包装物的具体部位。日期标示不得另外加贴、补印或篡改（标示形式参见附录 C）。

4.1.7.2　当同一预包装内含有多个标示了生产日期及保质期的单件预包装食品时，外包装上标示的保质期应按最早到期的单件食品的保质期计算。外包装上标示的生产日期应为最早生产的单件食品的生产日期，或外包装形成销售单元的日期；也可在外包装上分别标示各单件装食品的生产日期和保质期。

4.1.7.3　应按年、月、日的顺序标示日期，如果不按此顺序标示，应注明日期标示顺序（标示形式参见附录 C）。

4.1.8　贮存条件

预包装食品标签应标示贮存条件（标示形式参见附录 C）。

4.1.9　食品生产许可证编号

预包装食品标签应标示食品生产许可证编号的，标示形式按照相关规定执行。

4.1.10　产品标准代号

在国内生产并在国内销售的预包装食品（不包括进口预包装食品）应标示产品所执行的标准代号和顺序号。

4.1.11　其他标示内容

4.1.11.1　辐照食品

4.1.11.1.1　经电离辐射线或电离能量处理过的食品，应在食品名称附近标示“辐照食品”。

4.1.11.1.2　经电离辐射线或电离能量处理过的任何配料，应在配料表中标明。

4.1.11.2　转基因食品

转基因食品的标示应符合相关法律、法规的规定。

4.1.11.3　营养标签

4.1.11.3.1　特殊膳食类食品和专供婴幼儿的主辅类食品，应当标示主要营养成分及其含量，标示方式按照 GB 13432 执行。

4.1.11.3.2　其他预包装食品如需标示营养标签，标示方式参照相关法规标准执行。

4.1.11.4　质量（品质）等级

食品所执行的相应产品标准已明确规定质量（品质）等级的，应标示质量（品质）等级。

4.2　非直接提供给消费者的预包装食品标签标示内容

非直接提供给消费者的预包装食品标签应按照 4.1 项下的相应要求标示食品名称、规格、净含量、生产日期、保质期和贮存条件，其他内容如未在标签上标注，则应在说明书或合同中注明。

4.3　标示内容的豁免

4.3.1　下列预包装食品可以免除标示保质期：酒精度大于等于 10% 的饮料酒；食醋；食用盐；固态食糖类；味精。

4.3.2　当预包装食品包装物或包装容器的最大表面面积小于 $10cm^2$ 时（最大表面面积计算方法见附录 A），可以只标示产品名称、净含量、生产者（或经销商）的名称和地址。

4.4　推荐标示内容

4.4.1　批号

根据产品需要，可以标示产品的批号。

4.4.2　食用方法

根据产品需要，可以标示容器的开启方法、食用方法、烹调方法、复水再制方法等对消费者有帮助的说明。

4.4.3　致敏物质

4.4.3.1　以下食品及其制品可能导致过敏反应，如果用作配料，宜在配料表中使用易辨识的名称，或在配料表邻近位置加以提示：

a）含有麸质的谷物及其制品（如小麦、黑麦、大麦、燕麦、斯佩耳特小麦或它们的杂交品系）；

b）甲壳纲类动物及其制品（如虾、龙虾、蟹等）；

c）鱼类及其制品；

d）蛋类及其制品；

e）花生及其制品；

f）大豆及其制品；

g）乳及乳制品（包括乳糖）；

h）坚果及其果仁类制品。

4.4.3.2 如加工过程中可能带入上述食品或其制品，宜在配料表邻近位置加以提示。

5 其他

按国家相关规定需要特殊审批的食品，其标签标识按照相关规定执行。

附录 A

包装物或包装容器最大表面面积计算方法

A.1　长方体形包装物或长方体形包装容器计算方法

长方体形包装物或长方体形包装容器的最大一个侧面的高度（cm）乘以宽度（cm）。

A.2　圆柱形包装物、圆柱形包装容器或近似圆柱形包装物、近似圆柱形包装容器计算方法

包装物或包装容器的高度（cm）乘以圆周长（cm）的 40%。

A.3　其他形状的包装物或包装容器计算方法

包装物或包装容器的总表面积的 40%。

如果包装物或包装容器有明显的主要展示版面，应以主要展示版面的面积为最大表面面积。

包装袋等计算表面面积时应除去封边所占尺寸。瓶形或罐形包装计算表面面积时不包括肩部、颈部、顶部和底部的凸缘。

附录 B

食品添加剂在配料表中的标示形式

B.1 按照加入量的递减顺序全部标示食品添加剂的具体名称

配料：水，全脂奶粉，稀奶油，植物油，巧克力（可可液块，白砂糖，可可脂，磷脂，聚甘油蓖麻醇酯，食用香精，柠檬黄），葡萄糖浆，丙二醇脂肪酸酯，卡拉胶，瓜尔胶，胭脂树橙，麦芽糊精，食用香料。

B.2 按照加入量的递减顺序全部标示食品添加剂的功能类别名称及国际编码

配料：水，全脂奶粉，稀奶油，植物油，巧克力［可可液块，白砂糖，可可脂，乳化剂（322，476），食用香精，着色剂（102）］，葡萄糖浆，乳化剂（477），增稠剂（407，412），着色剂（160b），麦芽糊精，食用香料。

B.3 按照加入量的递减顺序全部标示食品添加剂的功能类别名称及具体名称

配料：水，全脂奶粉，稀奶油，植物油，巧克力［可可液块，白砂糖，可可脂，乳化剂（磷脂，聚甘油蓖麻醇酯），食用香精，着色剂（柠檬黄）］，葡萄糖浆，乳化剂（丙二醇脂肪酸酯），增稠剂（卡拉胶，瓜尔胶），着色剂（胭脂树橙），麦芽糊精，食用香料。

B.4 建立食品添加剂项一并标示的形式

B.4.1 一般原则

直接使用的食品添加剂应在食品添加剂项中标注。营养强化剂、食用香精香料、胶基糖果中基础剂物质可在配料表的食品添加剂项外标注。非直接使用的食品添加剂不在食品添加剂项中标注。食品添加剂项在配料表中的标注顺序由需纳入该项的各种食品添加剂的总重量决定。

B.4.2 全部标示食品添加剂的具体名称

配料：水，全脂奶粉，稀奶油，植物油，巧克力（可可液块，白砂糖，可可脂，磷脂，聚甘油蓖麻醇酯，食用香精，柠檬黄），葡萄糖浆，食品添加剂（丙二醇脂肪酸酯，卡拉胶，瓜尔胶，胭脂树橙），麦芽糊精，食用香料。

B.4.3 全部标示食品添加剂的功能类别名称及国际编码

配料：水，全脂奶粉，稀奶油，植物油，巧克力［可可液块，白砂糖，可可脂，乳化剂（322，476），食用香精，着色剂（102）］，葡萄糖浆，食品添加剂［乳化剂（477），增稠剂（407，412），着色剂（160b）］，麦芽糊精，食用香料。

B.4.4　全部标示食品添加剂的功能类别名称及具体名称

配料：水，全脂奶粉，稀奶油，植物油，巧克力［可可液块，白砂糖，可可脂，乳化剂（磷脂，聚甘油蓖麻醇酯），食用香精，着色剂（柠檬黄）］，葡萄糖浆，食品添加剂［乳化剂（丙二醇脂肪酸酯），增稠剂（卡拉胶，瓜尔胶），着色剂（胭脂树橙）］，麦芽糊精，食用香料。

附录 C

部分标签项目的推荐标示形式

C.1 概述

本附录以示例形式提供了预包装食品部分标签项目的推荐标示形式，标示相应项目时可选用但不限于这些形式。如需要根据食品特性或包装特点等对推荐形式调整使用的，应与推荐形式基本涵义保持一致。

C.2 净含量和规格的标示

为方便表述，净含量的示例统一使用质量为计量方式，使用冒号为分隔符。标签上应使用实际产品适用的计量单位，并可根据实际情况选择空格或其他符号作为分隔符，便于识读。

C.2.1 单件预包装食品的净含量（规格）可以有如下标示形式：

净含量（或净含量 / 规格）：450g；

净含量（或净含量 / 规格）：225 克（200 克 + 送 25 克）；

净含量（或净含量 / 规格）：200 克 + 赠 25 克；

净含量（或净含量 / 规格）：（200 + 25）克。

C.2.2 净含量和沥干物（固形物）可以有如下标示形式（以“糖水梨罐头”为例）：

净含量（或净含量 / 规格）：425 克沥干物（或固形物或梨块）：不低于 255 克（或不低于 60%）。

C.2.3 同一预包装内含有多件同种类的预包装食品时，净含量和规格均可以有如下标示形式：

净含量（或净含量 / 规格）：40 克 ×5；

净含量（或净含量 / 规格）：5×40 克；

净含量（或净含量 / 规格）：200 克（5×40 克）；

净含量（或净含量 / 规格）：200 克（40 克 ×5）；

净含量（或净含量 / 规格）：200 克（5 件）；

净含量：200 克　　规格：5×40 克；

净含量：200 克　　规格：40 克 ×5；

净含量：200 克　　规格：5 件；

净含量（或净含量 / 规格）：200 克（100 克 + 50 克 ×2）；

净含量（或净含量 / 规格）：200 克（80 克 ×2 + 40 克）；

净含量：200 克　　规格：100 克 + 50 克 ×2；

净含量：200 克　　规格：80 克 ×2 + 40 克。

C.2.4　同一预包装内含有多件不同种类的预包装食品时，净含量和规格可以有如下标示形式：

净含量（或净含量 / 规格）：200 克（A 产品 40 克 ×3，B 产品 40 克 ×2）；

净含量（或净含量 / 规格）：200 克（40 克 ×3，40 克 ×2）；

净含量（或净含量 / 规格）：100 克 A 产品，50 克 ×2　B 产品，50 克 C 产品；

净含量（或净含量 / 规格）：A 产品：100 克，B 产品：50 克 ×2，C 产品：50 克；净含量 / 规格：100 克（A 产品），50 克 ×2（B 产品），50 克（C 产品）；

净含量 / 规格：A 产品 100 克，B 产品 50 克 ×2，C 产品 50 克。

C.3　日期的标示

日期中年、月、日可用空格、斜线、连字符、句点等符号分隔，或不用分隔符。年代号一般应标示 4 位数字，小包装食品也可以标示 2 位数字。月、日应标示 2 位数字。

日期的标示可以有如下形式：

2010 年 3 月 20 日；

2010 03 20；2010/03/20；20100320；

20 日 3 月 2010 年；3 月 20 日 2010 年；

（月 / 日 / 年）：03 20 2010；03/20/2010；03202010。

C.4　保质期的标示

保质期可以有如下标示形式：

最好在……之前食（饮）用；……之前食（饮）用最佳；……之前最佳；

此日期前最佳……；此日期前食（饮）用最佳……；

保质期（至）……；保质期 ×× 个月（或 ×× 日，或 ×× 天，或 ×× 周，或 × 年）。

C.5　贮存条件的标示

贮存条件可以标示“贮存条件”“贮藏条件”“贮藏方法”等标题，或不标示标题。

贮存条件可以有如下标示形式：

常温（或冷冻，或冷藏，或避光，或阴凉干燥处）保存；

××~××℃保存；

请置于阴凉干燥处；

常温保存，开封后需冷藏；

温度：≤××℃，湿度：≤××%。

《预包装食品标签通则》（GB 7718—2011）问答（修订版）

一、修订《预包装食品标签通则》的目的和依据

食品标签是向消费者传递产品信息的载体。做好预包装食品标签管理，既是维护消费者权益，保障行业健康发展的有效手段，也是实现食品安全科学管理的需求。根据《食品安全法》及其实施条例规定，原卫生部组织修订预包装食品标签标准。新的《预包装食品标签通则》（GB 7718—2011）充分考虑了《预包装食品标签通则》（GB 7718—2004）实施情况，细化了《食品安全法》及其实施条例对食品标签的具体要求，增强了标准的科学性和可操作性。

二、《预包装食品标签通则》（GB 7718—2011）与相关部门规章、规范性文件的关系

《预包装食品标签通则》（GB 7718—2011）属于食品安全国家标准，相关规定、规范性文件规定的相应内容与本标准不一致的，应当按照本标准执行。

本标准规定了预包装食品标签的通用性要求，如果其他食品安全国家标准有特殊规定的，应同时执行预包装食品标签的通用性要求和特殊规定。

三、标准修订的主要过程

按照《食品安全法》及其实施条例和食品安全监管工作需要，原卫生部委托中国疾病预防控制中心、中国食品工业协会等单位成立标准起草组，承担标准修订任务。标准起草组多次组织专家研究，召开研讨会和专家咨询会，充分听取相关部门、行业协会和企业意见。本标准通过原卫生部及机构改革后的国家卫生和计划生育委员会网站向社会公开征求意见，共收到700余条反馈意见和修改建议。

标准起草组逐一分析反馈意见，及时召开专题会议进行研究处理，进一步

完善标准文本。本标准经食品安全国家标准审评委员会第五次主任会议审查通过，于2011年4月20日公布，自2012年4月20日正式施行。

四、标准修订完善的主要内容

（一）修改标准的适用范围。本标准适用于两类预包装食品：一是直接提供给消费者的预包装食品；二是非直接提供给消费者的预包装食品。不适用于散装食品、现制现售食品和食品储运包装的标识。

（二）按照《食品安全法》要求，标准修改了“预包装食品”和“生产日期”的定义，增加了“规格”定义和“规格”标示方式。

（三）按照《食品安全法》要求，标准增加了“不应标注或者暗示具有预防、治疗疾病作用的内容，非保健食品不得明示或者暗示具有保健作用”的内容。

（四）按照《食品安全法》规定，标准细化了食品添加剂标示要求，明确食品添加剂应标示其在《食品添加剂使用标准》（GB 2760）中的食品添加剂通用名称。

（五）参照国际食品法典标准，标准增加了食品致敏物质推荐性标示要求，以便于消费者根据自身情况科学选择食品。

五、关于预包装食品的定义

根据《食品安全法》和《定量包装商品计量监督管理办法》，参照以往食品标签管理经验，本标准将“预包装食品”定义为：预先定量包装或者制作在包装材料和容器中的食品，包括预先定量包装以及预先定量制作在包装材料和容器中并且在一定量限范围内具有统一的质量或体积标识的食品。预包装食品首先应当预先包装，此外包装上要有统一的质量或体积的标示。

六、关于“直接提供给消费者的预包装食品”和“非直接提供给消费者的预包装食品”标签标示的区别

直接提供给消费者的预包装食品，所有事项均在标签上标示。非直接向消费者提供的预包装食品标签上必须标示食品名称、规格、净含量、生产日期、保质期和贮存条件，其他内容如未在标签上标注，则应在说明书或合同中注明。

七、关于“直接提供给消费者的预包装食品”的情形

一是生产者直接或通过食品经营者（包括餐饮服务）提供给消费者的预包装食品；二是既提供给消费者，也提供给其他食品生产者的预包装食品。进口商经营的此类进口预包装食品也应按照上述规定执行。

八、关于“非直接提供给消费者的预包装食品”的情形

一是生产者提供给其他食品生产者的预包装食品；二是生产者提供给餐饮业作为原料、辅料使用的预包装食品。进口商经营的此类进口预包装食品也应按照上述规定执行。

九、关于不属于本标准管理的标示标签情形

一是散装食品标签；二是在储藏运输过程中以提供保护和方便搬运为目的的食品储运包装标签；三是现制现售食品标签。以上情形也可以参照本标准执行。

十、本标准对生产日期的定义

本标准规定的“生产日期”是指预包装食品形成最终销售单元的日期。原《预包装食品标签通则》（GB 7718—2004）中“包装日期”“灌装日期”等术语在本标准中统一为“生产日期”。

十一、如果产品中没有添加某种食品配料，仅添加了相关风味的香精香料，是否允许在标签上标示该种食品实物图案

标签标示内容应真实准确，不得使用易使消费者误解或具有欺骗性的文字、图形等方式介绍食品。当使用的图形或文字可能使消费者误解时，应用清晰醒目的文字加以说明。

十二、关于标签中使用繁体字

本标准规定食品标签使用规范的汉字，但不包括商标。“规范的汉字”指《通用规范汉字表》中的汉字，不包括繁体字。食品标签可以在使用规范汉字

的同时，使用相对应的繁体字。

十三、关于标签中使用“具有装饰作用的各种艺术字”

“具有装饰作用的各种艺术字”包括篆书、隶书、草书、手书体字、美术字、变体字、古文字等。使用这些艺术字时应书写正确、易于辨认、不易混淆。

十四、关于标签的中文、外文对应关系

预包装食品标签可同时使用外文，但所用外文字号不得大于相应的汉字字号。

对于本标准以及其他法律、法规、食品安全标准要求的强制标示内容，中文、外文应有对应的关系。

十五、关于最大表面面积大于 $10cm^2$ 但小于等于 $35cm^2$ 时的标示要求

食品标签应当按照本标准要求标示所有强制性内容。根据标签面积具体情况，标签内容中的文字、符号、数字的高度可以小于 1.8mm，应当清晰，易于辨认。

十六、强制标示内容既有中文又有字母字符时，如何判断字体高度是否满足大于等于 1.8mm 字高要求

中文字高应大于等于 1.8mm，kg、mL 等单位或其他强制标示字符应按其中的大写字母或“k、f、l”等小写字母判断是否大于等于 1.8mm。

十七、销售单元包含若干可独立销售的预包装食品时，直接向消费者交付的外包装（或大包装）标签标示要求

该销售单元内的独立包装食品应分别标示强制标示内容。外包装（或大包装）的标签标示分为两种情况：

一是外包装（或大包装）上同时按照本标准要求标示。如果该销售单元内的多件食品为不同品种时，应在外包装上标示每个品种食品的所有强制标示内

容，可将共有信息统一标示。

二是若外包装（或大包装）易于开启识别、或透过外包装（或大包装）能清晰识别内包装物（或容器）的所有或部分强制标示内容，可不在外包装（或大包装）上重复标示相应的内容。

十八、销售单元包含若干标示了生产日期及保质期的独立包装食品时，外包装上的生产日期和保质期如何标示

可以选择以下三种方式之一标示：一是生产日期标示最早生产的单件食品的生产日期，保质期按最早到期的单件食品的保质期标示；二是生产日期标示外包装形成销售单元的日期，保质期按最早到期的单件食品的保质期标示；三是在外包装上分别标示各单件食品的生产日期和保质期。

十九、关于反映食品真实属性的专用名称

反映食品真实属性的专用名称通常是指国家标准、行业标准、地方标准中规定的食品名称或食品分类名称。若上述名称有多个时，可选择其中的任意一个，或不引起歧义的等效的名称；在没有标准规定的情况下，应使用能够帮助消费者理解食品真实属性的常用名称或通俗名称。能够反映食品本身固有的性质、特性、特征，具有明晰产品本质、区分不同产品的作用。

二十、如何避免商品名称产生的误解

当使用的商品名称含有易使人误解食品属性的文字或术语（词语）时，应在所示名称的同一展示版面邻近部位使用同一字号标示食品真实属性的专用名称。如果因字号或字体颜色不同而易使人误解时，应使用同一字号及同一字体颜色标示食品真实属性的专用名称。

二十一、关于单一配料的预包装食品是否标示配料表

单一配料的预包装食品应当标示配料表。

二十二、关于配料名称的分隔方式

配料表中配料的标示应清晰，易于辨认和识读，配料间可以用逗号、分

号、空格等易于分辨的方式分隔。

二十三、关于可食用包装物的含义及标示要求

可食用包装物是指由食品制成的，既可以食用又承担一定包装功能的物质。这些包装物容易和被包装的食品一起被食用，因此应在食品配料表中标示其原料。对于已有相应的国家标准和行业标准的可食用包装物，当加入量小于预包装食品总量25%时，可免于标示该可食用包装物的原始配料。

二十四、关于胶原蛋白肠衣的标示

胶原蛋白肠衣属于食品复合配料，已有相应的国家标准和行业标准。根据《预包装食品标签通则》（GB 7718—2011）4.1.3.1.3的规定，对胶原蛋白肠衣加入量小于食品总量25%的肉制品，其标签上可不标示胶原蛋白肠衣的原始配料。

二十五、确定食品配料表中配料标示顺序时，配料的加入量以何种单位计算

按照食品配料加入的质量或重量计，按递减顺序一一排列。加入的质量百分数（m/m）不超过2%的配料可以不按递减顺序排列。

二十六、关于复合配料在配料表中的标示

复合配料在配料表中的标示分以下两种情况：

（一）如果直接加入食品中的复合配料已有国家标准、行业标准或地方标准，并且其加入量小于食品总量的25%，则不需要标示复合配料的原始配料。加入量小于食品总量25%的复合配料中含有的食品添加剂，若符合《食品添加剂使用标准》（GB 2760）规定的带入原则且在最终产品中不起工艺作用的，不需要标示，但复合配料中在终产品起工艺作用的食品添加剂应当标示。推荐的标示方式为：在复合配料名称后加括号，并在括号内标示该食品添加剂的通用名称，如"酱油（含焦糖色）"。

（二）如果直接加入食品中的复合配料没有国家标准、行业标准或地方标准，或者该复合配料已有国家标准、行业标准或地方标准且加入量大于食品总

量的25%，则应在配料表中标示复合配料的名称，并在其后加括号，按加入量的递减顺序一一标示复合配料的原始配料，其中加入量不超过食品总量2%的配料可以不按递减顺序排列。

二十七、复合配料需要标示其原始配料的，如果部分原始配料与食品中的其他配料相同，如何标示

可以选择以下两种方式之一标示：一是参照问答二十六（二）标示；二是在配料表中直接标示复合配料中的各原始配料，各配料的顺序应按其在终产品中的总量决定。

二十八、关于食品添加剂通用名称的标示方式

应标示其在《食品添加剂使用标准》（GB 2760）中的通用名称。在同一预包装食品的标签上，所使用的食品添加剂可以选择以下三种形式之一标示：一是全部标示食品添加剂的具体名称；二是全部标示食品添加剂的功能类别名称以及国际编码（INS号），如果某种食品添加剂尚不存在相应的国际编码，或因致敏物质标示需要，可以标示其具体名称；三是全部标示食品添加剂的功能类别名称，同时标示具体名称。

举例：

食品添加剂“丙二醇”可以选择标示为：1. 丙二醇；2. 增稠剂（1520）；3. 增稠剂（丙二醇）。

二十九、关于食品添加剂通用名称标示注意事项

（一）食品添加剂可能具有一种或多种功能，《食品添加剂使用标准》（GB 2760）列出了食品添加剂的主要功能，供使用参考。生产经营企业应当按照食品添加剂在产品中的实际功能在标签上标示功能类别名称。

（二）如果《食品添加剂使用标准》（GB 2760）中对一个食品添加剂规定了两个及以上的名称，每个名称均是等效的通用名称。以“环己基氨基磺酸钠（又名甜蜜素）”为例，“环己基氨基磺酸钠”和“甜蜜素”均为通用名称。

（三）“单，双甘油脂肪酸酯（油酸、亚油酸、亚麻酸、棕榈酸、山嵛酸、硬脂酸、月桂酸）”可以根据使用情况标示为“单双甘油脂肪酸酯”或“单双

硬脂酸甘油酯”或“单硬脂酸甘油酯”等。

（四）根据食物致敏物质标示需要，可以在《食品添加剂使用标准》（GB 2760）规定的通用名称前增加来源描述。如“磷脂”可以标示为“大豆磷脂”。

（五）根据《食品添加剂使用标准》（GB 2760）规定，阿斯巴甜应标示为“阿斯巴甜（含苯丙氨酸）”。

三十、关于配料表中建立“食品添加剂项”

配料表应当如实标示产品所使用的食品添加剂，但不强制要求建立“食品添加剂项”。食品生产经营企业应选择附录B中的任意一种形式标示。

三十一、添加两种或两种以上同一功能食品添加剂，可否一并标示

食品中添加了两种或两种以上同一功能的食品添加剂，可选择分别标示各自的具体名称；或者选择先标示功能类别名称，再在其后加括号标示各自的具体名称或国际编码（INS号）。举例：可以标示为“卡拉胶，瓜尔胶”“增稠剂（卡拉胶，瓜尔胶）”或“增稠剂（407，412）”。如果某一种食品添加剂没有INS号，可同时标示其具体名称。举例：“增稠剂（卡拉胶，聚丙烯酸钠）”或“增稠剂（407，聚丙烯酸钠）”。

三十二、关于复配食品添加剂的标示

应当在食品配料表中一一标示在终产品中具有功能作用的每种食品添加剂。

三十三、关于食品添加剂中辅料的标示

食品添加剂含有的辅料不在终产品中发挥功能作用时，不需要在配料表中标示。

三十四、关于加工助剂的标示

加工助剂不需要标示。

三十五、关于酶制剂的标示

酶制剂如果在终产品中已经失去酶活力的，不需要标示；如果在终产品中仍然保持酶活力的，应按照食品配料表标示的有关规定，按制造或加工食品时酶制剂的加入量，排列在配料表的相应位置。

三十六、关于食品营养强化剂的标示

食品营养强化剂应当按照《食品营养强化剂使用标准》（GB 14880）或原卫生部公告中的名称标示。

三十七、关于既可以作为食品添加剂或食品营养强化剂又可以作为其他配料使用的配料的标示

既可以作为食品添加剂或食品营养强化剂又可以作为其他配料使用的配料，应按其在终产品中发挥的作用规范标示。当作为食品添加剂使用，应标示其在《食品添加剂使用标准》（GB 2760）中规定的名称；当作为食品营养强化剂使用，应标示其在《食品营养强化剂使用标准》（GB 14880）中规定的名称；当作为其他配料发挥作用，应标示其相应具体名称。如味精（谷氨酸钠）既可作为调味品又可作为食品添加剂，当作为食品添加剂使用时，应标示为谷氨酸钠，当作为调味品使用时，应标示为味精。如核黄素、维生素 E、聚葡萄糖等既可作为食品添加剂又可作为食品营养强化剂，当作为食品添加剂使用时，应标示其在《食品添加剂使用标准》（GB 2760）中规定的名称；当作为食品营养强化剂使用时，应标示其在《食品营养强化剂使用标准》（GB 14880）中规定的名称。

三十八、关于食品中菌种的标示

《卫生部办公厅关于印发〈可用于食品的菌种名单〉的通知》（卫办监督发〔2010〕65 号）和原卫生部 2011 年第 25 号公告分别规定了可用于食品和婴幼儿食品的菌种名单。预包装食品中使用了上述菌种的，应当按照《预包装食品标签通则》（GB 7718—2011）的要求标注菌种名称，企业可同时在预包装食品上标注相应菌株号及菌种含量。自 2014 年 1 月 1 日起食品生产企业应当按

照以上规定在预包装食品标签上标示相关菌种。2014 年 1 月 1 日前已生产销售的预包装食品，可继续使用现有标签，在食品保质期内继续销售。

三十九、关于定量标示配料或成分的情形

一是如果在食品标签或说明书上强调含有某种或多种有价值、有特性的配料或成分，应同时标示其添加量或在成品中的含量；二是如果在食品标签上强调某种或多种配料或成分含量较低或无时，应同时标示其在终产品中的含量。

四十、关于不要求定量标示配料或成分的情形

只在食品名称中出于反映食品真实属性需要，提及某种配料或成分而未在标签上特别强调时，不需要标示该种配料或成分的添加量或在成品中的含量。只强调食品的口味时也不需要定量标示。

四十一、关于葡萄酒中二氧化硫的标示

根据《预包装食品标签通则》（GB 7718—2011）和《发酵酒及其配制酒》（GB 2758—2012）及其实施时间的规定，允许使用了食品添加剂二氧化硫的葡萄酒在 2013 年 8 月 1 日前在标签中标示为二氧化硫或微量二氧化硫；2013 年 8 月 1 日以后生产、进口的使用食品添加剂二氧化硫的葡萄酒，应当标示为二氧化硫，或标示为微量二氧化硫及含量。

四十二、关于植物油配料在配料表中的标示

植物油作为食品配料时，可以选择以下两种形式之一标示：

（一）标示具体来源的植物油，如棕榈油、大豆油、精炼大豆油、葵花籽油等，也可以标示相应的国家标准、行业标准或地方标准中规定的名称。如果使用的植物油由两种或两种以上的不同来源的植物油构成，应按加入量的递减顺序标示。

（二）标示为“植物油”或“精炼植物油”，并按照加入总量确定其在配料表中的位置。如果使用的植物油经过氢化处理，且有相关的产品国家标准、行业标准或地方标准，应根据实际情况，标示为“氢化植物油”或“部分氢化植物油”，并标示相应产品标准名称。

四十三、关于食用香精、食用香料的标示

使用食用香精、食用香料的食品，可以在配料表中标示该香精香料的通用名称，也可标示为“食用香精”，或者“食用香料”，或者“食用香精香料”。

四十四、关于香辛料、香辛料类或复合香辛料作为食品配料的标示

（一）如果某种香辛料或香辛料浸出物加入量超过2%，应标示其具体名称。

（二）如果香辛料或香辛料浸出物（单一的或合计的）加入量不超过2%，可以在配料表中标示各自的具体名称，也可以在配料表中统一标示为“香辛料”“香辛料类”或“复合香辛料”。

（三）复合香辛料添加量超过2%时，按照复合配料标示方式进行标示。

四十五、关于果脯蜜饯类水果在配料表中的标示

（一）如果加入的各种果脯或蜜饯总量不超过10%，可以在配料表中标示加入的各种蜜饯果脯的具体名称，或者统一标示为“蜜饯”“果脯”。

（二）如果加入的各种果脯或蜜饯总量超过10%，则应标示加入的各种蜜饯果脯的具体名称。

四十六、关于净含量标示

净含量标示由净含量、数字和法定计量单位组成。标示位置应与食品名称在包装物或容器的同一展示版面。所有字符高度（以字母L、k、g等计）应符合本标准4.1.5.4的要求。“净含量”与其后的数字之间可以用空格或冒号等形式区隔。“法定计量单位”分为体积单位和质量单位。固态食品只能标示质量单位，液态、半固态、黏性食品可以选择标示体积单位或质量单位。

四十七、赠送装或促销装预包装食品净含量的标示

赠送装（或促销装）的预包装食品的净含量应按照本标准的规定进行标示，可以分别标示销售部分的净含量和赠送部分的净含量，也可以标示销售部分和赠

送部分的总净含量并同时用适当的方式标示赠送部分的净含量。如“净含量 500 克、赠送 50 克”“净含量 500 + 50 克”“净含量 550 克（含赠送 50 克）”等。

四十八、关于无法清晰区别固液相产品的固形物含量的标示

固、液两相且固相物质为主要食品配料的预包装食品，应在靠近“净含量”的位置以质量或质量分数的形式标示沥干物（固形物）的含量。

半固态、粘性食品、固液相均为主要食用成分或呈悬浮状、固液混合状等无法清晰区别固液相产品的预包装食品无需标示沥干物（固形物）的含量。预包装食品由于自身的特性，可能在不同的温度或其他条件下呈现固、液不同形态的，不属于固、液两相食品，如蜂蜜、食用油等产品。

四十九、关于规格的标示

单件预包装食品的规格等同于净含量，可以不另外标示规格，具体标示方式参见附录 C 的 C.2.1；预包装内含有若干同种类预包装食品时，净含量和规格的具体标示方式参见附录 C 的 C.2.3；预包装食品内含有若干不同种类预包装食品时，净含量和规格的具体标示方式参见附录 C 的 C.2.4。

标示“规格”时，不强制要求标示“规格”两字。

五十、关于标准中的产地

“产地”指食品的实际生产地址，是特定情况下对生产者地址的补充。如果生产者的地址就是产品的实际产地，或者生产者与承担法律责任者在同一地市级地域，则不强制要求标示“产地”项。以下情况应同时标示“产地”项：一是由集团公司的分公司或生产基地生产的产品，仅标示承担法律责任的集团公司的名称、地址时，应同时用“产地”项标示实际生产该产品的分公司或生产基地所在地域；二是委托其他企业生产的产品，仅标示委托企业的名称和地址时，应用“产地”项标示受委托企业所在地域。

五十一、集团公司与子公司签订委托加工协议且子公司生产的产品不对外销售时，如何标示生产者、经销者名称地址和产地

按照食品生产经营企业间的委托加工方式标示。

五十二、关于标准中的地级市

食品产地可以按照行政区划标示到直辖市、计划单列市等副省级城市或者地级城市。地级市的界定按国家有关规定执行。

五十三、关于联系方式的标示

联系方式应当标示依法承担法律责任的生产者或经销者的有效联系方式。联系方式应至少标示以下内容中的一项：电话（热线电话、售后电话或销售电话等）、传真、电子邮件等网络联系方式、与地址一并标示的邮政地址（邮政编码或邮箱号等）。

五十四、关于质量（品质）等级的标示

如果食品的国家标准、行业标准中已明确规定质量（品质）等级的，应按标准要求标示质量（品质）等级。产品分类、产品类别等不属于质量等级。

五十五、关于豁免标示的情形

本标准豁免标示内容有两种情形：一是规定了可以免除标示保质期的食品种类；二是规定了当食品包装物或包装容器的最大表面面积小于 $10cm^2$ 时可以免除的标示内容。两种情形分别考虑了食品本身的特性和在小标签上标示大量内容存在困难。豁免意味着不强制要求标示，企业可以选择是否标示。

本标准豁免条款中的“固体食糖”为白砂糖、绵白糖、红糖和冰糖等，不包括糖果。

五十六、进口预包装食品应如何标示食品标签

进口预包装食品的食品标签可以同时使用中文和外文，也可以同时使用繁体字。《预包装食品标签通则》（GB 7718—2011）中强制要求标示的内容应全部标示，推荐标示的内容可以选择标示。进口预包装食品同时使用中文与外文时，其外文应与中文强制标示内容和选择标示的内容有对应关系，即中文与外文含义应基本一致，外文字号不得大于相应中文汉字字号。对于特殊包装形状的进口食品，在同一展示面上，中文字体高度不得小于外文对应内容的字体

高度。

对于采用在原进口预包装食品包装外加贴中文标签方式进行标示的情况，加贴中文标签应按照《预包装食品标签通则》（GB 7718—2011）的方式标示；原外文标签的图形和符号不应有违反《预包装食品标签通则》（GB 7718—2011）及相关法律法规要求的内容。

进口预包装食品外文配料表的内容均须在中文配料表中有对应内容，原产品外文配料表中没有标注，但根据我国的法律、法规和标准应当标注的内容，也应标注在中文配料表中（包括食品生产加工过程中加入的水和单一原料等）。

进口预包装食品应标示原产国或原产地区的名称，以及在中国依法登记注册的代理商、进口商或经销者的名称、地址和联系方式；可不标示生产者的名称、地址和联系方式。原有外文的生产者的名称地址等不需要翻译成中文。

进口预包装食品的原产国国名或地区区名，是指食品成为最终产品的国家或地区名称，包括包装（或灌装）国家或地区名称。进口预包装食品中文标签应当如实准确标示原产国国名或地区区名。

进口预包装食品可免于标示相关产品标准代号和质量（品质）等级。如果标示了产品标准代号和质量（品质）等级，应确保真实、准确。

五十七、进口预包装食品如仅有保质期和最佳食用日期，如何标示生产日期

应根据保质期和最佳食用日期，以加贴、补印等方式如实标示生产日期。

五十八、关于日期标示不得另外加贴、补印或篡改

本标准 4.1.7.1 条“日期标示不得另外加贴、补印或篡改”是指在已有的标签上通过加贴、补印等手段单独对日期进行篡改的行为。如果整个食品标签以不干胶形式制作，包括“生产日期”或“保质期”等日期内容，整个不干胶加贴在食品包装上符合本标准规定。

五十九、标示日期时使用“见包装”字样，是否需要指明包装的具体位置

应当区分以下两种情况：一是包装体积较大，应指明日期在包装物上的具

体部位；二是小包装食品，可采用“生产日期见包装”“生产日期见喷码”等形式。以上要求是为了方便消费者找到日期信息。

六十、关于产品标准代号的标示

应当标示产品所执行的标准代号和顺序号，可以不标示年代号。产品标准可以是食品安全国家标准、食品安全地方标准、食品安全企业标准或其他国家标准、行业标准、地方标准和企业标准。

标题可以采用但不限于这些形式：产品标准号、产品标准代号、产品标准编号、产品执行标准号等。

六十一、关于绿色食品标签的标识

根据《预包装食品标签通则》（GB 7718—2011）4.1.10 的规定，预包装食品（不包括进口预包装食品）应标示产品所执行的标准代号。标准代号是指预包装食品产品所执行的涉及产品质量、规格等内容的标准，可以是食品安全国家标准、食品安全地方标准、食品安全企业标准，或其他相关国家标准、行业标准、地方标准。按照《绿色食品标志管理办法》（农业部令 2012 年第 6 号）规定，企业在产品包装上使用绿色食品标志，即表明企业承诺该产品符合绿色食品标准。企业可以在包装上标示产品执行的绿色食品标准，也可以标示其生产中执行的其他标准。

六十二、关于致敏物质的标示

食品中的某些原料或成分，被特定人群食用后会诱发过敏反应，有效的预防手段之一就是在食品标签中标示所含有或可能含有的食品致敏物质，以便提示有过敏史的消费者选择适合自己的食品。本标准参照国际食品法典标准列出了八类致敏物质，鼓励企业自愿标示以提示消费者，有效履行社会责任。八类致敏物质以外的其他致敏物质，生产者也可自行选择是否标示。具体标示形式由食品生产经营企业参照以下自主选择。

致敏物质可以选择在配料表中用易识别的配料名称直接标示，如牛奶、鸡蛋粉、大豆磷脂等；也可以选择在邻近配料表的位置加以提示，如“含有……”等；对于配料中不含某种致敏物质，但同一车间或同一生产线上还生产含有该致敏物质的其他食品，使得致敏物质可能被带入该食品的情况，则可在邻近配料表的位置使用“可能含有……”“可能含有微量……”“本生产设备还加工含有……的食品”“此生产线也加工含有……的食品”等方式标示致敏物质信息。

六十三、关于包装物或包装容器最大表面面积的计算

附录A给出了包装物或包装容器最大表面面积计算方法，其中A.1和A.2分别规定了长方体形和圆柱形最大表面面积计算方法，是规则形状（体积）的计算方式。A.3给出了不规则形状（体积）的计算方法。在计算包装物或包装容器最大表面面积时应遵照执行。

六十四、关于预包装食品包装物不规则表面积的计算

不规则形状食品的包装物或包装容器应以呈平面或近似平面的表面为主要展示版面，并以该版面的面积为最大表面面积。如有多个平面或近似平面时，应以其中面积最大的一个为主要展示版面；如这些平面或近似平面的面积也相近时，可自主选择主要展示版面。包装总表面积计算可在包装未放置产品时平铺测定，但应除去封边及不能印刷文字部分所占尺寸。

六十五、关于标准附录B

食品生产者在配料表中标示食品添加剂时，必须从附录B中选择一种标示形式。附录B用具体示例详细说明了食品添加剂在配料表中的不同标示方式，食品生产经营企业可以按食品的特性，选择其中的一种来标示配料表。但配料表中各配料之间的分隔方式和标点符号不做特别要求。

六十六、关于标准附录C

附录C集中了一些标签项目推荐标示形式的示例。食品生产者在标示相应的标签项目时，应与推荐形式的基本涵义保持一致，但文字表达方式、标点符号的选用等不限于示例中的形式。

附录C运用了大量的示例来说明净含量和规格、日期、保质期及贮存条件的标示方式。食品生产经营企业可以根据需要，选用其中的一种，但并非必

须与之完全相同，也可以按照食品或包装的特性，在不改变基本涵义的前提下，对推荐的形式做适当的修改。

六十七、关于如何实施标准

在本标准实施日期之前，允许并鼓励食品生产经营企业执行本标准。为节约资源、避免浪费，在实施日期前可继续使用符合原《预包装食品标签通则》（GB 7718—2004）要求的食品标签。在本标准实施日期之后，食品生产企业必须执行本标准，但在实施日期前使用旧版标签的食品可在产品保质期内继续销售。

中华人民共和国国家标准

GB 28050—2011

食品安全国家标准
预包装食品营养标签通则

2011-10-12 发布　　　　2013-01-01 实施

中华人民共和国卫生部　发布

食品安全国家标准
预包装食品营养标签通则

1　范围

本标准适用于预包装食品营养标签上营养信息的描述和说明。

本标准不适用于保健食品及预包装特殊膳食用食品的营养标签标示。

2　术语和定义

2.1　营养标签

预包装食品标签上向消费者提供食品营养信息和特性的说明，包括营养成分表、营养声称和营养成分功能声称。营养标签是预包装食品标签的一部分。

2.2　营养素

食物中具有特定生理作用，能维持机体生长、发育、活动、繁殖以及正常代谢所需的物质，包括蛋白质、脂肪、碳水化合物、矿物质及维生素等。

2.3　营养成分

食品中的营养素和除营养素以外的具有营养和（或）生理功能的其他食物成分。各营养成分的定义可参照GB/Z 21922《食品营养成分基本术语》。

2.4　核心营养素

营养标签中的核心营养素包括蛋白质、脂肪、碳水化合物和钠。

2.5　营养成分表

标有食品营养成分名称、含量和占营养素参考值（NRV）百分比的规范性表格。

2.6　营养素参考值（NRV）

专用于食品营养标签，用于比较食品营养成分含量的参考值。

2.7　营养声称

对食品营养特性的描述和声明，如能量水平、蛋白质含量水平。营养声称包括含量声称和比较声称。

2.7.1　含量声称

描述食品中能量或营养成分含量水平的声称。声称用语包括“含有”“高”“低”或“无”等。

2.7.2 比较声称

与消费者熟知的同类食品的营养成分含量或能量值进行比较以后的声称。声称用语包括“增加”或“减少”等。

2.8 营养成分功能声称

某营养成分可以维持人体正常生长、发育和正常生理功能等作用的声称。

2.9 修约间隔

修约值的最小数值单位。

2.10 可食部

预包装食品净含量去除其中不可食用的部分后的剩余部分。

3 基本要求

3.1 预包装食品营养标签标示的任何营养信息，应真实、客观，不得标示虚假信息，不得夸大产品的营养作用或其他作用。

3.2 预包装食品营养标签应使用中文。如同时使用外文标示的，其内容应当与中文相对应，外文字号不得大于中文字号。

3.3 营养成分表应以一个“方框表”的形式表示（特殊情况除外），方框可为任意尺寸，并与包装的基线垂直，表题为“营养成分表”。

3.4 食品营养成分含量应以具体数值标示，数值可通过原料计算或产品检测获得。各营养成分的营养素参考值（NRV）见附录 A。

3.5 营养标签的格式见附录 B，食品企业可根据食品的营养特性、包装面积的大小和形状等因素选择使用其中的一种格式。

3.6 营养标签应标在向消费者提供的最小销售单元的包装上。

4 强制标示内容

4.1 所有预包装食品营养标签强制标示的内容包括能量、核心营养素的含量值及其占营养素参考值（NRV）的百分比。当标示其他成分时，应采取适当形式使能量和核心营养素的标示更加醒目。

4.2 对除能量和核心营养素外的其他营养成分进行营养声称或营养成分功能声称时，在营养成分表中还应标示出该营养成分的含量及其占营养素参考值

（NRV）的百分比。

4.3　使用了营养强化剂的预包装食品，除 4.1 的要求外，在营养成分表中还应标示强化后食品中该营养成分的含量值及其占营养素参考值（NRV）的百分比。

4.4　食品配料含有或生产过程中使用了氢化和（或）部分氢化油脂时，在营养成分表中还应标示出反式脂肪（酸）的含量。

4.5　上述未规定营养素参考值（NRV）的营养成分仅需标示含量。

5　可选择标示内容

5.1　除上述强制标示内容外，营养成分表中还可选择标示表 1 中的其他成分。

5.2　当某营养成分含量标示值符合表 C.1 的含量要求和限制性条件时，可对该成分进行含量声称，声称方式见表 C.1。当某营养成分含量满足表 C.3 的要求和条件时，可对该成分进行比较声称，声称方式见表 C.3。当某营养成分同时符合含量声称和比较声称的要求时，可以同时使用两种声称方式，或仅使用含量声称。含量声称和比较声称的同义语见表 C.2 和表 C.4。

5.3　当某营养成分的含量标示值符合含量声称或比较声称的要求和条件时，可使用附录 D 中相应的一条或多条营养成分功能声称标准用语。不应对功能声称用语进行任何形式的删改、添加和合并。

6　营养成分的表达方式

6.1　预包装食品中能量和营养成分的含量应以每 100 克（g）和（或）每 100 毫升（mL）和（或）每份食品可食部中的具体数值来标示。当用份标示时，应标明每份食品的量。份的大小可根据食品的特点或推荐量规定。

6.2　营养成分表中强制标示和可选择性标示的营养成分的名称和顺序、标示单位、修约间隔、“0”界限值应符合表 1 的规定。当不标示某一营养成分时，依序上移。

6.3　当标示 GB 14880 和卫生部公告中允许强化的除表 1 外的其他营养成分时，其排列顺序应位于表 1 所列营养素之后。

表 1　能量和营养成分名称、顺序、表达单位、修约间隔和“0”界限值

能量和营养成分的名称和顺序	表达单位[a]	修约间隔	“0”界限值（每 100g 或 100mL）[b]
能量	千焦（kJ）	1	≤ 17kJ
蛋白质	克（g）	0.1	≤ 0.5g
脂肪	克（g）	0.1	≤ 0.5g
饱和脂肪（酸）	克（g）	0.1	≤ 0.1g
反式脂肪（酸）	克（g）	0.1	≤ 0.3g
单不饱和脂肪（酸）	克（g）	0.1	≤ 0.1g
多不饱和脂肪（酸）	克（g）	0.1	≤ 0.1g
胆固醇	毫克（mg）	1	≤ 5mg
碳水化合物	克（g）	0.1	≤ 0.5g
糖（乳糖[c]）	克（g）	0.1	≤ 0.5g
膳食纤维（或单体成分，或可溶性、不可溶性膳食纤维）	克（g）	0.1	≤ 0.5g
钠	毫克（mg）	1	≤ 5mg
维生素 A	微克视黄醇当量（μgRE）	1	≤ 8μgRE
维生素 D	微克（μg）	0.1	≤ 0.1μg
维生素 E	毫克 a- 生育酚当量（mga-TE）	0.01	≤ 0.28mga-TE
维生素 K	微克（μg）	0.1	≤ 1.6μg
维生素 B_1（硫胺素）	毫克（mg）	0.01	≤ 0.03mg
维生素 B_2（核黄素）	毫克（mg）	0.01	≤ 0.03mg
维生素 B_6	毫克（mg）	0.01	≤ 0.03mg
维生素 B_{12}	微克（μg）	0.01	≤ 0.05μg
维生素 C（抗坏血酸）	毫克（mg）	0.1	≤ 2.0mg
烟酸（烟酰胺）	毫克（mg）	0.01	≤ 0.28mg
叶酸	微克（μg）或微克叶酸当量（μgDFE）	1	≤ 8μg
泛酸	毫克（mg）	0.01	≤ 0.10mg
生物素	微克（μg）	0.1	≤ 0.6μg
胆碱	毫克（mg）	0.1	≤ 9.0mg
磷	毫克（mg）	1	≤ 14mg
钾	毫克（mg）	1	≤ 20mg
镁	毫克（mg）	1	≤ 6mg
钙	毫克（mg）	1	≤ 8mg
铁	毫克（mg）	0.1	≤ 0.3mg
锌	毫克（mg）	0.01	≤ 0.30mg
碘	微克（μg）	0.1	≤ 3.0μg
硒	微克（μg）	0.1	≤ 1.0μg
铜	毫克（mg）	0.01	≤ 0.03mg
氟	毫克（mg）	0.01	≤ 0.02mg
锰	毫克（mg）	0.01	≤ 0.06mg

[a] 营养成分的表达单位可选择表格中的中文或英文，也可以两者都使用。
[b] 当某营养成分含量数值≤“0”界限值时，其含量应标示为“0”；使用“份”的计量单位时，也要同时符合每 100g 或 100mL 的“0”界限值的规定。
[c] 在乳及乳制品的营养标签中可直接标示乳糖。

6.4 在产品保质期内，能量和营养成分含量的允许误差范围应符合表 2 的规定。

表 2 能量和营养成分含量的允许误差范围

能量和营养成分	允许误差范围
食品的蛋白质，多不饱和及单不饱和脂肪（酸），碳水化合物、糖（仅限乳糖），总的、可溶性或不溶性膳食纤维及其单体，维生素（不包括维生素 D、维生素 A），矿物质（不包括钠），强化的其他营养成分	≥ 80% 标示值
食品中的能量以及脂肪、饱和脂肪（酸）、反式脂肪（酸），胆固醇，钠，糖（除外乳糖）	≤ 120% 标示值
食品中的维生素 A 和维生素 D	80%～180% 标示值

7 豁免强制标示营养标签的预包装食品

下列预包装食品豁免强制标示营养标签：

——生鲜食品，如包装的生肉、生鱼、生蔬菜和水果、禽蛋等；

——乙醇含量≥ 0.5% 的饮料酒类；

——包装总表面积≤ $100cm^2$ 或最大表面面积≤ $20cm^2$ 的食品；

——现制现售的食品；

——包装的饮用水；

——每日食用量≤ 10g 或 10mL 的预包装食品；

——其他法律法规标准规定可以不标示营养标签的预包装食品。

豁免强制标示营养标签的预包装食品，如果在其包装上出现任何营养信息时，应按照本标准执行。

附录 A

食品标签营养素参考值（NRV）及其使用方法

A.1 食品标签营养素参考值（NRV）

规定的能量和 32 种营养成分参考数值如表 A.1 所示。

表 A. 1 营养素参考值（NRV）

营养成分	NRV	营养成分	NRV
能量[a]	8400kJ	叶酸	400μgDFE
蛋白质	60g	泛酸	5mg
脂肪	≤ 60g	生物素	30μg
饱和脂肪酸	≤ 20g	胆碱	450mg
胆固醇	≤ 300mg	钙	800mg
碳水化合物	300g	磷	700mg
膳食纤维	25g	钾	2000mg
维生素 A	800μg RE	钠	2000mg
维生素 D	5μg	镁	300mg
维生素 E	14mg a-TE	铁	15mg
维生素 K	80μg	锌	15mg
维生素 B_1	1.4mg	碘	150μg
维生素 B_2	1.4mg	硒	50μg
维生素 B_6	1.4mg	铜	1.5mg
维生素 B_{12}	2.4μg	氟	1mg
维生素 C	100mg	锰	3mg
烟酸	14mg		

[a] 能量相当于 2000kcal；蛋白质、脂肪、碳水化合物供能分别占总能量的 13%、27% 与 60%。

A.2 使用目的和方式

用于比较和描述能量或营养成分含量的多少，使用营养声称和零数值的标示时，用作标准参考值。使用方式为营养成分含量占营养素参考值（NRV）的百分数；指定 NRV% 的修约间隔为 1，如 1%、5%、16% 等。

A.3 计算

营养成分含量占营养素参考值（NRV）的百分数计算公式见式（A.1）：

$$NRV\% = \frac{X}{NRV} \times 100\% \qquad (A.1)$$

式中：

X——食品中某营养素的含量；

NRV——该营养素的营养素参考值。

附录 B

营养标签格式

B.1　本附录规定了预包装食品营养标签的格式。

B.2　应选择以下 6 种格式中的一种进行营养标签的标示。

B.2.1　仅标示能量和核心营养素的格式

仅标示能量和核心营养素的营养标签见示例 1。

示例 1：

营养成分表		
项目	每 100 克（g）或 100 毫升（mL）或每份	营养素参考值 % 或 NRV%
能量	千焦（kJ）	%
蛋白质	克（g）	%
脂肪	克（g）	%
碳水化合物	克（g）	%
钠	毫克（mg）	%

B.2.2　标注更多营养成分

标注更多营养成分的营养标签见示例 2。

示例 2：

营养成分表		
项目	每 100 克（g）或 100 毫升（mL）或每份	营养素参考值 % 或 NRV%
能量	千焦（kJ）	%
蛋白质	克（g）	%
脂肪	克（g）	%
——饱和脂肪	克（g）	%
胆固醇	毫克（mg）	%
碳水化合物	克（g）	%
——糖	克（g）	
膳食纤维	克（g）	%
钠	毫克（mg）	%
维生素 A	微克视黄醇当量（μgRE）	%
钙	毫克（mg）	%

注：核心营养素应采取适当形式使其醒目。

B.2.3　附有外文的格式

附有外文的营养标签见示例 3。

示例 3：

营养成分表　nutrition information		
项目 /Items	每 100 克（g）或 100 毫升（mL）或每份 per 100g/100mL or per serving	营养素参考值 %/NRV%
能量 /energy	千焦（kJ）	%
蛋白质 /protein	克（g）	%
脂肪 /fat	克（g）	%
碳水化合物 /carbohydrate	克（g）	%
钠 /sodium	毫克（mg）	%

B.2.4　横排格式

横排格式的营养标签见示例 4。

示例 4：

营养成分表					
项目	每 100 克（g）/ 毫升（mL）或每份	营养素参考值 % 或 NRV%	项目	每 100 克（g）/ 毫升（mL）或每份	营养素参考值 % 或 NRV%
能量	千焦（kJ）	%	碳水化合物	克（g）	%
蛋白质	克（g）	%	钠	毫克（mg）	%
脂肪	克（g）	%	—	—	%

注：根据包装特点，可将营养成分从左到右横向排开，分为两列或两列以上进行标示。

B.2.5　文字格式

包装的总面积小于 100cm^2 的食品，如进行营养成分标示，允许用非表格的形式，并可省略营养素参考值（NRV）的标示。根据包装特点，营养成分从左到右横向排开，或者自上而下排开，如示例 5。

示例 5：

营养成分 /100g：能量 ××kJ，蛋白质 ××g，脂肪 ××g，碳水化合物 ××g，钠 ××mg。

B.2.6　附有营养声称和（或）营养成分功能声称的格式

附有营养声称和（或）营养成分功能声称的营养标签见示例 6。

示例 6：

营养成分表		
项目	每 100 克（g）或 100 毫升（mL）或每份	营养素参考值 % 或 NRV%
能量	千焦（kJ）	%
蛋白质	克（g）	%
脂肪	克（g）	%
碳水化合物	克（g）	%
钠	毫克（mg）	%

营养声称如：低脂肪 ××。

营养成分功能声称如：每日膳食中脂肪提供的能量比例不宜超过总能量的30%。

营养声称、营养成分功能声称可以在标签的任意位置。但其字号不得大于食品名称和商标。

附录 C

能量和营养成分含量声称和比较声称的要求、条件和同义语

C.1　表 C.1 规定了预包装食品能量和营养成分含量声称的要求和条件。

C.2　表 C.2 规定了预包装食品能量和营养成分含量声称的同义语。

C.3　表 C.3 规定了预包装食品能量和营养成分比较声称的要求和条件。

C.4　表 C.4 规定了预包装食品能量和营养成分比较声称的同义语。

表 C.1　能量和营养成分含量声称的要求和条件

项目	含量声称方式	含量要求[a]	限制性条件
能量	无能量	≤ 17kJ/100g（固体）或 100mL（液体）	其中脂肪提供的能量≤总能量的 50%
	低能量	≤ 170kJ/100g 固体 ≤ 80kJ/100mL 液体	
蛋白质	低蛋白质	来自蛋白质的能量≤总能量的 5%	总能量指每 100g/mL 或每份
	蛋白质来源，或含有蛋白质	每 100g 的含量≥ 10%NRV 每 100mL 的含量≥ 5%NRV 或者 每 420kJ 的含量≥ 5%NRV	
	高，或富含蛋白质	每 100g 的含量≥ 20%NRV 每 100mL 的含量≥ 10%NRV 或者 每 420kJ 的含量≥ 10%NRV	
脂肪	无或不含脂肪	≤ 0.5g/100g（固体）或 100mL（液体）	
	低脂肪	≤ 3g/100g 固体；≤ 1.5g/100mL 液体	
	瘦	脂肪含量≤ 10%	仅指畜肉类和禽肉类
	脱脂	液态奶和酸奶：脂肪含量≤ 0.5%； 乳粉：脂肪含量≤ 1.5%。	仅指乳品类
	无或不含饱和脂肪	≤ 0.1g/100g（固体）或 100mL（液体）	指饱和脂肪及反式脂肪的总和
	低饱和脂肪	≤ 1.5g/100g 固体 ≤ 0.75g/100mL 液体	1. 指饱和脂肪及反式脂肪的总和 2. 其提供的能量占食品总能量的 10% 以下
	无或不含反式脂肪酸	≤ 0.3g/100g（固体）或 100mL（液体）	
胆固醇	无或不含胆固醇	≤ 5mg/100g（固体）或 100mL（液体）	应同时符合低饱和脂肪的声称含量要求和限制性条件
	低胆固醇	≤ 20mg/100g 固体 ≤ 10mg/100mL 液体	
碳水化合物（糖）	无或不含糖	≤ 0.5g/100g（固体）或 100mL（液体）	
	低糖	≤ 5g/100g（固体）或 100mL（液体）	
	低乳糖	乳糖含量≤ 2g/100g（mL）	仅指乳品类
	无乳糖	乳糖含量≤ 0.5g/100g（mL）	

表 C.1（续）

项目	含量声称方式	含量要求[a]	限制性条件
膳食纤维	膳食纤维来源或含有膳食纤维	≥ 3g/100g（固体） ≥ 1.5g/100mL（液体）或 ≥ 1.5g/420kJ	膳食纤维总量符合其含量要求；或者可溶性膳食纤维、不溶性膳食纤维或单体成分任一项符合含量要求
	高或富含膳食纤维或良好来源	≥ 6g/100g（固体） ≥ 3g/100mL（液体）或 ≥ 3g/420kJ	
钠	无或不含钠	≤ 5mg/100g 或 100mL	符合"钠"声称的声称时，也可用"盐"字代替"钠"字，如"低盐""减少盐"等
	极低钠	≤ 40mg/100g 或 100mL	
	低钠	≤ 120mg/100g 或 100mL	
维生素	维生素 × 来源或含有维生素 ×	每 100g 中≥ 15%NRV 每 100mL 中≥ 7.5%NRV 或 每 420kJ 中≥ 5%NRV	含有"多种维生素"指 3 种和（或）3 种以上维生素含量符合"含有"的声称要求
	高或富含维生素 ×	每 100g 中≥ 30%NRV 每 100mL 中≥ 15%NRV 或 每 420kJ 中≥ 10%NRV	富含"多种维生素"指 3 种和（或）3 种以上维生素含量符合"富含"的声称要求
矿物质（不包括钠）	× 来源，或含有 ×	每 100g 中≥ 15%NRV 每 100mL 中≥ 7.5%NRV 或 每 420kJ 中≥ 5%NRV	含有"多种矿物质"指 3 种和（或）3 种以上矿物质含量符合"含有"的声称要求
	高，或富含 ×	每 100g 中≥ 30%NRV 每 100mL 中≥ 15%NRV 或 每 420kJ 中≥ 10%NRV	富含"多种矿物质"指 3 种和（或）3 种以上矿物质含量符合"富含"的声称要求

[a] 用"份"作为食品计量单位时，也应符合 100g（mL）的含量要求才可以进行声称。

表 C.2 含量声称的同义语

标准语	同义语	标准语	同义语
不含，无	零（0），没有，100% 不含，无，0%	含有，来源	提供，含，有
极低	极少	富含，高	良好来源，含丰富 ××、丰富（的）××，提供高（含量）××
低	少、少油[a]		

[a] "少油"仅用于低脂肪的声称。

表 C.3 能量和营养成分比较声称的要求和条件

比较声称方式	要求	条件
减少能量	与参考食品比较，能量值减少 25% 以上	参考食品（基准食品）应为消费者熟知、容易理解的同类或同一属类食品
增加或减少蛋白质	与参考食品比较，蛋白质含量增加或减少 25% 以上	
减少脂肪	与参考食品比较，脂肪含量减少 25% 以上	
减少胆固醇	与参考食品比较，胆固醇含量减少 25% 以上	
增加或减少碳水化合物	与参考食品比较，碳水化合物含量增加或减少 25% 以上	
减少糖	与参考食品比较，糖含量减少 25% 以上	
增加或减少膳食纤维	与参考食品比较，膳食纤维含量增加或减少 25% 以上	
减少钠	与参考食品比较，钠含量减少 25% 以上	
增加或减少矿物质（不包括钠）	与参考食品比较，矿物质含量增加或减少 25% 以上	
增加或减少维生素	与参考食品比较，维生素含量增加或减少 25% 以上	

表 C.4　比较声称的同义语

标准语	同义语	标准语	同义语
增加	增加 ×%（× 倍）	减少	减少 ×%（× 倍）
	增、增 ×%（× 倍）		减、减 ×%（× 倍）
	加、加 ×%（× 倍）		少、少 ×%（× 倍）
	增高、增高（了）×%（× 倍）		减低、减低 ×%（× 倍）
	添加（了）×%（× 倍）		降 ×%（× 倍）
	多 ×%，提高 × 倍等		降低 ×%（× 倍）等

附录 D

能量和营养成分功能声称标准用语

D.1　本附录规定了能量和营养成分功能声称标准用语。

D.2　能量

人体需要能量来维持生命活动。

机体的生长发育和一切活动都需要能量。

适当的能量可以保持良好的健康状况。

能量摄入过高、缺少运动与超重和肥胖有关。

D.3　蛋白质

蛋白质是人体的主要构成物质并提供多种氨基酸。

蛋白质是人体生命活动中必需的重要物质，有助于组织的形成和生长。

蛋白质有助于构成或修复人体组织。

蛋白质有助于组织的形成和生长。

蛋白质是组织形成和生长的主要营养素。

D.4　脂肪

脂肪提供高能量。

每日膳食中脂肪提供的能量比例不宜超过总能量的 30%。

脂肪是人体的重要组成成分。

脂肪可辅助脂溶性维生素的吸收。

脂肪提供人体必需脂肪酸。

D.4.1　饱和脂肪

饱和脂肪可促进食品中胆固醇的吸收。

饱和脂肪摄入过多有害健康。

过多摄入饱和脂肪可使胆固醇增高，摄入量应少于每日总能量的 10%。

D.4.2　反式脂肪酸

每天摄入反式脂肪酸不应超过 2.2g，过多摄入有害健康。

反式脂肪酸摄入量应少于每日总能量的 1%，过多摄入有害健康。

过多摄入反式脂肪酸可使血液胆固醇增高，从而增加心血管疾病发生的风险。

D.5 胆固醇

成人一日膳食中胆固醇摄入总量不宜超过 300mg。

D.6 碳水化合物

碳水化合物是人类生存的基本物质和能量主要来源。

碳水化合物是人类能量的主要来源。

碳水化合物是血糖生成的主要来源。

膳食中碳水化合物应占能量的 60% 左右。

D.7 膳食纤维

膳食纤维有助于维持正常的肠道功能。

膳食纤维是低能量物质。

D.8 钠

钠能调节机体水分，维持酸碱平衡。

成人每日食盐的摄入量不超过 6g。

钠摄入过高有害健康。

D.9 维生素 A

维生素 A 有助于维持暗视力。

维生素 A 有助于维持皮肤和黏膜健康。

D.10 维生素 D

维生素 D 可促进钙的吸收。

维生素 D 有助于骨骼和牙齿的健康。

维生素 D 有助于骨骼形成。

D.11 维生素 E

维生素 E 有抗氧化作用。

D.12 维生素 B_1

维生素 B_1 是能量代谢中不可缺少的成分。

维生素 B_1 有助于维持神经系统的正常生理功能。

D.13 维生素 B_2

维生素 B_2 有助于维持皮肤和黏膜健康。

维生素 B_2 是能量代谢中不可缺少的成分。

D.14　维生素 B_6

维生素 B_6 有助于蛋白质的代谢和利用。

D.15　维生素 B_{12}

维生素 B_{12} 有助于红细胞形成。

D.16　维生素 C

维生素 C 有助于维持皮肤和黏膜健康。

维生素 C 有助于维持骨骼、牙龈的健康。

维生素 C 可以促进铁的吸收。

维生素 C 有抗氧化作用。

D.17　烟酸

烟酸有助于维持皮肤和黏膜健康。

烟酸是能量代谢中不可缺少的成分。

烟酸有助于维持神经系统的健康。

D.18　叶酸

叶酸有助于胎儿大脑和神经系统的正常发育。

叶酸有助于红细胞形成。

叶酸有助于胎儿正常发育。

D.19　泛酸

泛酸是能量代谢和组织形成的重要成分。

D.20　钙

钙是人体骨骼和牙齿的主要组成成分，许多生理功能也需要钙的参与。

钙是骨骼和牙齿的主要成分，并维持骨密度。

钙有助于骨骼和牙齿的发育。

钙有助于骨骼和牙齿更坚固。

D.21　镁

镁是能量代谢、组织形成和骨骼发育的重要成分。

D.22　铁

铁是血红细胞形成的重要成分。

铁是血红细胞形成的必需元素。

铁对血红蛋白的产生是必需的。

D.23 锌

锌是儿童生长发育的必需元素。

锌有助于改善食欲。

锌有助于皮肤健康。

D.24 碘

碘是甲状腺发挥正常功能的元素。

《食品安全国家标准　预包装食品营养标签通则》（GB 28050—2011）问答（修订版）

一、基本情况

（一）制定目的。

食品营养标签是向消费者提供食品营养信息和特性的说明，也是消费者直观了解食品营养组分、特征的有效方式。根据《食品安全法》有关规定，为指导和规范我国食品营养标签标示，引导消费者合理选择预包装食品，促进公众膳食营养平衡和身体健康，保护消费者知情权、选择权和监督权，原卫生部在参考国际食品法典委员会和国内外管理经验的基础上，组织制定了《预包装食品营养标签通则》（GB 28050—2011，以下简称“营养标签标准”），于2013年1月1日起正式实施。

（二）实施营养标签标准的意义。

根据国家营养调查结果，我国居民既有营养不足，也有营养过剩的问题，特别是脂肪和钠（食盐）的摄入较高，是引发慢性病的主要因素。通过实施营养标签标准，要求预包装食品必须标示营养标签内容，一是有利于宣传普及食品营养知识，指导公众科学选择膳食；二是有利于促进消费者合理平衡膳食和身体健康；三是有利于规范企业正确标示营养标签，科学宣传有关营养知识，促进食品产业健康发展。

（三）国际上食品营养标签管理情况。

国际组织和许多国家都非常重视食品营养标签，国际食品法典委员会（CAC）先后制定了多个营养标签相关标准和技术文件，大多数国家制定了有关法规和标准。特别是世界卫生组织/联合国粮农组织（WHO/FAO）的《膳食、营养与慢性病》报告发布后，各国在推行食品营养标签制度和指导健康膳食方面出台了更多举措。世界卫生组织（WHO）2004年调查显示，74.3%的国家有食品营养标签管理法规。美国早在1994年就开始强制实施营养标签法规，我国台湾地区和香港特别行政区也已对预包装食品采取强制性营养标签管理制度。

（四）营养标签标准实施原则。

标准实施应当遵循以下原则：一是食品生产企业应当严格依据法律法规和标准组织生产，符合营养标签标准要求。二是提倡以技术指导和规范执法并重的监督执法方式，对预包装食品营养标签不规范的，应积极指导生产企业，帮助查找原因，采取“加贴”等改进措施改正（国家另行规定的除外）。三是推动食品产业健康发展，食品生产企业应当采取措施，将营养标签标准的各项要求与生产技术、经营、管理工作相结合，逐步减少盐、脂肪和糖的用量，提高食品的营养价值，促进产业健康发展。

（五）营养标签标准与相关部门规章、规范性文件的衔接。

营养标签标准是食品安全国家标准，属于强制执行的标准。标准实施后，其他相关规定与本标准不一致的，应当按照本标准执行。自营养标签标准实施之日，原卫生部2007年公布的《食品营养标签管理规范》即行废止。

（六）营养标签标准与原《食品营养标签管理规范》的比较。

营养标签标准充分考虑了《食品营养标签管理规范》规定及其实施情况，借鉴了国外的管理经验，进一步完善了营养标签管理制度，主要是：

1. 简化了营养成分分类和标签格式。删除“宜标示的营养成分”分类，调整营养成分标示顺序，减少对营养标签格式的限制，增加文字表述的基本格式。

2. 增加了使用营养强化剂和氢化油要强制性标示相关内容、能量和营养素低于“0”界限值时应标示“0”等强制性标示要求。

3. 删除可选择标示的营养成分铬、钼及其NRV值。

4. 简化了允许误差，删除对维生素A、D含量在“强化与非强化食品”中允许误差的差别。

5. 适当调整了营养声称规定。增加营养声称的标准语和同义语，增加反式脂肪（酸）“0”声称的要求和条件，增加部分营养成分按照每420kJ标示的声称条件。

6. 适当调整了营养成分功能声称。删除对营养成分功能声称放置位置的限制，增加能量、膳食纤维、反式脂肪（酸）等的功能声称用语，修改饱和脂肪、泛酸、镁、铁等的功能声称用语。

二、适用对象和范围

（七）预包装食品。

直接提供给消费者的预包装食品，应按照本标准规定标示营养标签（豁免标示的食品除外）；非直接提供给消费者的预包装食品，可以参照本标准执行，也可以按企业双方约定或合同要求标注或提供有关营养信息。

（八）关于豁免强制标示营养标签的预包装食品。

根据国际上实施营养标签制度的经验，营养标签标准中规定了可以豁免标示营养标签的部分食品范围。鼓励豁免的预包装食品按本标准要求自愿标示营养标签。豁免强制标示营养标签的食品如下：

1. 食品的营养素含量波动大的，如生鲜食品、现制现售食品。

2. 包装小，不能满足营养标签内容的，如包装总表面积≤ $100cm^2$ 或最大表面面积≤ $20cm^2$ 的预包装食品。

3. 食用量小、对机体营养素的摄入贡献较小的，如饮料酒类、包装饮用水、每日食用量≤ 10g 或 10mL 的。

符合以上条件的预包装食品，如果有以下情形，则应当按照营养标签标准的要求，强制标注营养标签：

1. 企业自愿选择标示营养标签的。

2. 标签中有任何营养信息（如“蛋白质≥ 3.3%”等）的。但是，相关产品标准中允许使用的工艺、分类等内容的描述，不应当作为营养信息，如“脱盐乳清粉”等。

3. 使用了营养强化剂、氢化和（或）部分氢化植物油的。

4. 标签中有营养声称或营养成分功能声称的。

（九）关于生鲜食品。

是指预先定量包装的、未经烹煮、未添加其他配料的生肉、生鱼、生蔬菜和水果等，如袋装鲜（或冻）虾、肉、鱼或鱼块、肉块、肉馅等。此外，未添加其他配料的干制品类，如干蘑菇、木耳、干水果、干蔬菜等，以及生鲜蛋类等，也属于本标准中生鲜食品的范围。

但是，预包装速冻面米制品和冷冻调理食品不属于豁免范围，如速冻饺子、包子、汤圆、虾丸等。

（十）关于乙醇含量≥ 0.5% 的饮料酒类。

酒精含量大于等于 0.5% 的饮料酒类产品，包括发酵酒及其配制酒、蒸馏酒及其配制酒以及其他酒类（如料酒等）。上述酒类产品除水分和酒精外，基本不含任何营养素，可不标示营养标签。

（十一）关于包装总表面积≤ $100cm^2$ 或最大表面面积≤ $20cm^2$ 的预包装食品。

产品包装总表面积小于等于 $100cm^2$ 或最大表面面积小于等于 $20cm^2$ 的预包装食品可豁免强制标示营养标签（两者满足其一即可），但允许自愿标示营养信息。这类产品自愿标示营养信息时，可使用文字格式，并可省略营养素参考值（NRV）标示。

包装总表面积计算可在包装未放置产品时平铺测定，但应除去封边及不能印刷文字部分所占尺寸。包装最大表面面积的计算方法同《预包装食品标签通则》（GB 7718—2011）的附录 A。

（十二）关于重复使用玻璃瓶包装的食品。

对于重复使用玻璃瓶包装的食品，如果无法在瓶身印刷信息，可按照“包装总表面积≤ $100cm^2$ 或最大表面面积≤ $20cm^2$ 的食品”执行，免于标示营养标签。鼓励生产企业在上述食品的外包装箱或其包装箱内提供营养信息。

（十三）关于现制现售食品。

是指现场制作、销售并可即时食用的食品。

但是，食品加工企业集中生产加工、配送到商场、超市、连锁店、零售店等销售的预包装食品，应当按标准规定标示营养标签。

（十四）关于包装饮用水。

包装饮用水是指饮用天然矿泉水、饮用纯净水及其他饮用水，这类产品主要提供水分，基本不提供营养素，因此豁免强制标示营养标签。

对于包装饮用水，依据相关标准标注产品的特征性指标，如偏硅酸、碘化物、硒、溶解性总固体含量以及主要阳离子（K^+、Na^+、Ca^{2+}、Mg^{2+}）含量范围等，不作为营养信息。

（十五）关于每日食用量≤ 10g 或 10mL 的预包装食品。

指食用量少、对机体营养素的摄入贡献较小，或者单一成分调味品的食品，具体包括：

1. 调味品：味精、食醋等。

2. 甜味料：食糖、淀粉糖、花粉、餐桌甜味料、调味糖浆等。

3. 香辛料：花椒、大料、辣椒等单一原料香辛料和五香粉、咖喱粉等多种香辛料混合物。

4. 可食用比例较小的食品：茶叶（包括袋泡茶）、胶基糖果、咖啡豆、研磨咖啡粉等。

5. 其他：酵母、食用淀粉等。

但是，对于单项营养素含量较高、对营养素日摄入量影响较大的食品，如腐乳类、酱腌菜（咸菜）、酱油、酱类（黄酱、肉酱、辣酱、豆瓣酱等）以及复合调味料等，应当标示营养标签。

（十六）使用了营养强化剂的预包装食品如何标示营养信息。

使用了营养强化剂的预包装食品，除按标准 4.1 规定标示外，在营养成分表中还应标示强化后食品中该营养素的含量及其占营养素参考值（NRV）的百分比。若强化的营养成分不属于本标准表 1 所列范围，其标示顺序应排列于表 1 所列营养素之后，但对其排列顺序不作要求。

既是营养强化剂又是食品添加剂的物质，如维生素 C、维生素 E、β-胡萝卜素、核黄素、碳酸钙等，若按照 GB 14880 规定作为营养强化剂使用时，应当按照本标准要求标示其含量及 NRV%（无 NRV 值的无需标示 NRV%）；若仅作为食品添加剂使用，可不在营养标签中标示。

三、营养成分表

（十七）关于营养成分表。

营养成分表是标示食品中能量和营养成分的名称、含量及其占营养素参考值（NRV）百分比的规范性表格。例如：

营养成分表		
项目	每 100g	NRV%
能量	1823kJ	22%
蛋白质	9.0g	15%
脂肪	12.7g	21%
碳水化合物	70.6g	24%
钠	204mg	10%
维生素 A	72mgRE	9%
维生素 B_1	0.09mg	6%

（十八）“营养成分表与包装的基线垂直”应如何理解？

包装的基线是指包装的直线边缘或轴线，或者是产品的底面形成的基线。在保证营养成分表为方框表的前提下，其一边与基线垂直即可。

（十九）营养成分表的基本要素。

包括 5 个基本要素：表头、营养成分名称、含量、NRV% 和方框。

1. 表头。以“营养成分表”作为表头。

2. 营养成分名称。按标准表 1 的名称和顺序标示能量和营养成分。

3. 含量。指含量数值及表达单位，为方便理解，表达单位也可位于营养成分名称后，如能量（kJ）。

4. NRV%。指能量或营养成分含量占相应营养素参考值（NRV）的百分比。

5. 方框。采用表格或相应形式。

营养成分表各项内容应使用中文标示，若同时标示英文，应与中文相对应。企业在制作营养标签时，可根据版面设计对字体进行变化，以不影响消费者正确理解为宜。

（二十）关于核心营养素。

核心营养素是食品中存在的与人体健康密切相关，具有重要公共卫生意义的营养素，摄入缺乏可引起营养不良，影响儿童和青少年生长发育和健康，摄入过量则可导致肥胖和慢性病发生。本标准中的核心营养素是在充分考虑我国居民营养健康状况和慢性病发病状况的基础上，结合国际贸易需要与我国社会发展需求等多种因素而确定的，包括蛋白质、脂肪、碳水化合物、钠四种。

根据标准实施情况将适时对核心营养素的数量和内容进行补充完善。

（二十一）其他国家和地区规定的核心营养素。

各国规定的核心营养素主要基于其居民营养状况、营养缺乏病、慢性病的发生率、监督水平、企业承受能力等因素确定。部分国家和地区规定的核心营养素如表 1。

表 1　部分国家和地区核心营养素数量及种类

国家或地区	能量 + 核心营养素
国际食品法典委员会	1+6：能量、蛋白质、可利用碳水化合物、脂肪、饱和脂肪、钠、总糖
美国	1+14：能量、由脂肪提供的能量百分比、脂肪、饱和脂肪、胆固醇、总碳水化合物、糖、膳食纤维、蛋白质、维生素 A、维生素 C、钠、钙、铁、反式脂肪酸
加拿大	1+13：能量、脂肪、饱和脂肪、反式脂肪（同时标出饱和脂肪与反式脂肪之和）、胆固醇、钠、总碳水化合物、膳食纤维、糖、蛋白质、维生素 A、维生素 C、钙、铁
澳大利亚	1+6：能量、蛋白质、脂肪、饱和脂肪、碳水化合物、糖、钠
马来西亚	1+4：能量、蛋白质、脂肪、碳水化合物、总糖
新加坡	1+8：能量、蛋白质、总脂肪、饱和脂肪、反式脂肪、胆固醇、碳水化合物、膳食纤维、钠
日本	1+4：能量、蛋白质、脂肪、碳水化合物、钠
中国台湾	1+6：能量、蛋白质、脂肪、饱和脂肪、反式脂肪、碳水化合物、钠
中国香港	1+7：能量、蛋白质、碳水化合物、总脂肪、饱和脂肪、反式脂肪、糖、钠

（二十二）能量及核心营养素以外的其他营养成分如何标示。

企业可自愿标示能量及核心营养素以外的营养成分，并按照本标准表 1 所列名称、顺序、表达单位、修约间隔、“0”界限值等进行标示。表 1 中没有列出但我国法律法规允许强化的营养成分，应列在表 1 所示营养成分之后。

（二十三）关于能量及其折算。

能量指食品中蛋白质、脂肪、碳水化合物等产能营养素在人体代谢中产生能量的总和。

营养标签上标示的能量主要由计算法获得。即蛋白质、脂肪、碳水化合物等产能营养素的含量乘以各自相应的能量系数（见表 2）并进行加和，能量值以千焦（kJ）为单位标示。当产品营养标签中标示核心营养素以外的其他产能营养素如膳食纤维等，还应计算膳食纤维等提供的能量；未标注其他产能营养素时，在计算能量时可以不包括其提供的能量。

表 2　食品中产能营养素的能量折算系数

成分	kJ/g	成分	kJ/g
蛋白质	17	乙醇（酒精）	29
脂肪	37	有机酸	13
碳水化合物	17	膳食纤维 *	8

* 包括膳食纤维的单体成分，如不消化的低聚糖、不消化淀粉、抗性糊精等，也按照 8kJ/g 折算。

（二十四）关于糖醇和糖醇的能量系数。

糖醇是指酮基或醛基被置换成羟基的糖类衍生物的总称，属于碳水化合物的一种。我国相关国家标准中尚未规定糖醇的能量系数。鉴于目前糖醇在部分类别食品中使用较多，为科学计算能量，建议赤藓糖醇能量系数为0kJ/g，其他糖醇的能量系数为10kJ/g。

（二十五）关于蛋白质及其含量。

蛋白质是一种含氮有机化合物，以氨基酸为基本单位组成。

食品中蛋白质含量可通过“总氮量”乘以“蛋白质折算系数”计算（公式和折算系数如下），还可通过食品中各氨基酸含量的总和来确定。

$$蛋白质（g/100g）= 总氮量（g/100g）\times 蛋白质折算系数$$

不同食品中蛋白质折算系数见表3。对于含有两种或两种以上蛋白质来源的加工食品，统一使用折算系数6.25。

表3　蛋白质折算系数

食物	折算系数	食物	折算系数
纯乳与纯乳制品	6.38	肉与肉制品	6.25
面粉	5.70	花生	5.46
玉米、高粱	6.24	芝麻、向日葵	5.30
大米	5.95	大豆蛋白制品	6.25
大麦、小米、燕麦、裸麦	5.83	大豆及其粗加工制品	5.71

注：引自《食品中蛋白质的测定》（GB 5009.5—2010）。

（二十六）关于脂肪及其含量。

脂肪的含量可通过测定粗脂肪（crude fat）或总脂肪（total fat）获得，在营养标签上两者均可标示为“脂肪”。粗脂肪是食品中一大类不溶于水而溶于有机溶剂（乙醚或石油醚）的化合物的总称，除了甘油三酯外，还包括磷脂、固醇、色素等，可通过索氏抽提法或罗高氏法等方法测定。总脂肪是通过测定食品中单个脂肪酸含量并折算脂肪酸甘油三酯总和获得的脂肪含量。

（二十七）关于碳水化合物及其含量。

碳水化合物是指糖（单糖和双糖）、寡糖和多糖的总称，是提供能量的重要营养素。

食品中碳水化合物的量可按减法或加法计算获得。减法是以食品总质量为 100，减去蛋白质、脂肪、水分、灰分和膳食纤维的质量，称为“可利用碳水化合物”；或以食品总质量为 100，减去蛋白质、脂肪、水分、灰分的质量，称为“总碳水化合物”。在标签上，上述两者均以“碳水化合物”标示。

加法是以淀粉和糖的总和为“碳水化合物”。

（二十八）关于食品中的钠。

食品中的钠指食品中以各种化合物形式存在的钠的总和。食盐是膳食中钠的主要来源。

世界卫生组织推荐健康成年人每日食盐摄入量不超过 5g，中国营养学会推荐每日食盐摄入量不超过 6g，但膳食调查结果显示我国居民盐平均摄入量远高于中国营养学会推荐水平。过量摄入食盐可引起高血压等许多健康问题，因此倡导低盐饮食。

（二十九）关于反式脂肪酸。

反式脂肪酸是油脂加工中产生的含 1 个或 1 个以上非共轭反式双键的不饱和脂肪酸的总和，不包括天然反式脂肪酸。在食品配料中含有或生产过程中使用了氢化和（或）部分氢化油脂时，应标示反式脂肪（酸）含量。

配料中含有以氢化油和（或）部分氢化油为主要原料的产品，如人造奶油、起酥油、植脂末和代可可脂等，也应标示反式脂肪（酸）含量，但是若上述产品中未使用氢化油的，可由企业自行选择是否标示反式脂肪酸含量。

食品中天然存在的反式脂肪酸不要求强制标示，企业可以自愿选择是否标示。若企业对反式脂肪酸进行声称，则需要强制标示出其含量，并且必须符合标准中的声称要求。

（三十）如何理解配料表中含有氢化和 / 或部分氢化油，但营养成分表中反式脂肪酸含量为“0”的情况。

当配料中氢化油和 / 或部分氢化油所占比例很小，或者植物油氢化比较完全，产生的反式脂肪酸含量很低时，终产品中反式脂肪酸含量低于“0”界限值，此时反式脂肪酸应标示为“0”。

（三十一）如何使能量与核心营养素标示醒目。

使能量与核心营养素标示更加醒目的方法推荐如下：

* 增大字号

* 改变字体（如斜体、加粗、加黑）

* 改变颜色（字体或背景颜色）

* 改变对齐方式或其他方式。

如下表，营养成分表中增加了维生素 C、钙和铁的标示后，能量及核心营养素用加粗的方式使其醒目。

营养成分表		
项目	每 100g	营养素参考值 %
能量	**kJ**	**%**
蛋白质	**g**	**%**
脂肪	**g**	**%**
碳水化合物	**g**	**%**
钠	**mg**	**%**
维生素 C	mg	%
钙	mg	%
铁	mg	%

（三十二）关于营养成分含量的标示。

应当以每 100 克（100 毫升）和 / 或每份食品中的含量数值标示，如“能量 1000kJ/100g”，并同时标示所含营养成分占营养素参考值（NRV）的百分比。

营养成分的含量只能使用具体的含量数值，不能使用范围值标示，如“≤ × ×”“≥ × ×”“40 — 1000”等。

（三十三）关于营养成分“0”界限值。

“0”界限值是指当能量或某一营养成分含量小于该界限值时，基本不具有实际营养意义，而在检测数据的准确性上有较大风险，因此应标示为“0”。企业标注为“0 + 表达单位”“0.0 + 表达单位”等方式均不会影响消费者的正确理解。

当以每份标示营养成分时，也要符合每 100g 或 100mL 的“0”的界限值规定。

（三十四）关于营养成分的名称和顺序。

营养成分应按本标准表 1 第 1 列名称和顺序标示。当某营养素有两个名称时，如烟酸（烟酰胺），可以选择标示“烟酸”或“烟酰胺”，也可以标示“烟酸（烟酰胺）”。同样，饱和脂肪（酸）可标示为“饱和脂肪”或“饱和脂肪酸”，也可标示为“饱和脂肪（酸）”。类似的还有“反式脂肪（酸）”“单不饱和脂肪（酸）”“多不饱和脂肪（酸）”等。

（三十五）关于营养成分的表达单位。

营养成分的表达单位应按本标准表 1 第 2 列要求标示，可使用中文或括号中的英文表达，也可两者都使用，但不可以使用其他单位，如维生素 D 的含量单位只能用“微克”或“μg”标示，不可以用国际单位“IU”标示。规范表达单位对推行营养标签、便于消费者理解和记忆、产品营养素比较等均有重要作用。

（三十六）关于营养素参考值（NRV）。

营养素参考值（NRV，Nutrition Reference Values）是用于比较食品营养成分含量高低的参考值，专用于食品营养标签。营养成分含量与 NRV 进行比较，能使消费者更好地理解营养成分含量的高低。

“营养素参考值”和“NRV”可同时写在营养成分表中，也可只写一个，如“营养素参考值（NRV）%”“营养素参考值 %”或“NRV%”。当表头中已经标示百分号（%）的情况下，表中可标示为“×%”或者仅标示数值如“×”。规定了 NRV 值的营养成分应当标示 NRV%，未规定 NRV 值的营养成分仅需标示含量。鼓励企业通过标签或其他方式正确宣传 NRV 的概念和意义。

本标准附录 A 给出了规定的能量和 32 种营养成分的营养素参考值（NRV），计算时直接用能量和营养成分的含量标示值除以相应的 NRV 即可。对于 NRV 值低于某数值的营养成分，如脂肪的 NRV 为≤ 60g，在计算产品脂肪含量占 NRV 的百分比时，应该按照 60g 来计算。饱和脂肪、胆固醇也采取类似方式计算。

（三十七）关于未规定 NRV 的营养成分。

标准附录 A 给出了能量和 32 种营养成分的 NRV 值。一些允许标示的营养素，如糖、不饱和脂肪酸、反式脂肪酸等营养成分尚无 NRV 值。对于未规定 NRV 的营养成分，其“NRV%”可以空白，也可以用斜线、横线等方式表达。

当总成分含量用某一单体成分代表时，可使用总成分的 NRV 数值计算。如糖可使用碳水化合物的 NRV 值计算，可溶性膳食纤维和（或）不可溶性膳食纤维可使用膳食纤维的 NRV 值计算。

例如：某产品含有或者添加了膳食纤维，检测数值为可溶性膳食纤维 2.5 克 /100 克，总膳食纤维 3.2 克 /100 克，则可标示总膳食纤维，也可以单体计，标示为：膳食纤维3.2g/100g，13%（NRV%）；或膳食纤维（以可溶性膳食纤维计）2.5g/100g，10%（NRV%）；或膳食纤维（以不可溶性膳食纤维计）0.7g/100g，3%（NRV%）。

（三十八）多聚果糖如何标示。

可在营养成分表内，以膳食纤维单体的形式标示。

例如：膳食纤维（以多聚果糖计）1.5g 6%（NRV%）。

类似标记方法的营养成分包括：多聚果糖、不溶或可溶性膳食纤维、非淀粉多糖、菊粉、聚葡萄糖、低聚半乳糖、抗性淀粉、抗性糊精等。

（三十九）添加两种及以上膳食纤维成分如何标示。

若产品中添加了两种及以上膳食纤维，如多聚果糖1.5g/100g，菊粉1.0g/100g时，可标示为：膳食纤维（以多聚果糖+菊粉计）2.5g；10%（NRV%）；或膳食纤维（以多聚果糖、菊粉计）2.5g；10%（NRV%）；或膳食纤维（以多聚果糖和菊粉计）2.5g；10%（NRV%）。

（四十）关于益生菌的标示。

益生菌不属于营养标签标准中规定的营养成分，不应在营养标签的营养成分表中标示，应按照GB 7718的要求客观真实地进行标示。

（四十一）关于数值和NRV%的修约规则。

可采用《数值修约规则与极限数值的表示和判定》（GB/T 8170）中规定的数值修约规则，也可直接采用四舍五入法，建议在同一营养成分表中采用同一修约规则。

（四十二）某营养成分的NRV%不足1%时如何标示。

当某营养成分含量≤“0”界限值时，应按照本标准表1中“0”界限值的规定，含量值标示为“0”，NRV%也标示为0%。当某营养成分的含量>“0”界限值，但NRV%<1%，则应根据NRV的计算结果四舍五入取整，如计算结果<0.5%，标示为“0%”，计算结果≥0.5%但<1%，则标示为1%。

（四十三）关于“份”的标示。

食品企业可选择以每100克（g）、每100毫升（mL）、每份来标示营养成分表，目标是准确表达产品营养信息。

“份”是企业根据产品特点或推荐量而设定的，每包、每袋、每支、每罐等均可作为1份，也可将1个包装分成多份，但应注明每份的具体含量（克、毫升）。

用“份”为计量单位时，营养成分含量数值“0”界限值应符合每 100g 或每 100mL 的“0”界限值规定。

例如：某食品每份（20g）中含蛋白质 0.4g，100g 该食品中蛋白质含量为 2.0g，按照“0”界限值的规定，在产品营养成分表中蛋白质含量应标示为 0.4g，而不能为 0。

（四十四）当销售单元包含若干可独立销售的预包装食品时，直接向消费者交付的外包装（或大包装）上如何标示。

若该销售单元内的多件食品为不同品种，应在外包装（或大包装）标示每个品种食品的所有强制标示内容，可将共有信息统一标示。

若外包装（或大包装）易于开启识别（即开启时外包装不受损坏）或透过外包装（或大包装）能清晰识别内包装（或容器）的所有或部分强制标示内容，可不在外包装（或大包装）重复标示相应内容。

（四十五）销售单元内包含多种不同食品时，外包装上如何标示。

1. 标示包装内食品营养成分的平均含量。平均含量可以是整个大包装的检验数据，也可以是按照比例计算的营养成分含量，例如：

营养成分表		
项目	每 100g	NRV%
能量	kJ	%
蛋白质	g	%
脂肪	g	%
碳水化合物	g	%
钠	mg	%

2. 分别标示各食品的营养成分含量，共有信息可共用，例如：

营养成分表						
项目	食品 1		食品 2		食品 3	
	每 100g	NRV%	每 100g	NRV%	每 100g	NRV%
能量	kJ	%	kJ	%	kJ	%
蛋白质	g	%	g	%	g	%
脂肪	g	%	g	%	g	%
碳水化合物	g	%	g	%	g	%
钠	mg	%	mg	%	mg	%

同一包装内含有可由消费者酌情添加的配料（如方便面的调料包、膨化食品的蘸酱包等）时，也可采用本方法进行标示。

3. 当豁免强制标示营养标签的预包装食品作为赠品时，可以不在外包装上标示赠品的营养信息。

（四十六）当含有非可食部分时如何标示。

食品含有皮、骨、籽等非可食部分的，如罐装的排骨、鱼、袋装带壳坚果等，应首先计算可食部（计算公式如下），再标示可食部中能量和营养成分含量。

$$\text{可食部} = (\text{总重量} - \text{废弃量}) / \text{总重量} \times 100\%$$

（四十七）关于营养标签的辅助信息。

企业按照本标准规定，正确、规范地在营养成分表中标示营养信息后，在不违背相关法律和标准的前提下，允许采用图形或者其他方式对营养标签进行解释说明，如对营养成分的数值进行说明、解释 NRV 的概念，NRV% 高低的含义等，以方便消费者更好地理解。

四、数值分析、产生和核查

（四十八）获得营养成分含量的方法。

1. 直接检测：选择国家标准规定的检测方法，在没有国家标准方法的情况下，可选用 AOAC 推荐的方法或公认的其他方法，通过检测产品直接得到营养成分含量数值。

2. 间接计算：

A. 利用原料的营养成分含量数据，根据原料配方计算获得；

B. 利用可信赖的食物成分数据库数据，根据原料配方计算获得。

对于采用计算法的，企业负责计算数值的准确性，必要时可用检测数据进行比较和评价。为保证数值的溯源性，建议企业保留相关信息，以便查询和及时纠正相关问题。

（四十九）可用于计算的原料营养成分数据来源。

供货商提供的检测数据；企业产品生产研发中积累的数据；权威机构发布的数据，如《中国食物成分表》。

（五十）可使用的食物成分数据库。

1. 中国疾病预防控制中心营养与食品安全所编著的《中国食物成分表》第一册和第二册；

2. 如《中国食物成分表》未包括相关内容，还可参考以下资料：美国农业部《USDA National Nutrient Database for Standard Reference》、英国食物标准局和食物研究所《McCance and Widdowson's the Composi-tion of Foods》或其他国家的权威数据库资料。

（五十一）关于营养成分的检测。

营养成分检测应首先选择国家标准规定的检测方法或与国家标准等效的检测方法，没有国家标准规定的检测方法时，可参考国际组织标准或权威科学文献。

企业可自行开展营养成分的分析检测，也可委托有资质的检验机构完成。

（五十二）关于检测批次和样品数。

正常检测样品数和检测次数越多，越接近真实值。在实际操作中，对于营养素含量不稳定或原料本底值容易变动的食品，应相应增加检测批次。

企业可以根据产品或营养成分的特性，确定抽检样品的来源、批次和数量。原则上这些样品应能反映不同批次的产品，具有产品代表性，保证标示数据的可靠性。

（五十三）关于标示数值的准确性。

企业可以基于计算或检测结果，结合产品营养成分情况，并适当考虑该成分的允许误差来确定标签标示的数值。当检测数值与标签标示数值出现较大偏差时，企业应分析产生差异的原因，如主要原料的季节性和产地差异、计算和检测误差等，及时纠正偏差。

判定营养标签标示数值的准确性时，应以企业确定标签数值的方法作为依据。

（五十四）营养标签标示值允许误差与执行的产品标准之间的关系。

营养标签的标示值应真实客观地反映产品中营养成分的含量，而允许误差则是判断标签标示值是否正确的依据，但不能仅以允许误差判定产品是否合格。如果相应产品的标准中对营养素含量有要求，应同时符合产品标准的要求和营养标签标准规定的允许误差范围。

如《灭菌乳》（GB 25190—2010）中规定牛乳中蛋白质含量应≥ 2.9g/100g，若该产品营养标签上蛋白质标示值为 3.0g/100g，判定产品是否合格应看其蛋白质实际含量是否≥ 2.9g/100g。

（五十五）关于能量值与供能营养素提供能量之和的关系。

标签上能量值理论上应等于供能营养素（蛋白质、脂肪、碳水化合物等）提供能量之和，但由于营养成分标示值的“修约”、供能营养素符合“0”界限值要求而标示为“0”等原因，可能导致能量计算结果不一致。

（五十六）采用计算法制作营养标签的示例。

以产品 A 为例。

第一步：确认产品 A 的配方和原辅材料清单。

原辅材料名称	占总配方百分比（%）
原料 A	X
原料 B	X
原料 C	X
原料 D	X

第二步：收集各类原辅材料的营养成分信息，并记录每个营养数据的来源。

原辅材料名称	原辅材料的营养成分信息（/100g）				数据来源
	蛋白质（g）	脂肪（g）	碳水化合物（g）	钠（mg）	
原料 A	X	X	X	X	《中国食物成分表》第一册
原料 B	X	X	X	X	供应商提供
原料 C	X	X	X	X	供应商提供
原料 D	X	X	X	X	《中国食物成分表》第二册

第三步：通过上述原辅材料的营养成分数据，计算产品 A 的每种营养成分数据和能量值，并结合能量及各营养成分的允许误差范围，对能量和营养成分数值进行修约。

项目	100 克（修约前）	100 克（修约后）
能量	X	X
蛋白质	X	X
脂肪	X	X

续表

项目	100 克（修约前）	100 克（修约后）
碳水化合物	X	X
钠	X	X

第四步：根据修约后的能量、营养成分数值和营养素参考值，计算NRV%，并根据包装面积和设计要求，选择适当形式的营养成分表。

五、营养声称和营养成分功能声称

（五十七）关于营养声称。

对食物营养特性的描述和声明，包括含量声称和比较声称。营养声称必须满足本标准附录 C 规定。

（五十八）关于含量声称。

本标准的含量声称是指描述食品中能量或营养成分含量水平的声称，如"含有""高""低"或"无"等声称用语。附录 C 中表 C.1 列出的营养成分均可进行含量声称，并应符合相应要求。

（五十九）允许使用的含量声称用语。

本标准附录 C 中表 C.2 规定了含量声称用语，包括标准语和同义语。对营养成分进行含量声称时，必须使用该表中规定的用语。

（六十）允许声称"高"或"富含"蛋白质的情形。

当食品中蛋白质含量≥ 12g/100g 或≥ 6g/100mL 或≥ 6g/420kJ 时，可以声称"高"蛋白或"富含"蛋白质。

（六十一）产品声称低乳糖时，如何标示乳糖含量。

低乳糖声称适用于乳及乳制品。有两种标示方式：

1. 在碳水化合物下标示。

营养成分表		
项目	每 100g	NRV%
能量	kJ	%
蛋白质	g	%
脂肪	g	%
碳水化合物	g	%
一乳糖	g	
钠	mg	%

2. 用括号标示。

营养成分表		
项目	每 100g	NRV%
能量	kJ	%
蛋白质	g	%
脂肪	g	%
碳水化合物（乳糖）	g	%
钠	mg	%

注：该表述方式仅适用于乳及乳制品。

（六十二）如何判定含量声称是否合格？

判断食品中能量和营养成分的含量声称是否合格时，应以标签营养成分表中能量和营养成分的含量标示值为准，即核查含量标示值是否符合标准中含量声称的要求；而判断含量标示值是否正确，则需核查标示值是否在标准规定的允许误差范围内。

（六十三）需冲调后食用的食品如何标示。

需冲调后食用的预包装食品，如奶粉、固体饮料等，在标示营养素含量或进行营养声称时可选择按冲调前或冲调后的食品状态标示，也可两种状态同时标示。若两种状态同时标示，计算 NRV% 应选其一并注明。

（六十四）按“份”标示营养成分含量时，可否按“份”进行含量声称。

不可以。企业可以用“份”标示营养成分含量，但对营养成分进行含量声称时，应满足相应每 100g 或每 100mL 的含量要求。同时，由于按“份”标示时，标示值会经过多次修约，因此建议不能仅以简单的倒推方式判断其是否符合含量声称要求。

（六十五）关于原料、产品特性及生产工艺的描述。

对原料特性和生产工艺的描述不属于营养声称，如脱盐乳清粉等，其描述应符合相应法律、法规或标准的要求。

（六十六）关于比较声称。

指与消费者熟知的同类食品的能量值或营养成分含量进行比较之后的声称，如“增加”“减少”等。比较声称的条件是能量值或营养成分含量与参考食品的差异≥ 25%。

比较声称用语分为“增加”“减少”两类，可根据食品特点选择相应的同义语，见本标准附录 C 中表 C.4。

（六十七）关于比较声称的参考食品。

参考食品是指消费者熟知的、容易理解的同类或同一属类食品。选择参考食品应考虑以下要求：

1. 与被比较的食品是同组（或同类）或类似的食品。

2. 大众熟悉，存在形式可被容易、清楚地识别。

3. 被比较的成分可以代表同组（或同类）或类似食品的基础水平，而不是人工加入或减少了某一成分含量的食品。例如：不能以脱脂牛奶为参考食品，比较其他牛奶的脂肪含量高低。

（六十八）关于含量声称与比较声称的区别。

含量声称和比较声称都是表示食品营养素特点的方式，其差别为：

1. 声称依据不同。含量声称是根据规定的含量要求进行声称，比较声称是根据参考食品进行声称。

2. 声称用语不同。含量声称用“含有”“低”“高”等用语；比较声称用“减少”“增加”等用语。

（六十九）关于比较声称和含量声称的选择。

一般来说，当产品营养素含量条件符合含量声称要求时，可以首先选择含量声称。因为含量声称的条件和要求明确，更加容易使用和理解。当产品不能满足含量声称条件，或者参考食品被广大消费者熟知，用比较声称更能说明营养特点的时候，可以用比较声称。

（七十）关于营养成分功能声称。

营养成分功能声称指某营养成分可以维持人体正常生长、发育和正常生理功能等作用的声称。同一产品可以同时对两个及以上符合要求的成分进行功能声称。

本标准规定，只有当能量或营养成分含量符合附录 C 营养声称的要求和条件时，才可根据食品的营养特性，选用附录 D 中相应的一条或多条功能声称标准用语。例如：只有当食品中的钙含量满足“钙来源”“高钙”或“增加钙”等条件和要求后，才能标示“钙有助于骨骼和牙齿的发育”等功能声称用语。

（七十一）关于营养成分功能声称标准用语。

营养成分功能声称标准用语不得删改、添加和合并，更不能任意编写。例如，如果产品声称高钙，可选择本标准中给出的 1 条或多条功能声称用语，但不能删改、添加和合并。如同时使用钙的两条功能声称用语，正确的使用方法举例如下：

1. 钙是骨骼和牙齿的主要成分，并维持骨骼密度。钙有助于骨骼和牙齿更坚固。

2. 钙是人体骨骼和牙齿的主要组成成分，许多生理功能也需要钙的参与。钙有助于骨骼和牙齿的发育。

使用营养成分功能声称用语，必须同时在营养成分表中标示该营养成分的含量及占 NRV 的百分比，并满足营养声称的条件和要求。

（七十二）关于功能声称应满足的条件。

以蛋白质功能声称为例，首先应满足蛋白质的营养声称要求，即满足含量声称或比较声称的条件之一，才能进行蛋白质的功能声称，如表 4。

表 4　蛋白质的功能声称用语及条件

可选用的功能声称用语	产品需满足条件
Ø 蛋白质是人体的主要构成物质并提供多种氨基酸。 Ø 蛋白质是人体生命活动中必需的重要物质，有助于组织的形成和生长。 Ø 蛋白质有助于构成或修复人体组织。 Ø 蛋白质有助于组织的形成和生长。 Ø 蛋白质是组织形成和生长的主要营养素。	含量声称的条件：含量 ≥ 6g/100g 或 ≥ 3g/100mL 或 ≥ 3g/420kJ。 比较声称的条件：与参考食品相比，蛋白质含量增加或减少 25% 以上。

六、营养标签的格式

（七十三）关于食品营养标签的格式。

为了规范食品营养标签标示，便于消费者记忆和比较，本标准附录 B 中推荐了 6 种基本格式。在保证符合基本格式要求和确保不对消费者造成误导的基础上，企业在版面设计时可进行适当调整，包括但不限于：因美观要求或为便于消费者观察而调整文字格式（左对齐、居中等）、背景和表格颜色或适当增加内框线等。

（七十四）关于强制标示能量和核心营养素（1＋4）的基本格式。

举例如下：

营养成分表		
项目	每 100 克	营养素参考值 %
能量	1841 千焦	22%
蛋白质	5.0 克	8%
脂肪	20.8 克	35%
碳水化合物	58.2 克	19%
钠	25 毫克	1%

（七十五）关于标示营养声称和营养成分功能声称的位置。

营养声称、营养成分功能声称可以在标签的任意位置标示，其字号不得大于食品名称和商标。

（七十六）关于营养成分的标示顺序。

营养成分的标示顺序按照本标准表 1 的顺序标示。当不标示某些营养成分时，后面的成分依序上移。

不能按照营养素含量高低或重要性随意调整营养素排列顺序。

（七十七）关于横排格式的营养标签。

根据标签的形状，企业可以选用横排（水平）格式标示，将营养成分分为两列或两列以上的形式。能量和营养成分可从左到右从上到下排列，也可从上到下从左到右排列。

（七十八）关于文字格式的营养标签。

文字格式或非表格形式标示营养信息，允许不用营养素参考值（NRV%）阐释，但必须遵循本标准规定的能量和营养成分的标示名称、顺序和表达单位。

七、其他

（七十九）实施日期。

营养标签标准已于 2013 年 1 月 1 日实施。在实施日期后生产的食品，应当按照标准要求标示营养标签。在实施日期前生产的食品，可在食品保质期内继续销售至保质期结束。

（八十）关于营养标签标准咨询。

食品生产企业在实施营养标签标准过程中，如有任何疑问，可向当地省级卫生行政部门咨询，各有关单位依据政务信息公开要求解答咨询问题。任何单位或个人对本标准有意见和建议，可向当地卫生行政部门反映。

（八十一）关于进口预包装食品的营养标签。

进口预包装食品可以采用“加贴”等方式标注营养标签，并符合我国营养标签标准的要求和国家相关规定。

中华人民共和国国家标准

GB 13432—2013

食品安全国家标准
预包装特殊膳食用食品标签

2013-12-26 发布　　2015-07-01 实施

中华人民共和国
国家卫生和计划生育委员会　发布

前　言

本标准代替 GB 13432—2004《预包装特殊膳食用食品标签通则》。

本标准与 GB 13432—2004 相比，主要变化如下：

——修改了标准名称；

——修改了特殊膳食用食品的定义，明确了其包含的食品类别（范围）；

——修改了基本要求；

——修改了强制标示内容的部分要求；

——合并了允许标示内容和推荐标示内容，修改为可选择标示内容；

——修改了能量和营养成分的含量声称要求；

——删除了能量和营养成分的比较声称；

——修改了能量和营养成分的功能声称用语；

——删除了原标准附录 A；

——增加了附录 A 特殊膳食用食品的类别。

食品安全国家标准　预包装特殊膳食用食品标签

1　范围

本标准适用于预包装特殊膳食用食品的标签（含营养标签）。

2　术语和定义

GB 7718 中规定的以及下列术语和定义适用于本标准。

2.1　特殊膳食用食品

为满足特殊的身体或生理状况和（或）满足疾病、紊乱等状态下的特殊膳食需求，专门加工或配方的食品。这类食品的营养素和（或）其他营养成分的含量与可类比的普通食品有显著不同。

特殊膳食用食品所包含的食品类别见附录 A。

2.2　营养素

食物中具有特定生理作用，能维持机体生长、发育、活动、繁殖以及正常代谢所需的物质，包括蛋白质、脂肪、碳水化合物、矿物质及维生素等。

2.3　营养成分

食物中的营养素和除营养素以外的具有营养和（或）生理功能的其他食物成分。

2.4　推荐摄入量

可以满足某一特定性别、年龄及生理状况群体中绝大多数个体需要的营养素摄入水平。

2.5　适宜摄入量

营养素的一个安全摄入水平。是通过观察或实验获得的健康人群某种营养素的摄入量。

3　基本要求

预包装特殊膳食用食品的标签应符合 GB 7718 规定的基本要求的内容，还应符合以下要求：

——不应涉及疾病预防、治疗功能；

——应符合预包装特殊膳食用食品相应产品标准中标签、说明书的有关规定；

——不应对0~6月龄婴儿配方食品中的必需成分进行含量声称和功能声称。

4 强制标示内容

4.1 一般要求

预包装特殊膳食用食品标签的标示内容应符合GB 7718中相应条款的要求。

4.2 食品名称

只有符合2.1定义的食品才可以在名称中使用“特殊膳食用食品”或相应的描述产品特殊性的名称。

4.3 能量和营养成分的标示

4.3.1 应以“方框表”的形式标示能量、蛋白质、脂肪、碳水化合物和钠，以及相应产品标准中要求的其他营养成分及其含量。方框可为任意尺寸，并与包装的基线垂直，表题为“营养成分表”。如果产品根据相关法规或标准，添加了可选择性成分或强化了某些物质，则还应标示这些成分及其含量。

4.3.2 预包装特殊膳食用食品中能量和营养成分的含量应以每100g（克）和（或）每100mL（毫升）和（或）每份食品可食部中的具体数值来标示。当用份标示时，应标明每份食品的量，份的大小可根据食品的特点或推荐量规定。如有必要或相应产品标准中另有要求的，还应标示出每100kJ（千焦）产品中各营养成分的含量。

4.3.3 能量或营养成分的标示数值可通过产品检测或原料计算获得。在产品保质期内，能量和营养成分的实际含量不应低于标示值的80%，并应符合相应产品标准的要求。

4.3.4 当预包装特殊膳食用食品中的蛋白质由水解蛋白质或氨基酸提供时，“蛋白质”项可用“蛋白质”“蛋白质（等同物）”或“氨基酸总量”任意一种方式来标示。

4.4 食用方法和适宜人群

4.4.1 应标示预包装特殊膳食用食品的食用方法、每日或每餐食用量，必要时应标示调配方法或复水再制方法。

4.4.2 应标示预包装特殊膳食用食品的适宜人群。对于特殊医学用途婴儿配方食品和特殊医学用途配方食品，适宜人群按产品标准要求标示。

4.5　贮存条件

4.5.1　应在标签上标明预包装特殊膳食用食品的贮存条件，必要时应标明开封后的贮存条件。

4.5.2　如果开封后的预包装特殊膳食用食品不宜贮存或不宜在原包装容器内贮存，应向消费者特别提示。

4.6　标示内容的豁免

当预包装特殊膳食用食品包装物或包装容器的最大表面面积小于 $10cm^2$ 时，可只标示产品名称、净含量、生产者（或经销者）的名称和地址、生产日期和保质期。

5　可选择标示内容

5.1　能量和营养成分占推荐摄入量或适宜摄入量的质量百分比

在标示能量值和营养成分含量值的同时，可依据适宜人群，标示每 100g（克）和（或）每 100mL（毫升）和（或）每份食品中的能量和营养成分含量占《中国居民膳食营养素参考摄入量》中的推荐摄入量（RNI）或适宜摄入量（AI）的质量百分比。无推荐摄入量（RNI）或适宜摄入量（AI）的营养成分，可不标示质量百分比，或者用“—”等方式标示。

5.2　能量和营养成分的含量声称

5.2.1　能量或营养成分在产品中的含量达到相应产品标准的最小值或允许强化的最低值时，可进行含量声称。

5.2.2　某营养成分在产品标准中无最小值要求或无最低强化量要求的，应提供其他国家和（或）国际组织允许对该营养成分进行含量声称的依据。

5.2.3　含量声称用语包括“含有”“提供”“来源”“含”“有”等。

5.3　能量和营养成分的功能声称

5.3.1　符合含量声称要求的预包装特殊膳食用食品，可对能量和（或）营养成分进行功能声称。功能声称的用语应选择使用 GB 28050 中规定的功能声称标准用语。

5.3.2　对于 GB 28050 中没有列出功能声称标准用语的营养成分，应提供其他国家和（或）国际组织关于该物质功能声称用语的依据。

附录 A

特殊膳食用食品的类别

特殊膳食用食品的类别主要包括：

a）婴幼儿配方食品：

1）婴儿配方食品；

2）较大婴儿和幼儿配方食品；

3）特殊医学用途婴儿配方食品；

b）婴幼儿辅助食品：

1）婴幼儿谷类辅助食品；

2）婴幼儿罐装辅助食品；

c）特殊医学用途配方食品（特殊医学用途婴儿配方食品涉及的品种除外）；

d）除上述类别外的其他特殊膳食用食品（包括辅食营养补充品、运动营养食品，以及其他具有相应国家标准的特殊膳食用食品）。

《食品安全国家标准　预包装特殊膳食用食品标签》（GB 13432—2013）问答（修订版）

一、关于特殊膳食用食品

特殊膳食用食品是指为满足特殊的身体或生理状况和（或）满足疾病、紊乱等状态下的特殊膳食需求，专门加工或配方的食品，主要包括婴幼儿配方食品、婴幼儿辅助食品、特殊医学用途配方食品以及其他特殊膳食用食品。这类食品的适宜人群、营养素和（或）其他营养成分的含量要求等有一定特殊性，对其标签内容如能量和营养成分、食用方法、适宜人群的标示等有特殊要求。

二、《预包装特殊膳食用食品标签》修订目的和背景

《食品安全法》实施以来，我国发布实施了《预包装食品标签通则》（GB 7718—2011）和《预包装食品营养标签通则》（GB 28050—2011）等食品安全基础标准，以及《婴儿配方食品》（GB 10765—2010）、《较大婴儿和幼儿配方食品》（GB 10767—2010）、《特殊医学用途婴儿配方食品通则》（GB 25596—2010）、《特殊医学用途配方食品通则》（GB 29922—2013）等特殊膳食用食品产品标准。为确保特殊膳食用食品标签标准与现行特殊膳食用食品产品标准和相关标准相衔接，根据《食品安全法》和《食品安全国家标准管理办法》，我委组织修订了原《预包装特殊膳食用食品标签通则》（GB 13432—2004，以下简称 GB 13432—2004），新发布的《预包装特殊膳食用食品标签》（GB 13432—2013，以下简称 GB 13432—2013）将于 2015 年 7 月 1 日起施行。

三、标准的适用范围

GB 13432—2013 适用于预包装特殊膳食用食品的标签，包括营养标签。

标准涵盖了对预包装特殊膳食用食品标签的一般要求，如食品名称、配料表、生产日期、保质期等，以及营养标签要求，包括营养成分表、营养成分含量声称和功能声称。标准明确了特殊膳食用食品的定义和分类，符合定义和分类的产品其标签标示应符合本标准的规定。

原 GB 13432—2004 中所列举的类别如“无糖速溶豆粉”“强化铁高蛋白速溶豆粉”等属于对普通食品所做的营养声称，应符合《预包装食品标签通则》(GB 7718—2011)和《预包装食品营养标签通则》(GB 28050—2011)规定，不适用于本标准。

四、与相关标准如何衔接

《预包装食品标签通则》(GB 7718—2011)规定了预包装食品（包括特殊膳食用食品）标签的基本标示要求。《预包装特殊膳食用食品标签》(GB 13432—2013)规定了特殊膳食用食品标签中具有特殊性的标识要求。预包装特殊膳食用食品标签应按照 GB 7718—2011 和 GB 13432—2013 执行。对于符合 GB 13432—2013 含量声称要求的预包装特殊膳食用食品，如果对能量和（或）营养成分进行功能声称，其功能声称用语应选择《预包装食品营养标签通则》(GB 28050—2011)中规定的功能声称标准用语。

五、标准修订原则

标准修订遵循以下原则：一是以原《预包装特殊膳食用食品标签通则》(GB 13432—2004)执行情况为基础，根据我国特殊膳食用食品产业发展实际，结合公众对特殊膳食用食品标签标识需求修订标准，提高标准的科学性和标签健康指导意义。二是注重与法律法规和其他食品及标签标准的衔接和配套，确保政策的连贯性和稳定性。三是借鉴国际组织和其他国家管理经验，完善特殊膳食用食品标准标签要求，满足消费者的知情权和选择权，便于特殊膳食用食品的国际贸易。

六、标准修订的主要过程

按照《食品安全法》和《食品安全国家标准管理办法》规定，遵循广泛征求意见、过程公开透明的原则，标准起草组调研了我国特殊膳食用食品标签的现状，多次组织研讨会和专家咨询会议，充分听取相关政府部门、科研机构、行业协会等各方面意见，按照程序向社会公开征求意见和向世贸组织成员通报，根据反馈意见和评议意见修改完善标准文本。该标准草案经第一届食品安全国家标准审评委员会第八次主任会议审查通过。

七、国外特殊膳食用食品标签标准情况

国际组织和许多国家对特殊膳食用食品标签均有相关规定。国际食品法典委员会（CAC）制定了《预包装特殊膳食用食品标签和声称通用标准》（CEDEX STAN 146），还单独对特殊医学用途食品制定了《特殊医学用途食品标签和声称标准》（CEDEX STAN 180）。美国、欧盟、澳大利亚、新西兰等许多国家和地区对特殊膳食用食品的标签也有相关规定。

八、标准修订的主要内容

GB 13432—2013 与 GB 13432—2004 相比，主要修订以下内容：

1. 修改了特殊膳食用食品的定义，明确其包含的食品类别，明确了标准适用范围。

2. 参照国际标准，增加不应对 0~6 月龄婴儿配方食品中的必需成分进行含量声称和功能声称的基本要求。

3. 修改了能量和营养成分的标示方式和允许误差范围等要求。

4. 合并了允许标示内容和推荐标示内容。

5. 修改了能量和营养成分的含量声称要求和功能声称用语，并根据国际惯例，删除能量和营养成分的比较声称。

九、关于不应涉及疾病预防、治疗功能等内容

《食品安全法》明确规定，食品、食品添加剂的标签、说明书不得涉及疾病预防、治疗功能。特殊膳食用食品作为食品的一个类别，虽然其产品配方设计有明确的针对性，但其目的是为目标人群提供营养支持，不具有预防疾病、治疗等功能，因此 GB 13432—2013 明确要求特殊膳食用食品标签不应涉及疾病预防、治疗功能。

十、关于能量和营养成分的标示

能量和营养成分的含量是特殊膳食用食品与普通食品区别的主要特征，其含量标示是特殊膳食用食品标签上最重要的部分之一。特殊膳食用食品的能量和营养成分的含量应符合相应产品标准的要求，并应在标签上如实标示。

以婴儿配方食品为例，产品标签中除应标示能量、蛋白质、脂肪、碳水化合物和钠的含量外，还应标示《婴儿配方食品》（GB 10765—2010）中规定的必需成分的含量。如果婴儿配方产品依据 GB 10765—2010 或《食品营养强化剂使用标准》（GB 14880—2012）以及卫生计生委和 / 或原卫生部有关公告，添加了可选择性成分或强化了某些物质，则还应标示这些成分及其含量。

GB 10765—2010 中脚注部分及营养素比值的要求（如亚油酸与 α- 亚麻酸比值、钙磷比值、乳基婴儿配方食品中乳清蛋白含量的比例、脂肪中月桂酸和肉豆蔻酸总量占总脂肪酸的比例、乳糖占碳水化合物总量的比例等）不要求强制标示，企业可以自愿选择是否标示。

GB 13432—2013 对能量和营养成分标示的名称、顺序、单位、修约间隔等不作强制要求，企业应在参考相关标准的基础上真实、客观标示。

十一、关于营养成分表中能量和营养成分的标示方式

GB 13432—2013 修订过程中，起草组开展了市场调研，考虑国内产品标签实际情况，借鉴国际通行做法，仅允许用“具体数值”的形式标示能量和营养成分含量，同时规定允许误差为不低于标示值的 80%，并符合相应产品标准的要求。不再使用原 GB 13432—2004 中“范围值”“最低值或最高值”等标示方式。

十二、反式脂肪酸是否强制标示

《婴儿配方食品》（GB 10765—2010）等特殊膳食用食品的产品标准中明确要求不应使用氢化油脂且规定了反式脂肪酸限量，上述产品应执行产品标准规定。GB 13432—2013 不要求强制标示反式脂肪酸的含量，企业可以自愿选择是否标示。

十三、关于能量和营养成分的含量声称

GB 13432—2013 修订过程中，参考国际管理经验并根据产品特点确定了能量和营养成分含量声称的要求。根据产品标准要求进行的产品特性说明，如《特殊医学用途婴儿配方食品通则》（GB 25596—2010）中规定的"无乳糖配方""低乳糖配方"等，应遵循产品标准的相关要求。

当营养成分在产品标准、《食品营养强化剂使用标准》（GB 14880—2012）及相关公告中无最小值要求或无最低强化量要求时，应提供其他国家和（或）国际组织允许对该营养成分在特殊膳食用食品中进行含量声称的依据，并应符合其法规的条件和要求。在部分国家的特殊膳食用食品标签上使用但无明确法规依据的含量声称不作为参考依据。

为指导企业正确标示，以下收集整理了国内外关于特殊膳食用食品的含量声称要求、声称用语及法规依据（见表 1）。

表 1 允许使用的含量声称

营养物质	含量声称用语	含量要求	可使用的产品类别
二十二碳六烯酸（DHA）	含有	≥总脂肪酸含量的 0.2%	婴儿配方食品 特殊医学用途婴儿配方食品
牛磺酸	含有	≥ 0.8mg/100kJ	婴儿配方食品 特殊医学用途婴儿配方食品
低聚半乳糖 低聚果糖 多聚果糖 棉子糖	含有膳食纤维或单体名称	其单体或混合物的含量 ≥ 3 g/100 g（固态或粉状） ≥ 1.5 g/100 mL（液态）或 ≥ 1.5 g/420 kJ	婴幼儿配方食品 婴幼儿谷类辅助食品

注：上述声称用语同义语有：提供、来源、含、有。

参考依据：1. COMMISSION DIRECTIVE 2006/141/EC of 22 December 2006 on infant formulae and follow-on formulae and amending Directive 1999/21/EC，Annex Ⅳ :1.NUTRITION CLAIMS.（欧盟指令 2006/141/EC，婴儿配方食品和较大婴儿配方食品，附录四：1. 营养声称）

2. FOOD Standard Australia New Zealand，STANDARD 2.9.1 Infant Formula Products，Division 1: 7.Permitted nutritive substances.（澳新标准 2.9.1，婴儿配方食品，第一部分：7. 允许的营养物质）

3.《预包装食品营养标签通则》（GB 28050—2011）附录 C。

十四、关于能量和营养成分的比较声称

特殊膳食用食品针对不同的适用对象有不同的配方，其能量和营养成分的含量在产品标准中已有明确要求，没有必要设置比较声称，因此 GB 13432—2013 未设置比较声称规定。

十五、关于能量和营养成分的功能声称

根据国际管理经验，与营养标签标准相衔接，GB 13432—2013 规定符合本标准含量声称要求的营养成分可以进行功能声称，并应选择《预包装食品营养标签通则》（GB 28050—2011）中的功能声称标准用语。对于 GB 28050—2011 中没有列出的功能声称，应提供其他国家和（或）国际组织允许在特殊膳食用食品中使用的功能声称用语及依据，并应符合其法规的条件和要求。在部分国家的特殊膳食用食品标签上使用但无明确法规依据的功能声称不作为参考依据。

为指导企业正确标示，以下收集整理了国内外允许用于特殊膳食用食品的功能声称及其依据（见表 2）。

表 2 允许使用的功能声称

营养物质	功能声称用语	含量要求	可使用的产品类别
二十二碳六烯酸（DHA）	二十二碳六烯酸（DHA）有助于婴儿视力的正常发育。	≥总脂肪酸含量的 0.3%	较大婴儿配方食品
低聚半乳糖 低聚果糖 多聚果糖 棉子糖	1. 膳食纤维有助于维持正常的肠道功能。 2. 膳食纤维是低能量物质。	其单体或混合物的含量 ≥ 3g/100g（固态或粉状） ≥ 1.5g/100mL（液态）或 ≥ 1.5g/420kJ	婴幼儿配方食品 婴幼儿谷类辅助食品
聚葡萄糖	1. 膳食纤维有助于维持正常的肠道功能。 2. 膳食纤维是低能量物质。	达到允许强化的最低值	婴幼儿配方食品
酵母 β- 葡聚糖	1. 膳食纤维有助于维持正常的肠道功能。 2. 膳食纤维是低能量物质。	达到允许强化的最低值	幼儿配方粉

参考依据：1.Commission Regulation（EU）No 440/2011 of 6 May 2011 on the authorisation and refusal of authorisation of certain health claims made on foods and referring to children's development and health, ANNEX I：Permitted health claims.（欧盟法规 No 440/2011，《批准及拒绝批准的食品中涉及儿童发育和健康的健康声称》附录一：允许的健康声称）

2.《预包装食品营养标签通则》（GB 28050—2011）附录 D。

十六、关于 0~6 月龄婴儿配方食品中的必需成分的含量声称和功能声称

我国食品安全国家标准对 0~6 个月婴儿配方食品中必需成分的含量值有明确规定，婴儿配方食品必须符合标准规定的含量要求。由于 0~6 月龄婴儿需要全面、平衡的营养，不应对其必需成分进行声称。本规定与国际食品法典委员会（CAC）标准和大多数国家的相关规定一致。

十七、关于特殊医学用途配方食品（包括特殊医学用途婴儿配方食品）配方特点和营养学特征的描述

由于特殊医学用途配方食品和特殊医学用途婴儿配方食品的产品配方和目标人群具有特殊性，这类产品要求在产品标签上对产品配方特点和营养学特征进行描述，以利于临床指导和使用。此类描述不属于对能量和营养成分的含量声称或功能声称，应参照相应产品标准规定执行，应真实、客观、不误导。

十八、关于由水解蛋白质或氨基酸提供的蛋白质如何标示

当特殊医学用途配方食品、特殊医学用途婴儿配方食品中的蛋白质是由水解蛋白质和（或）氨基酸提供时，如乳蛋白深度水解配方或氨基酸配方等，产品中不含有或含有很少量的整蛋白，因此“蛋白质”项可用“蛋白质”“蛋白质（等同物）”或“氨基酸总量”任意一种方式标示。GB 13432—2013 不强制要求标示配方中氨基酸的种类和含量。

十九、关于食用方法的标示

特殊膳食用食品标签上应该标示食用方法、每日或每餐食用量，以指导消费者合理使用。其中，特殊医学用途配方食品（包括特殊医学用途婴儿配方食品）的食用方法需要医生或临床营养师根据消费者个体情况或医学状况的不同阶段进行调整，此类产品的食用方法可标示为“每日或每餐食用量参照医生或者临床营养师的指导”或类似用语。

二十、关于标准的实施日期

本标准将于 2015 年 7 月 1 日正式实施，实施日期前允许并鼓励食品生产经营企业执行 GB 13432—2013 规定；本标准实施后，企业应当严格按照标准规定执行。在实施日期之前生产的食品，可在食品保质期内继续销售至保质期结束。

中华人民共和国进出口食品安全管理办法

（海关总署令第249号2021年4月12日公布，
自2022年1月1日起实施）

第一章　总　则

第一条　为了保障进出口食品安全，保护人类、动植物生命和健康，根据《中华人民共和国食品安全法》（以下简称《食品安全法》）及其实施条例、《中华人民共和国海关法》《中华人民共和国进出口商品检验法》及其实施条例、《中华人民共和国进出境动植物检疫法》及其实施条例、《中华人民共和国国境卫生检疫法》及其实施细则、《中华人民共和国农产品质量安全法》和《国务院关于加强食品等产品安全监督管理的特别规定》等法律、行政法规的规定，制定本办法。

第二条　从事下列活动，应当遵守本办法：

（一）进出口食品生产经营活动；

（二）海关对进出口食品生产经营者及其进出口食品安全实施监督管理。

进出口食品添加剂、食品相关产品的生产经营活动按照海关总署相关规定执行。

第三条　进出口食品安全工作坚持安全第一、预防为主、风险管理、全程控制、国际共治的原则。

第四条　进出口食品生产经营者对其生产经营的进出口食品安全负责。

进出口食品生产经营者应当依照中国缔结或者参加的国际条约、协定，中国法律法规和食品安全国家标准从事进出口食品生产经营活动，依法接受监督管理，保证进出口食品安全，对社会和公众负责，承担社会责任。

第五条　海关总署主管全国进出口食品安全监督管理工作。

各级海关负责所辖区域进出口食品安全监督管理工作。

第六条 海关运用信息化手段提升进出口食品安全监督管理水平。

第七条 海关加强进出口食品安全的宣传教育，开展食品安全法律、行政法规以及食品安全国家标准和知识的普及工作。

海关加强与食品安全国际组织、境外政府机构、境外食品行业协会、境外消费者协会等交流与合作，营造进出口食品安全国际共治格局。

第八条 海关从事进出口食品安全监督管理的人员应当具备相关专业知识。

第二章 食品进口

第九条 进口食品应当符合中国法律法规和食品安全国家标准，中国缔结或者参加的国际条约、协定有特殊要求的，还应当符合国际条约、协定的要求。

进口尚无食品安全国家标准的食品，应当符合国务院卫生行政部门公布的暂予适用的相关标准要求。

利用新的食品原料生产的食品，应当依照《食品安全法》第三十七条的规定，取得国务院卫生行政部门新食品原料卫生行政许可。

第十条 海关依据进出口商品检验相关法律、行政法规的规定对进口食品实施合格评定。

进口食品合格评定活动包括：向中国境内出口食品的境外国家（地区）[以下简称境外国家（地区）]食品安全管理体系评估和审查、境外生产企业注册、进出口商备案和合格保证、进境动植物检疫审批、随附合格证明检查、单证审核、现场查验、监督抽检、进口和销售记录检查以及各项的组合。

第十一条 海关总署可以对境外国家（地区）的食品安全管理体系和食品安全状况开展评估和审查，并根据评估和审查结果，确定相应的检验检疫要求。

第十二条 有下列情形之一的，海关总署可以对境外国家（地区）启动评估和审查：

（一）境外国家（地区）申请向中国首次输出某类（种）食品的；

（二）境外国家（地区）食品安全、动植物检疫法律法规、组织机构等发生重大调整的；

（三）境外国家（地区）主管部门申请对其输往中国某类（种）食品的检验检疫要求发生重大调整的；

（四）境外国家（地区）发生重大动植物疫情或者食品安全事件的；

（五）海关在输华食品中发现严重问题，认为存在动植物疫情或者食品安全隐患的；

（六）其他需要开展评估和审查的情形。

第十三条 境外国家（地区）食品安全管理体系评估和审查主要包括对以下内容的评估、确认：

（一）食品安全、动植物检疫相关法律法规；

（二）食品安全监督管理组织机构；

（三）动植物疫情流行情况及防控措施；

（四）致病微生物、农兽药和污染物等管理和控制；

（五）食品生产加工、运输仓储环节安全卫生控制；

（六）出口食品安全监督管理；

（七）食品安全防护、追溯和召回体系；

（八）预警和应急机制；

（九）技术支撑能力；

（十）其他涉及动植物疫情、食品安全的情况。

第十四条 海关总署可以组织专家通过资料审查、视频检查、现场检查等形式及其组合，实施评估和审查。

第十五条 海关总署组织专家对接受评估和审查的国家（地区）递交的申请资料、书面评估问卷等资料实施审查，审查内容包括资料的真实性、完整性和有效性。根据资料审查情况，海关总署可以要求相关国家（地区）的主管部门补充缺少的信息或者资料。

对已通过资料审查的国家（地区），海关总署可以组织专家对其食品安全管理体系实施视频检查或者现场检查。对发现的问题可以要求相关国家（地区）主管部门及相关企业实施整改。

相关国家（地区）应当为评估和审查提供必要的协助。

第十六条 接受评估和审查的国家（地区）有下列情形之一，海关总署可以终止评估和审查，并通知相关国家（地区）主管部门：

（一）收到书面评估问卷 12 个月内未反馈的；

（二）收到海关总署补充信息和材料的通知 3 个月内未按要求提供的；

（三）突发重大动植物疫情或者重大食品安全事件的；

（四）未能配合中方完成视频检查或者现场检查、未能有效完成整改的；

（五）主动申请终止评估和审查的。

前款第一、二项情形，相关国家（地区）主管部门因特殊原因可以申请延期，经海关总署同意，按照海关总署重新确定的期限递交相关材料。

第十七条　评估和审查完成后，海关总署向接受评估和审查的国家（地区）主管部门通报评估和审查结果。

第十八条　海关总署对向中国境内出口食品的境外生产企业实施注册管理，并公布获得注册的企业名单。

第十九条　向中国境内出口食品的境外出口商或者代理商（以下简称“境外出口商或者代理商”）应当向海关总署备案。

食品进口商应当向其住所地海关备案。

境外出口商或者代理商、食品进口商办理备案时，应当对其提供资料的真实性、有效性负责。

境外出口商或者代理商、食品进口商备案名单由海关总署公布。

第二十条　境外出口商或者代理商、食品进口商备案内容发生变更的，应当在变更发生之日起 60 日内，向备案机关办理变更手续。

海关发现境外出口商或者代理商、食品进口商备案信息错误或者备案内容未及时变更的，可以责令其在规定期限内更正。

第二十一条　食品进口商应当建立食品进口和销售记录制度，如实记录食品名称、净含量 / 规格、数量、生产日期、生产或者进口批号、保质期、境外出口商和购货者名称、地址及联系方式、交货日期等内容，并保存相关凭证。记录和凭证保存期限不得少于食品保质期满后 6 个月；没有明确保质期的，保存期限为销售后 2 年以上。

第二十二条　食品进口商应当建立境外出口商、境外生产企业审核制度，重点审核下列内容：

（一）制定和执行食品安全风险控制措施情况；

（二）保证食品符合中国法律法规和食品安全国家标准的情况。

第二十三条 海关依法对食品进口商实施审核活动的情况进行监督检查。食品进口商应当积极配合，如实提供相关情况和材料。

第二十四条 海关可以根据风险管理需要，对进口食品实施指定口岸进口，指定监管场地检查。指定口岸、指定监管场地名单由海关总署公布。

第二十五条 食品进口商或者其代理人进口食品时应当依法向海关如实申报。

第二十六条 海关依法对应当实施入境检疫的进口食品实施检疫。

第二十七条 海关依法对需要进境动植物检疫审批的进口食品实施检疫审批管理。食品进口商应当在签订贸易合同或者协议前取得进境动植物检疫许可。

第二十八条 海关根据监督管理需要，对进口食品实施现场查验，现场查验包括但不限于以下内容：

（一）运输工具、存放场所是否符合安全卫生要求；

（二）集装箱号、封识号、内外包装上的标识内容、货物的实际状况是否与申报信息及随附单证相符；

（三）动植物源性食品、包装物及铺垫材料是否存在《进出境动植物检疫法实施条例》第二十二条规定的情况；

（四）内外包装是否符合食品安全国家标准，是否存在污染、破损、湿浸、渗透；

（五）内外包装的标签、标识及说明书是否符合法律、行政法规、食品安全国家标准以及海关总署规定的要求；

（六）食品感官性状是否符合该食品应有性状；

（七）冷冻冷藏食品的新鲜程度、中心温度是否符合要求、是否有病变、冷冻冷藏环境温度是否符合相关标准要求、冷链控温设备设施运作是否正常、温度记录是否符合要求，必要时可以进行蒸煮试验。

第二十九条 海关制定年度国家进口食品安全监督抽检计划和专项进口食品安全监督抽检计划，并组织实施。

第三十条 进口食品的包装和标签、标识应当符合中国法律法规和食品安全国家标准；依法应当有说明书的，还应当有中文说明书。

对于进口鲜冻肉类产品，内外包装上应当有牢固、清晰、易辨的中英文或者中文和出口国家（地区）文字标识，标明以下内容：产地国家（地区）、品名、生产企业注册编号、生产批号；外包装上应当以中文标明规格、产地（具体到州/省/市）、目的地、生产日期、保质期限、储存温度等内容，必须标注目的地为中华人民共和国，加施出口国家（地区）官方检验检疫标识。

对于进口水产品，内外包装上应当有牢固、清晰、易辨的中英文或者中文和出口国家（地区）文字标识，标明以下内容：商品名和学名、规格、生产日期、批号、保质期限和保存条件、生产方式（海水捕捞、淡水捕捞、养殖）、生产地区（海洋捕捞海域、淡水捕捞国家或者地区、养殖产品所在国家或者地区）、涉及的所有生产加工企业（含捕捞船、加工船、运输船、独立冷库）名称、注册编号及地址（具体到州/省/市）、必须标注目的地为中华人民共和国。

进口保健食品、特殊膳食用食品的中文标签必须印制在最小销售包装上，不得加贴。

进口食品内外包装有特殊标识规定的，按照相关规定执行。

第三十一条 进口食品运达口岸后，应当存放在海关指定或者认可的场所；需要移动的，必须经海关允许，并按照海关要求采取必要的安全防护措施。

指定或者认可的场所应当符合法律、行政法规和食品安全国家标准规定的要求。

第三十二条 大宗散装进口食品应当按照海关要求在卸货口岸进行检验。

第三十三条 进口食品经海关合格评定合格的，准予进口。

进口食品经海关合格评定不合格的，由海关出具不合格证明；涉及安全、健康、环境保护项目不合格的，由海关书面通知食品进口商，责令其销毁或者退运；其他项目不合格的，经技术处理符合合格评定要求的，方准进口。相关进口食品不能在规定时间内完成技术处理或者经技术处理仍不合格的，由海关责令食品进口商销毁或者退运。

第三十四条 境外发生食品安全事件可能导致中国境内食品安全隐患，或者海关实施进口食品监督管理过程中发现不合格进口食品，或者发现其他食品安全问题的，海关总署和经授权的直属海关可以依据风险评估结果对相关进口食品实施提高监督抽检比例等控制措施。

海关依照前款规定对进口食品采取提高监督抽检比例等控制措施后，再次发现不合格进口食品，或者有证据显示进口食品存在重大安全隐患的，海关总署和经授权的直属海关可以要求食品进口商逐批向海关提交有资质的检验机构出具的检验报告。海关应当对食品进口商提供的检验报告进行验核。

第三十五条 有下列情形之一的，海关总署依据风险评估结果，可以对相关食品采取暂停或者禁止进口的控制措施：

（一）出口国家（地区）发生重大动植物疫情，或者食品安全体系发生重大变化，无法有效保证输华食品安全的；

（二）进口食品被检疫传染病病原体污染，或者有证据表明能够成为检疫传染病传播媒介，且无法实施有效卫生处理的；

（三）海关实施本办法第三十四条第二款规定控制措施的进口食品，再次发现相关安全、健康、环境保护项目不合格的；

（四）境外生产企业违反中国相关法律法规，情节严重的；

（五）其他信息显示相关食品存在重大安全隐患的。

第三十六条 进口食品安全风险已降低到可控水平时，海关总署和经授权的直属海关可以按照以下方式解除相应控制措施：

（一）实施本办法第三十四条第一款控制措施的食品，在规定的时间、批次内未被发现不合格的，在风险评估基础上可以解除该控制措施；

（二）实施本办法第三十四条第二款控制措施的食品，出口国家（地区）已采取预防措施，经海关总署风险评估能够保障食品安全、控制动植物疫情风险，或者从实施该控制措施之日起在规定时间、批次内未发现不合格食品的，海关在风险评估基础上可以解除该控制措施；

（三）实施暂停或者禁止进口控制措施的食品，出口国家（地区）主管部门已采取风险控制措施，且经海关总署评估符合要求的，可以解除暂停或者禁止进口措施。恢复进口的食品，海关总署视评估情况可以采取本办法第三十四条规定的控制措施。

第三十七条 食品进口商发现进口食品不符合法律、行政法规和食品安全国家标准，或者有证据证明可能危害人体健康，应当按照《食品安全法》第六十三条和第九十四条第三款规定，立即停止进口、销售和使用，实施召回，通知相关生产经营者和消费者，记录召回和通知情况，并将食品召回、通知和处理情况向所在地海关报告。

第三章 食品出口

第三十八条 出口食品生产企业应当保证其出口食品符合进口国家（地区）的标准或者合同要求；中国缔结或者参加的国际条约、协定有特殊要求的，还应当符合国际条约、协定的要求。

进口国家（地区）暂无标准，合同也未作要求，且中国缔结或者参加的国际条约、协定无相关要求的，出口食品生产企业应当保证其出口食品符合中国食品安全国家标准。

第三十九条 海关依法对出口食品实施监督管理。出口食品监督管理措施包括：出口食品原料种植养殖场备案、出口食品生产企业备案、企业核查、单证审核、现场查验、监督抽检、口岸抽查、境外通报核查以及各项的组合。

第四十条 出口食品原料种植、养殖场应当向所在地海关备案。

海关总署统一公布原料种植、养殖场备案名单，备案程序和要求由海关总署制定。

第四十一条 海关依法采取资料审查、现场检查、企业核查等方式，对备案原料种植、养殖场进行监督。

第四十二条 出口食品生产企业应当向住所地海关备案，备案程序和要求由海关总署制定。

第四十三条 境外国家（地区）对中国输往该国家（地区）的出口食品生产企业实施注册管理且要求海关总署推荐的，出口食品生产企业须向住所地海关提出申请，住所地海关进行初核后报海关总署。

海关总署结合企业信用、监督管理以及住所地海关初核情况组织开展对外推荐注册工作，对外推荐注册程序和要求由海关总署制定。

第四十四条 出口食品生产企业应当建立完善可追溯的食品安全卫生控制体系，保证食品安全卫生控制体系有效运行，确保出口食品生产、加工、贮存过程持续符合中国相关法律法规、出口食品生产企业安全卫生要求；进口国家（地区）相关法律法规和相关国际条约、协定有特殊要求的，还应当符合相关要求。

出口食品生产企业应当建立供应商评估制度、进货查验记录制度、生产记录档案制度、出厂检验记录制度、出口食品追溯制度和不合格食品处置制度。相关记录应当真实有效，保存期限不得少于食品保质期期满后 6 个月；没有明确保质期的，保存期限不得少于 2 年。

第四十五条 出口食品生产企业应当保证出口食品包装和运输方式符合食品安全要求。

第四十六条 出口食品生产企业应当在运输包装上标注生产企业备案号、产品品名、生产批号和生产日期。

进口国家（地区）或者合同有特殊要求的，在保证产品可追溯的前提下，经直属海关同意，出口食品生产企业可以调整前款规定的标注项目。

第四十七条 海关应当对辖区内出口食品生产企业的食品安全卫生控制体系运行情况进行监督检查。监督检查包括日常监督检查和年度监督检查。

监督检查可以采取资料审查、现场检查、企业核查等方式，并可以与出口食品境外通报核查、监督抽检、现场查验等工作结合开展。

第四十八条 出口食品应当依法由产地海关实施检验检疫。

海关总署根据便利对外贸易和出口食品检验检疫工作需要，可以指定其他地点实施检验检疫。

第四十九条 出口食品生产企业、出口商应当按照法律、行政法规和海关总署规定，向产地或者组货地海关提出出口申报前监管申请。

产地或者组货地海关受理食品出口申报前监管申请后，依法对需要实施检验检疫的出口食品实施现场检查和监督抽检。

第五十条 海关制定年度国家出口食品安全监督抽检计划并组织实施。

第五十一条 出口食品经海关现场检查和监督抽检符合要求的，由海关出具证书，准予出口。进口国家（地区）对证书形式和内容要求有变化的，经海关总署同意可以对证书形式和内容进行变更。

出口食品经海关现场检查和监督抽检不符合要求的，由海关书面通知出口商或者其代理人。相关出口食品可以进行技术处理的，经技术处理合格后方准出口；不能进行技术处理或者经技术处理仍不合格的，不准出口。

第五十二条 食品出口商或者其代理人出口食品时应当依法向海关如实申报。

第五十三条　海关对出口食品在口岸实施查验，查验不合格的，不准出口。

第五十四条　出口食品因安全问题被国际组织、境外政府机构通报的，海关总署应当组织开展核查，并根据需要实施调整监督抽检比例、要求食品出口商逐批向海关提交有资质的检验机构出具的检验报告、撤回向境外官方主管机构的注册推荐等控制措施。

第五十五条　出口食品存在安全问题，已经或者可能对人体健康和生命安全造成损害的，出口食品生产经营者应当立即采取相应措施，避免和减少损害发生，并向所在地海关报告。

第五十六条　海关在实施出口食品监督管理时发现安全问题的，应当向同级政府和上一级政府食品安全主管部门通报。

第四章　监督管理

第五十七条　海关总署依照《食品安全法》第一百条规定，收集、汇总进出口食品安全信息，建立进出口食品安全信息管理制度。

各级海关负责本辖区内以及上级海关指定的进出口食品安全信息的收集和整理工作，并按照有关规定通报本辖区地方政府、相关部门、机构和企业。通报信息涉及其他地区的，应当同时通报相关地区海关。

海关收集、汇总的进出口食品安全信息，除《食品安全法》第一百条规定内容外，还包括境外食品技术性贸易措施信息。

第五十八条　海关应当对收集到的进出口食品安全信息开展风险研判，依据风险研判结果，确定相应的控制措施。

第五十九条　境内外发生食品安全事件或者疫情疫病可能影响到进出口食品安全的，或者在进出口食品中发现严重食品安全问题的，直属海关应当及时上报海关总署；海关总署根据情况进行风险预警，在海关系统内发布风险警示通报，并向国务院食品安全监督管理、卫生行政、农业行政部门通报，必要时向消费者发布风险警示通告。

海关总署发布风险警示通报的，应当根据风险警示通报要求对进出口食品采取本办法第三十四条、第三十五条、第三十六条和第五十四条规定的控制措施。

第六十条 海关制定年度国家进出口食品安全风险监测计划，系统和持续收集进出口食品中食源性疾病、食品污染和有害因素的监测数据及相关信息。

第六十一条 境外发生的食品安全事件可能对中国境内造成影响，或者评估后认为存在不可控风险的，海关总署可以参照国际通行做法，直接在海关系统内发布风险预警通报或者向消费者发布风险预警通告，并采取本办法第三十四条、第三十五条和第三十六条规定的控制措施。

第六十二条 海关制定并组织实施进出口食品安全突发事件应急处置预案。

第六十三条 海关在依法履行进出口食品安全监督管理职责时，有权采取下列措施：

（一）进入生产经营场所实施现场检查；

（二）对生产经营的食品进行抽样检验；

（三）查阅、复制有关合同、票据、账簿以及其他有关资料；

（四）查封、扣押有证据证明不符合食品安全国家标准或者有证据证明存在安全隐患以及违法生产经营的食品。

第六十四条 海关依法对进出口企业实施信用管理。

第六十五条 海关依法对进出口食品生产经营者以及备案原料种植、养殖场开展稽查、核查。

第六十六条 过境食品应当符合海关总署对过境货物的监管要求。过境食品过境期间，未经海关批准，不得开拆包装或者卸离运输工具，并应当在规定期限内运输出境。

第六十七条 进出口食品生产经营者对海关的检验结果有异议的，可以按照进出口商品复验相关规定申请复验。

有下列情形之一的，海关不受理复验：

（一）检验结果显示微生物指标超标的；

（二）复验备份样品超过保质期的；

（三）其他原因导致备份样品无法实现复验目的的。

第五章　法律责任

第六十八条 食品进口商备案内容发生变更，未按照规定向海关办理变更手续，情节严重的，海关处以警告。

食品进口商在备案中提供虚假备案信息的，海关处 1 万元以下罚款。

第六十九条　境内进出口食品生产经营者不配合海关进出口食品安全核查工作，拒绝接受询问、提供材料，或者答复内容和提供材料与实际情况不符的，海关处以警告或者 1 万元以下罚款。

第七十条　海关在进口预包装食品监管中，发现进口预包装食品未加贴中文标签或者中文标签不符合法律法规和食品安全国家标准，食品进口商拒不按照海关要求实施销毁、退运或者技术处理的，海关处以警告或者 1 万元以下罚款。

第七十一条　未经海关允许，将进口食品提离海关指定或者认可的场所的，海关责令改正，并处 1 万元以下罚款。

第七十二条　下列违法行为属于《食品安全法》第一百二十九条第一款第三项规定的“未遵守本法的规定出口食品”的，由海关依照《食品安全法》第一百二十四条的规定给予处罚：

（一）擅自调换经海关监督抽检并已出具证单的出口食品的；

（二）出口掺杂掺假、以假充真、以次充好的食品或者以不合格出口食品冒充合格出口食品的；

（三）出口未获得备案出口食品生产企业生产的食品的；

（四）向有注册要求的国家（地区）出口未获得注册出口食品生产企业生产食品的或者出口已获得注册出口食品生产企业生产的注册范围外食品的；

（五）出口食品生产企业生产的出口食品未按照规定使用备案种植、养殖场原料的；

（六）出口食品生产经营者有《食品安全法》第一百二十三条、第一百二十四条、第一百二十五条、第一百二十六条规定情形，且出口食品不符合进口国家（地区）要求的。

第七十三条　违反本办法规定，构成犯罪的，依法追究刑事责任。

第六章　附　则

第七十四条　海关特殊监管区域、保税监管场所、市场采购、边境小额贸易和边民互市贸易进出口食品安全监督管理，按照海关总署有关规定执行。

第七十五条 邮寄、快件、跨境电子商务零售和旅客携带方式进出口食品安全监督管理，按照海关总署有关规定办理。

第七十六条 样品、礼品、赠品、展示品、援助等非贸易性的食品，免税经营的食品，外国驻中国使领馆及其人员进出境公用、自用的食品，驻外使领馆及其人员公用、自用的食品，中国企业驻外人员自用的食品的监督管理，按照海关总署有关规定办理。

第七十七条 本办法所称进出口食品生产经营者包括：向中国境内出口食品的境外生产企业、境外出口商或者代理商、食品进口商、出口食品生产企业、出口商以及相关人员等。

本办法所称进口食品的境外生产企业包括向中国出口食品的境外生产、加工、贮存企业等。

本办法所称进口食品的进出口商包括向中国出口食品的境外出口商或者代理商、食品进口商。

第七十八条 本办法由海关总署负责解释。

第七十九条 本办法自2022年1月1日起施行。2011年9月13日原国家质量监督检验检疫总局令第144号公布并根据2016年10月18日原国家质量监督检验检疫总局令第184号以及2018年11月23日海关总署令第243号修改的《进出口食品安全管理办法》、2000年2月22日原国家检验检疫局令第20号公布并根据2018年4月28日海关总署令第238号修改的《出口蜂蜜检验检疫管理办法》、2011年1月4日原国家质量监督检验检疫总局令第135号公布并根据2018年11月23日海关总署令第243号修改的《进出口水产品检验检疫监督管理办法》、2011年1月4日原国家质量监督检验检疫总局令第136号公布并根据2018年11月23日海关总署令第243号修改的《进出口肉类产品检验检疫监督管理办法》、2013年1月24日原国家质量监督检验检疫总局令第152号公布并根据2018年11月23日海关总署令第243号修改的《进出口乳品检验检疫监督管理办法》、2017年11月14日原国家质量监督检验检疫总局令第192号公布并根据2018年11月23日海关总署令第243号修改的《出口食品生产企业备案管理规定》同时废止。

中华人民共和国进口食品境外生产企业注册管理规定

（海关总署令第 248 号 2021 年 4 月 12 日公布，
自 2022 年 1 月 1 日起实施）

第一章　总　则

第一条　为加强进口食品境外生产企业的注册管理，根据《中华人民共和国食品安全法》及其实施条例、《中华人民共和国进出口商品检验法》及其实施条例、《中华人民共和国进出境动植物检疫法》及其实施条例、《国务院关于加强食品等产品安全监督管理的特别规定》等法律、行政法规的规定，制定本规定。

第二条　向中国境内出口食品的境外生产、加工、贮存企业（以下统称进口食品境外生产企业）的注册管理适用本规定。

前款规定的进口食品境外生产企业不包括食品添加剂、食品相关产品的生产、加工、贮存企业。

第三条　海关总署统一负责进口食品境外生产企业的注册管理工作。

第四条　进口食品境外生产企业，应当获得海关总署注册。

第二章　注册条件与程序

第五条　进口食品境外生产企业注册条件：

（一）所在国家（地区）的食品安全管理体系通过海关总署等效性评估、审查；

（二）经所在国家（地区）主管当局批准设立并在其有效监管下；

（三）建立有效的食品安全卫生管理和防护体系，在所在国家（地区）合法生产和出口，保证向中国境内出口的食品符合中国相关法律法规和食品安全国家标准；

（四）符合海关总署与所在国家（地区）主管当局商定的相关检验检疫要求。

第六条 进口食品境外生产企业注册方式包括所在国家（地区）主管当局推荐注册和企业申请注册。

海关总署根据对食品的原料来源、生产加工工艺、食品安全历史数据、消费人群、食用方式等因素的分析，并结合国际惯例确定进口食品境外生产企业注册方式和申请材料。

经风险分析或者有证据表明某类食品的风险发生变化的，海关总署可以对相应食品的境外生产企业注册方式和申请材料进行调整。

第七条 下列食品的境外生产企业由所在国家（地区）主管当局向海关总署推荐注册：肉与肉制品、肠衣、水产品、乳品、燕窝与燕窝制品、蜂产品、蛋与蛋制品、食用油脂和油料、包馅面食、食用谷物、谷物制粉工业产品和麦芽、保鲜和脱水蔬菜以及干豆、调味料、坚果与籽类、干果、未烘焙的咖啡豆与可可豆、特殊膳食食品、保健食品。

第八条 所在国家（地区）主管当局应当对其推荐注册的企业进行审核检查，确认符合注册要求后，向海关总署推荐注册并提交以下申请材料：

（一）所在国家（地区）主管当局推荐函；

（二）企业名单与企业注册申请书；

（三）企业身份证明文件，如所在国家（地区）主管当局颁发的营业执照等；

（四）所在国家（地区）主管当局推荐企业符合本规定要求的声明；

（五）所在国家（地区）主管当局对相关企业进行审核检查的审查报告。

必要时，海关总署可以要求提供企业食品安全卫生和防护体系文件，如企业厂区、车间、冷库的平面图，以及工艺流程图等。

第九条 本规定第七条所列食品以外的其他食品境外生产企业，应当自行或者委托代理人向海关总署提出注册申请并提交以下申请材料：

（一）企业注册申请书；

（二）企业身份证明文件，如所在国家（地区）主管当局颁发的营业执照等；

（三）企业承诺符合本规定要求的声明。

第十条　企业注册申请书内容应当包括企业名称、所在国家（地区）、生产场所地址、法定代表人、联系人、联系方式、所在国家（地区）主管当局批准的注册编号、申请注册食品种类、生产类型、生产能力等信息。

第十一条　注册申请材料应当用中文或者英文提交，相关国家（地区）与中国就注册方式和申请材料另有约定的，按照双方约定执行。

第十二条　所在国家（地区）主管当局或进口食品境外生产企业应当对提交材料的真实性、完整性、合法性负责。

第十三条　海关总署自行或者委托有关机构组织评审组，通过书面检查、视频检查、现场检查等形式及其组合，对申请注册的进口食品境外生产企业实施评估审查。评审组由 2 名以上评估审查人员组成。

进口食品境外生产企业和所在国家（地区）主管当局应当协助开展上述评估审查工作。

第十四条　海关总署根据评估审查情况，对符合要求的进口食品境外生产企业予以注册并给予在华注册编号，书面通知所在国家（地区）主管当局或进口食品境外生产企业；对不符合要求的进口食品境外生产企业不予注册，书面通知所在国家（地区）主管当局或进口食品境外生产企业。

第十五条　已获得注册的企业向中国境内出口食品时，应当在食品的内、外包装上标注在华注册编号或者所在国家（地区）主管当局批准的注册编号。

第十六条　进口食品境外生产企业注册有效期为 5 年。

海关总署在对进口食品境外生产企业予以注册时，应当确定注册有效期起止日期。

第十七条　海关总署统一公布获得注册的进口食品境外生产企业名单。

第三章　注册管理

第十八条　海关总署自行或者委托有关机构组织评审组，对进口食品境外生产企业是否持续符合注册要求的情况开展复查。评审组由 2 名以上评估审查人员组成。

第十九条　在注册有效期内，进口食品境外生产企业注册信息发生变化的，应当通过注册申请途径，向海关总署提交变更申请，并提交以下材料：

（一）注册事项变更信息对照表；

（二）与变更信息有关的证明材料。

海关总署评估后认为可以变更的，予以变更。

生产场所迁址、法定代表人变更或者所在国家（地区）授予的注册编号改变的应当重新申请注册，在华注册编号自动失效。

第二十条 进口食品境外生产企业需要延续注册的，应当在注册有效期届满前3至6个月内，通过注册申请途径，向海关总署提出延续注册申请。

延续注册申请材料包括：

（一）延续注册申请书；

（二）承诺持续符合注册要求的声明。

海关总署对符合注册要求的企业予以延续注册，注册有效期延长5年。

第二十一条 已注册进口食品境外生产企业有下列情形之一的，海关总署注销其注册，通知所在国家（地区）主管当局或进口食品境外生产企业，并予以公布：

（一）未按规定申请延续注册的；

（二）所在国家（地区）主管当局或进口食品境外生产企业主动申请注销的；

（三）不再符合本规定第五条第（二）项要求的。

第二十二条 进口食品境外生产企业所在国家（地区）主管当局应当对已注册企业实施有效监管，督促已注册企业持续符合注册要求，发现不符合注册要求的，应当立即采取控制措施，暂停相关企业向中国出口食品，直至整改符合注册要求。

进口食品境外生产企业自行发现不符合注册要求时，应当主动暂停向中国出口食品，立即采取整改措施，直至整改符合注册要求。

第二十三条 海关总署发现已注册进口食品境外生产企业不再符合注册要求的，应当责令其在规定期限内进行整改，整改期间暂停相关企业食品进口。

所在国家（地区）主管当局推荐注册的企业被暂停进口的，主管当局应当监督相关企业在规定期限内完成整改，并向海关总署提交书面整改报告和符合注册要求的书面声明。

自行或者委托代理人申请注册的企业被暂停进口的，应当在规定期限内完成整改，并向海关总署提交书面整改报告和符合注册要求的书面声明。

海关总署应当对企业整改情况进行审查，审查合格的，恢复相关企业食品进口。

第二十四条　已注册的进口食品境外生产企业有下列情形之一的，海关总署撤销其注册并予以公告：

（一）因企业自身原因致使进口食品发生重大食品安全事故的；

（二）向中国境内出口的食品在进境检验检疫中被发现食品安全问题，情节严重的；

（三）企业食品安全卫生管理存在重大问题，不能保证其向中国境内出口食品符合安全卫生要求的；

（四）经整改后仍不符合注册要求的；

（五）提供虚假材料、隐瞒有关情况的；

（六）拒不配合海关总署开展复查与事故调查的；

（七）出租、出借、转让、倒卖、冒用注册编号的。

第四章　附　则

第二十五条　国际组织或者向中国境内出口食品的国家（地区）主管当局发布疫情通报，或者相关食品在进境检验检疫中发现疫情、公共卫生事件等严重问题的，海关总署公告暂停该国家（地区）相关食品进口，在此期间不予受理该国家（地区）相关食品生产企业注册申请。

第二十六条　本规定中所在国家（地区）主管当局指进口食品境外生产企业所在国家（地区）负责食品生产企业安全卫生监管的官方部门。

第二十七条　本规定由海关总署负责解释。

第二十八条　本规定自 2022 年 1 月 1 日起施行。2012 年 3 月 22 日原国家质量监督检验检疫总局令第 145 号公布，根据 2018 年 11 月 23 日海关总署令第 243 号修改的《进口食品境外生产企业注册管理规定》同时废止。

关于进出口预包装食品标签检验监督管理有关事宜的公告

（海关总署公告 2019 年第 70 号）

为贯彻落实国务院深化“放管服”改革要求，进一步提高口岸通关效率，依据《中华人民共和国食品安全法》及其实施条例、《中华人民共和国进出口商品检验法》及其实施条例等法律法规规定，现就进出口预包装食品标签检验监督管理有关事宜公告如下：

一、自 2019 年 10 月 1 日起，取消首次进口预包装食品标签备案要求。进口预包装食品标签作为食品检验项目之一，由海关依照食品安全和进出口商品检验相关法律、行政法规的规定检验。

二、进口商应当负责审核其进口预包装食品的中文标签是否符合我国相关法律、行政法规规定和食品安全国家标准要求。审核不合格的，不得进口。

三、进口预包装食品被抽中现场查验或实验室检验的，进口商应当向海关人员提交其合格证明材料、进口预包装食品的标签原件和翻译件、中文标签样张及其他证明材料。

四、海关收到有关部门通报、消费者举报进口预包装食品标签涉嫌违反有关规定的，应当进行核实，一经确认，依法进行处置。

五、入境展示、样品、免税经营（离岛免税除外）、使领馆自用、旅客携带以及通过邮寄、快件、跨境电子商务等形式入境的预包装食品标签监管，按有关规定执行。

六、出口预包装食品生产企业应当保证其出口的预包装食品标签符合进口国（地区）的标准或者合同要求。

七、《关于调整进出口食品、化妆品标签审核制度的公告》（原质检总局 2006 年第 44 号公告）、《关于运行进口预包装食品标签管理系统的公告》（原质检总局 2011 年第 59 号公告）、《关于实施〈进出口预包装食品标签检验监督管理规定〉的公告》（原质检总局 2012 年第 27 号公告）自 2019 年 10 月 1 日起废止，此前已备案的进口预包装食品标签信息同时作废。

特此公告。

海关总署

2019 年 4 月 22 日

关于《可用于食品的菌种名单》和《可用于婴幼儿食品的菌种名单》更新的公告

（国家卫生健康委公告 2022 年第 4 号）

根据《中华人民共和国食品安全法》及其实施条例有关规定，为进一步规范《可用于食品的菌种名单》和《可用于婴幼儿食品的菌种名单》管理，审评机构组织专家对两个菌种名单进行了更新。对名单中涉及菌种分类和命名调整的，设置 2 年过渡期。

特此公告。

附件：1.《可用于食品的菌种名单》

2.《可用于婴幼儿食品的菌种名单》

国家卫生健康委

2022 年 8 月 18 日

附件 1

可用于食品的菌种名单

<table>
<tr><th rowspan="2">编号</th><th colspan="2">更新后的菌种名称</th><th colspan="2">原用菌种名称</th></tr>
<tr><th>菌种</th><th>拉丁名称</th><th>菌种</th><th>拉丁名称</th></tr>
<tr><td>一</td><td>双歧杆菌属</td><td>Bifidobacterium</td><td>双歧杆菌属</td><td>Bifidobacterium</td></tr>
<tr><td>1</td><td>青春双歧杆菌</td><td>Bifidobacterium adolescentis</td><td>青春双歧杆菌</td><td>Bifidobacterium adolescentis</td></tr>
<tr><td>2</td><td>动物双歧杆菌动物亚种</td><td>Bifidobacterium animalis subsp. animalis</td><td rowspan="2">动物双歧杆菌（乳双歧杆菌）</td><td rowspan="2">Bifidobacterium animalis（Bifidobacterium lactis）</td></tr>
<tr><td>3</td><td>动物双歧杆菌乳亚种</td><td>Bifidobacterium animalis subsp. lactis</td></tr>
<tr><td>4</td><td>两歧双歧杆菌</td><td>Bifidobacterium bifidum</td><td>两歧双歧杆菌</td><td>Bifidobacterium bifidum</td></tr>
<tr><td>5</td><td>短双歧杆菌</td><td>Bifidobacterium breve</td><td>短双歧杆菌</td><td>Bifidobacterium breve</td></tr>
<tr><td>6</td><td>长双歧杆菌长亚种</td><td>Bifidobacterium longum longum subsp.</td><td>长双歧杆菌</td><td>Bifidobacterium longum</td></tr>
<tr><td>7</td><td>长双歧杆菌婴儿亚种</td><td>Bifidobacterium infantis longum subsp.</td><td>婴儿双歧杆菌</td><td>Bifidobacterium infantis</td></tr>
<tr><td>二</td><td>乳杆菌属</td><td>Lactobacillus</td><td>乳杆菌属</td><td>Lactobacillus</td></tr>
<tr><td>1</td><td>嗜酸乳杆菌</td><td>Lactobacillus acidophilus</td><td>嗜酸乳杆菌</td><td>Lactobacillus acidophilus</td></tr>
<tr><td>2</td><td>卷曲乳杆菌</td><td>Lactobacillus crispatus</td><td>卷曲乳杆菌</td><td>Lactobacillus crispatus</td></tr>
<tr><td>3</td><td>德氏乳杆菌保加利亚亚种</td><td>Lactobacillusdelbrueckii subsp. bulgaricus</td><td>德氏乳杆菌保加利亚亚种（保加利亚乳杆菌）</td><td>Lactobacillus delbrueckii subsp. bulgaricus</td></tr>
<tr><td>4</td><td>德氏乳杆菌乳亚种</td><td>Lactobacillus delbrueckii subsp. lactis</td><td>德氏乳杆菌乳亚种</td><td>Lactobacillus delbrueckii subsp. lactis</td></tr>
<tr><td>5</td><td>格氏乳杆菌</td><td>Lactobacillus gasseri</td><td>格氏乳杆菌</td><td>Lactobacillus gasseri</td></tr>
<tr><td>6</td><td>瑞士乳杆菌</td><td>Lactobacillus helveticus</td><td>瑞士乳杆菌</td><td>Lactobacillus helveticus</td></tr>
<tr><td>7</td><td>约氏乳杆菌</td><td>Lactobacillus johnsonii</td><td>约氏乳杆菌</td><td>Lactobacillus johnsonii</td></tr>
<tr><td>8</td><td>马乳酒样乳杆菌马乳酒样亚种</td><td>Lactobacillus kefiranofaciens subsp. kefiranofaciens</td><td>马乳酒样乳杆菌马乳酒样亚种</td><td>Lactobacillus kefiranofaciens subsp. kefiranofaciens</td></tr>
<tr><td>三</td><td>乳酪杆菌属</td><td>Lacticaseibacillus</td><td>乳杆菌属</td><td>Lactobacillus</td></tr>
<tr><td>1</td><td>干酪乳酪杆菌</td><td>Lacticaseibacillus casei</td><td>干酪乳杆菌</td><td>Lactobacillus casei</td></tr>
<tr><td>2</td><td>副干酪乳酪杆菌</td><td>Lacticaseibacillus paracasei</td><td>副干酪乳杆菌</td><td>Lactobacillus paracasei</td></tr>
<tr><td>3</td><td>鼠李糖乳酪杆菌</td><td>Lacticaseibacillus rhamnosus</td><td>鼠李糖乳杆菌</td><td>Lactobacillus rhamnosus</td></tr>
<tr><td>四</td><td>黏液乳杆菌属</td><td>Limosilactobacillus</td><td>乳杆菌属</td><td>Lactobacillus</td></tr>
<tr><td>1</td><td>发酵黏液乳杆菌</td><td>Limosilactobacillus fermentum</td><td>发酵乳杆菌</td><td>Lactobacillus fermentum</td></tr>
<tr><td>2</td><td>罗伊氏黏液乳杆菌</td><td>Limosilactobacillus reuteri</td><td>罗伊氏乳杆菌</td><td>Lactobacillus reuteri</td></tr>
<tr><td>五</td><td>乳植杆菌属</td><td>Lactiplantibacillus</td><td>乳杆菌属</td><td>Lactobacillus</td></tr>
<tr><td>1</td><td>植物乳植杆菌</td><td>Lactiplantibacillus plantarum</td><td>植物乳杆菌</td><td>Lactobacillus plantarum</td></tr>
<tr><td>六</td><td>联合乳杆菌属</td><td>Ligilactobacillus</td><td>乳杆菌属</td><td>Lactobacillus</td></tr>
<tr><td>1</td><td>唾液联合乳杆菌</td><td>Ligilactobacillus salivarius</td><td>唾液乳杆菌</td><td>Lactobacillus salivarius</td></tr>
<tr><td>七</td><td>广布乳杆菌属</td><td>Latilactobacillus</td><td>乳杆菌属</td><td>Lactobacillus</td></tr>
<tr><td>1</td><td>弯曲广布乳杆菌</td><td>Latilactobacillus curvatus</td><td>弯曲乳杆菌</td><td>Lactobacillus curvatus</td></tr>
</table>

续表

编号	更新后的菌种名称		原用菌种名称	
	菌种	拉丁名称	菌种	拉丁名称
2	清酒广布乳杆菌	*Latilactobacillus sakei*	清酒乳杆菌	*Lactobacillus sakei*
八	链球菌属	*Streptococcus*	链球菌属	*Streptococcus*
1	唾液链球菌嗜热亚种	*Streptococcus salivarius* subsp. *thermophilus*	嗜热链球菌	*Streptococcus thermophilus*
九	乳球菌属	*Lactococcus*	乳球菌属	*Lactococcus*
1	乳酸乳球菌乳亚种	*Lactococcus lactis* subsp. *lactis*	乳酸乳球菌乳酸亚种	*Lactococcus lactis* subsp. *lactis*
2	乳酸乳球菌乳亚种（双乙酰型）	*Lactococcus lactis* subsp. *lactis* biovar diacetylactis	乳酸乳球菌双乙酰亚种	*Lactococcus lactis* subsp. *diacetylactis*
3	乳脂乳球菌	*Lactococcus cremoris*	乳酸乳球菌乳脂亚种	*Lactococcus lactis* subsp. *cremoris*
十	丙酸杆菌属	*Propionibacterium*	丙酸杆菌属	*Propionibacterium*
1	费氏丙酸杆菌谢氏亚种	*Propionibacterium freudenreichii* subsp. *shermanii*	费氏丙酸杆菌谢氏亚种	*Propionibacterium freudenreichii* subsp. *shermanii*
十一	丙酸菌属	*Acidipropionibacterium*	丙酸杆菌属	*Propionibacterium*
1	产丙酸丙酸菌	*Acidipropionibacterium acidipropionici*	产丙酸丙酸杆菌	*Propionibacterium acidipropionici*
十二	明串珠菌属	*Leuconostoc*	明串珠菌属	*Leuconostoc*
1	肠膜明串珠菌肠膜亚种	*Leuconostoc mesenteroides* subsp. *mesenteroides*	肠膜明串珠菌肠膜亚种	*Leuconostoc mesenteroides* subsp. *mesenteroides*
十三	片球菌属	*Pediococcus*	片球菌属	*Pediococcus*
1	乳酸片球菌	*Pediococcus acidilactici*	乳酸片球菌	*Pediococcus acidilactici*
2	戊糖片球菌	*Pediococcus pentosaceus*	戊糖片球菌	*Pediococcus pentosaceus*
十四	魏茨曼氏菌属	*Weizmannia*	芽孢杆菌属	*Bacillus*
1	凝结魏茨曼氏菌	*Weizmannia coagulans*	凝结芽孢杆菌	*Bacillus coagulans*
十五	动物球菌属	*Mammaliicoccus*	葡萄球菌属	*Staphylococcus*
1	小牛动物球菌	*Mammaliicoccus vitulinus*	小牛葡萄球菌	*Staphylococcus vitulinus*
十六	葡萄球菌属	*Staphylococcus*	葡萄球菌属	*Staphylococcus*
1	木糖葡萄球菌	*Staphylococcus xylosus*	木糖葡萄球菌	*Staphylococcus xylosus*
2	肉葡萄球菌	*Staphylococcus carnosus*	肉葡萄球菌	*Staphylococcus carnosus*
十七	克鲁维酵母属	*Kluyveromyces*	克鲁维酵母属	*Kluyveromyces*
1	马克斯克鲁维酵母	*Kluyveromyces marxianus*	马克斯克鲁维酵母	*Kluyveromyces marxianus*

注：1. 传统上用于食品生产加工的菌种允许继续使用。名单以外的、新菌种按照《新食品原料安全性审查管理办法》执行。

2. 用于婴幼儿食品的菌种按《可用于婴幼儿食品的菌种名单》执行。

3. 2010 年后公告、增补入《可用于食品的菌种名单》的菌种，使用范围应符合原公告内容。

附件 2

可用于婴幼儿食品的菌种名单

编号	更新后的菌种名称		原用菌种名称	
	菌株	拉丁名称	菌株	拉丁名称
1	嗜酸乳杆菌 NCFM*	*Lactobacillus acidophilus* NCFM*	嗜酸乳杆菌 NCFM*	*Lactobacillus acidophilus* NCFM
2	动物双歧杆菌乳亚种 Bb-12	*Bifidobacterium animalis* subsp. *lactis* Bb-12	动物双歧杆菌 Bb-12	*Bifidobacterium animalis* Bb-12
3	动物双歧杆菌乳亚种 HN019	*Bifidobacterium animalis* subsp. *lactis HNO1C*	乳双歧杆菌 HN019	*Bifidobacterium lactis* HNO1S
4	动物双歧杆菌乳亚种 Bi-07	*Bifidobacterium animalis*:subsp. *lactis* Bi-07	乳双歧杆菌 Bi-07	*Bifidobacterium lactis* Bi-07
5	鼠李糖乳酪杆菌 GG	*Lacticaseibacillus rhamnosus* GC	鼠李糖乳杆菌 LGG	*Lactobacillus rhamnosus* LGG
6	鼠李糖乳酪杆菌 HN001	*Lacticaseibacillus rhamnosus* HN001	鼠李糖乳杆菌 HN001	*Lactobacillus rhamnosus* HN001
7	鼠李糖乳酪杆菌 MP108	*Lacticaseibacillus rhamnosus* MP10S	鼠李糖乳杆菌 MP108	*Lactobacillus rhamnosus* MP108
8	罗伊氏黏液乳杆菌 DSM 17938	*Limosilactobacillus reuteri* DSM 17938	罗伊氏乳杆菌 DSM 17938	*Lactobacillus reuteri* DSM 17938
9	发酵黏液乳杆菌 CECT 5716	*Limosilactobacillus fermentum* CECT 5716	发酵乳杆菌 CECT 5716	*Lactobacillus fermentum* CECT 5716
10	短双歧杆菌 M-16V	*Bifidobacterium breve* M-16V	短双歧杆菌 M-16V	*Bifidobacterium breve* M-16V
11	瑞士乳杆菌 R0052	*Lactobacillus helveticus* R0052	瑞士乳杆菌 R0052	*Lactobacillus helveticus* R0052
12	长双歧杆菌婴儿亚种 R0033	*Bifidobacterium longum* subsp. *infantis* R0033	婴儿双歧杆菌 R0033	*Bifidobacterium infantis* R0033
13	两歧双歧杆菌 R0071	*Bifidobacterium bifidum* R0071	两歧双歧杆菌 R0071	*Bifidobacterium bifidum* R007
14	长双歧杆菌长亚种 BB536	*Bifidobacterium longum* subsp. *longum* BB536	长双歧杆菌长亚种 BB536	*Bifidobacterium longum* subsp. *longum* BB536

* 仅限用于 1 岁以上幼儿的食品。

2023 年后增补种的菌种①

编号	菌种	拉丁名称	出处
1	假肠膜明串珠菌	*Leuconostoc pseudomesenteroides*	卫健委公告 2023 年第 1 号、2024 年第 2 号
2	肠膜明串珠菌乳脂亚种	*Leuconostoc mesenteroides subsp. cremoris*	卫健委公告 2023 年第 8 号
3	克鲁维毕赤酵母	*Pichia kluyveri*	卫健委公告 2024 年第 2 号
4	枯草芽孢杆菌 DE111	*Bacillus subtilis DE111*	卫健委公告 2024 年第 2 号
5	长双歧杆菌婴儿亚种 M−63	*Bifidobacterium longum subsp. infantis M-63*	卫健委公告 2024 年第 3 号

① 本部分不属于原公告，为后来增补的。

卫生部关于进一步规范保健食品原料管理的通知

（卫法监发〔2002〕51号）

各省、自治区、直辖市卫生厅局、卫生部卫生监督中心：

为进一步规范保健食品原料管理，根据《中华人民共和国食品卫生法》，现印发《既是食品又是药品的物品名单》、《可用于保健食品的物品名单》和《保健食品禁用物品名单》（见附件），并规定如下：

一、申报保健食品中涉及的物品（或原料）是我国新研制、新发现、新引进的无食用习惯或仅在个别地区有食用习惯的，按照《新资源食品卫生管理办法》的有关规定执行。

二、申报保健食品中涉及食品添加剂的，按照《食品添加剂卫生管理办法》的有关规定执行。

三、申报保健食品中涉及真菌、益生菌等物品（或原料）的，按照我部印发的《卫生部关于印发真菌类和益生菌类保健食品评审规定的通知》（卫法监发〔2001〕84号）执行。

四、申报保健食品中涉及国家保护动植物等物品（或原料）的，按照我部印发的《卫生部关于限制以野生动植物及其产品为原料生产保健食品的通知》（卫法监发〔2001〕160号）、《卫生部关于限制以甘草、麻黄草、苁蓉和雪莲及其产品为原料生产保健食品的通知》（卫法监发〔2001〕188号）、《卫生部关于不再审批以熊胆粉和肌酸为原料生产的保健食品的通告》（卫法监发〔2001〕267号）等文件执行。

五、申报保健食品中含有动植物物品（或原料）的，动植物物品（或原料）总个数不得超过14个。如使用附件1之外的动植物物品（或原料），个数不得超过4个；使用附件1和附件2之外的动植物物品（或原料），个数不得超过1个，且该物品（或原料）应参照《食品安全性毒理学评价程序》（GB

15193.1—1994）中对食品新资源和新资源食品的有关要求进行安全性毒理学评价。

以普通食品作为原料生产保健食品的，不受本条规定的限制。

六、以往公布的与本通知规定不一致的，以本通知为准。

附件：1. 既是食品又是药品的物品名单

2. 可用于保健食品的物品名单

3. 保健食品禁用物品名单

二〇〇二年二月二十八日

附件 1

既是食品又是药品的物品名单（按笔画顺序排列）

丁香、八角茴香、刀豆、小茴香、小蓟、山药、山楂、马齿苋、乌梢蛇、乌梅、木瓜、火麻仁、代代花、玉竹、甘草、白芷、白果、白扁豆、白扁豆花、龙眼肉（桂圆）、决明子、百合、肉豆蔻、肉桂、余甘子、佛手、杏仁（甜、苦）、沙棘、牡蛎、芡实、花椒、赤小豆、阿胶、鸡内金、麦芽、昆布、枣（大枣、酸枣、黑枣）、罗汉果、郁李仁、金银花、青果、鱼腥草、姜（生姜、干姜）、枳椇子、枸杞子、栀子、砂仁、胖大海、茯苓、香橼、香薷、桃仁、桑叶、桑椹、桔红、桔梗、益智仁、荷叶、莱菔子、莲子、高良姜、淡竹叶、淡豆豉、菊花、菊苣、黄芥子、黄精、紫苏、紫苏籽、葛根、黑芝麻、黑胡椒、槐米、槐花、蒲公英、蜂蜜、榧子、酸枣仁、鲜白茅根、鲜芦根、蝮蛇、橘皮、薄荷、薏苡仁、薤白、覆盆子、藿香。

附件 2

可用于保健食品的物品名单（按笔画顺序排列）

人参、人参叶、人参果、三七、土茯苓、大蓟、女贞子、山茱萸、川牛膝、川贝母、川芎、马鹿胎、马鹿茸、马鹿骨、丹参、五加皮、五味子、升麻、天门冬、天麻、太子参、巴戟天、木香、木贼、牛蒡子、牛蒡根、车前子、车前草、北沙参、平贝母、玄参、生地黄、生何首乌、白及、白术、白芍、白豆蔻、石决明、石斛（需提供可使用证明）、地骨皮、当归、竹茹、红花、红景天、西洋参、吴茱萸、怀牛膝、杜仲、杜仲叶、沙苑子、牡丹皮、芦荟、苍术、补骨脂、诃子、赤芍、远志、麦门冬、龟甲、佩兰、侧柏叶、制大黄、制何首乌、刺五加、刺玫果、泽兰、泽泻、玫瑰花、玫瑰茄、知母、罗布麻、苦丁茶、金荞麦、金樱子、青皮、厚朴、厚朴花、姜黄、枳壳、枳实、柏子仁、珍珠、绞股蓝、胡芦巴、茜草、荜茇、韭菜子、首乌藤、香附、骨碎补、党参、桑白皮、桑枝、浙贝母、益母草、积雪草、淫羊藿、菟丝子、野菊花、银杏叶、黄芪、湖北贝母、番泻叶、蛤蚧、越橘、槐实、蒲黄、蒺藜、蜂胶、酸角、墨旱莲、熟大黄、熟地黄、鳖甲。

附件3

保健食品禁用物品名单（按笔画顺序排列）

八角莲、八里麻、千金子、土青木香、山莨菪、川乌、广防己、马桑叶、马钱子、六角莲、天仙子、巴豆、水银、长春花、甘遂、生天南星、生半夏、生白附子、生狼毒、白降丹、石蒜、关木通、农吉痢、夹竹桃、朱砂、米壳（罂粟壳）、红升丹、红豆杉、红茴香、红粉、羊角拗、羊踯躅、丽江山慈姑、京大戟、昆明山海棠、河豚、闹羊花、青娘虫、鱼藤、洋地黄、洋金花、牵牛子、砒石（白砒、红砒、砒霜）、草乌、香加皮（杠柳皮）、骆驼蓬、鬼臼、莽草、铁棒槌、铃兰、雪上一枝蒿、黄花夹竹桃、斑蝥、硫磺、雄黄、雷公藤、颠茄、藜芦、蟾酥。

质检总局关于发布香港、澳门产含肉、蛋月饼输内地检验检疫要求的公告

（国家质检总局公告2017年第80号）

根据对香港、澳门产含肉、蛋月饼的风险分析结果，经质检总局与香港特别行政区食物环境卫生署、澳门特别行政区民政总署协商并达成一致意见，自本公告发布之日起，准予符合以下要求的香港、澳门产月饼以一般贸易方式进口：

一、由经香港、澳门特别行政区政府许可的企业生产；

二、使用的肉（牛肉除外）、蛋原料来自内地并经检验检疫合格；

三、经过中心温度大于85℃、不少于30分钟的热处理工艺；

四、随附香港特别行政区食物环境卫生署、澳门特别行政区民政总署出具的《动物制食品卫生证书》，证书中应注明产品种类、产品原产地、出口产品目的地、健康证明等信息。

质检总局

2017年9月29日